网络社会环境下
易班教育的理论与实践研究

余俊渠 著

中国矿业大学出版社

图书在版编目(CIP)数据

网络社会环境下易班教育的理论与实践研究 / 余俊渠著. —徐州：中国矿业大学出版社，2019.1

ISBN 978-7-5646-4352-2

Ⅰ.①网… Ⅱ.①余… Ⅲ.①高等教育—信息化建设—研究—中国 Ⅳ.①G649.2-39

中国版本图书馆 CIP 数据核字(2019)第 036249 号

书　　名 网络社会环境下易班教育的理论与实践研究
著　　者 余俊渠
责任编辑 孙　景　陈振斌
出版发行 中国矿业大学出版社有限责任公司
（江苏省徐州市解放南路　邮编 221008）
营销热线 (0516)83884103　83885105
出版服务 (0516)83885309　83884920
网　　址 http://www.cumtp.com　**E-mail**：cumtpvip@cumtp.com
印　　刷 江苏凤凰数码印务有限公司
开　　本 787×1092　1/16　**印张** 14.75　**字数** 281 千字
版次印次 2019 年 1 月第 1 版　2019 年 1 月第 1 次印刷
定　　价 38.00 元
（图书出现印装质量问题，本社负责调换）

前　言

随着信息技术的快速发展，人们的思想观念、道德认知、行为方式、社交活动都发生了巨大的变化，互联网已经成为社会生活中不可或缺的部分。同时，移动互联网塑造了全新的社会形态和生活方式，其对整个社会的影响已经进入新的阶段。移动互联网在中国快速普及，表明新媒体时代已经到来。对大学生而言，网络早已成为其学习和生活的日常“必需品”。网络社会是现实社会在网络上的延伸，网络社会正在崛起的客观现实预示着网络信息时代的来临。何谓网络社会？美国学者曼纽尔·卡斯特(Manuel Castells)如是描述：“作为一种历史趋势，信息时代的支配性功能与过程日益以网络组织起来。网络建构了我们社会的新社会形态，而网络化逻辑的扩散实质性地改变了生产、经验、权力与文化过程中的操作和结果。”在网络社会环境下，如何加强大学生的思想政治教育，提升大学生的网络素养，营造清朗的网络空间，构筑高校网络意识形态阵地，是国家网络安全战略的需求，也是当前高校必须直面的问题。

易班网(E-class)是教育部领导下的全国最大的大学生网络互动社区，2017年实现各省、直辖市、自治区全覆盖。截至2018年底，全国有上千所高校、过千万大学生进驻易班网，易班网已形成全国最大的教育网站。当前，各高校深耕易班网的育人功能和服务功能，开展丰富多彩、富有教育意义、大学生喜闻乐见的线上线下活动，塑造了深受大学生喜爱的具有全国影响力的品牌活动，如“校园好声音大赛”“全国大学生微电影大赛”“开发者大赛”等。因此，高校要积极面对网络社会发展，因事而化、因时而进、因势而新，积极探索网络思想政治教育规律，依托易班网开展符合大学生认知规律的思想教育、教育教学、管理服务等网络活动，凝练基于易班网的网络思想政治教育以及网络意识形态安全的理论成果和实践经验，立德树人，以网化人、以网立人、以网育人，培养德智体美劳全面发展的社会主义建设者和接班人。

目　录

第一篇　总　论

第一篇

总　　论

第一章 绪 论

当前大学生思想活跃，喜欢独立观察和思考，乐于接受新鲜事物，传统说教式的教育难以对他们产生吸引力。第42次《中国互联网络发展状况统计报告》显示：截至2018年6月，我国网民规模达8.02亿，在年龄结构上，10～19岁群体占比为18.2%；从网民职业结构分析，学生占24.8%①。易班网是“互联网＋”的产物，符合国家网络建设的要求，是高校思想政治工作机制、载体、平台的创新。高校必须以直面挑战、主动而为的态度，着力建设符合大学生特点、满足大学生需求、深受大学生喜爱的网络阵地。

第一节 研究问题及背景

在网络社会环境下，网民的网络行为是现实生活在网络空间的延伸，是虚拟与现实的交互影响。网络空间是思想集聚地，也是放大器，其特点是生活问题政治化、个别问题大众化、责任感缺失普遍化。如何构建一个有益于大学生健康成长的网络阵地是当前亟待解决的问题。

一、易班网的发展起源

易班网是集思想教育、教育教学、生活服务、文化娱乐为一体的综合性互动社区。网站融合了论坛、社交、博客、微博、微信等主流的互联网功能和应用，其开放平台支持学校和用户个性化开发各类互联网应用程序，支持各类教育信息化系统与易班开放平台的融合对接，并支持Web、手机客户端等多种访问形式。易班网在高校中设立了学生工作站，各高校依托学生工作站开展丰富多彩的校园文化活动，已经成为全国教育系统的知名文化品牌。易班网的宗旨是“实现教育的梦想”。

2004年，中国大学生在线在上海交通大学上线。2007年，上海交通大学在

① 第42次《中国互联网络发展状况统计报告》[DB/OL]. http://www.cac.gov.cn/2018-08/20/c_1123296882.htm.

中国大学生在线上开设了 E-class 板块，推出了易班（BBS）等互动功能。2009年，中国大学生在线移到高等教育出版社运行。同时，教育部思政司委托上海市教委继续开展易班的试点，专门成立了上海易班发展中心，将其由 BBS 升级成为 SNS 互动社区。2009 年 9 月，上海交通大学、东华大学、上海海洋大学、上海外国语大学四所高校成为上海开展易班建设的第一批试点高校。为更好地开发易班的功能、了解大学生的使用需求，上海易班发展中心专门安排产品和技术人员到试点高校了解易班的使用反馈情况，不断完善、改进和提升易班系统的使用功能。2010 年，上海出台了《上海易班建设和发展三年行动计划》，明确要求在 2012 年前将易班建设推广到上海所有高校。

2010 年，新华社记者采访上海地区的网络文化建设情况，在了解到易班建设情况后，感觉易班很有新意、很有特色，于是深入上海共建高校调研，撰写了一份内参报中央领导。多位中央领导对易班的内参做了重要批示，建议在全国范围内推广。2013 年，教育部思政司根据中央领导要求，启动易班全国试点工作。经过认真考察，上海易班发展中心决定由西华大学和厦门大学作为上海之外的共建高校进行试点，探索易班全国共建的模式，经过一段时间运行后，取得了良好的建设效果。这两所大学的点击量和活跃度都快速增长，表明易班在全国其他地区的建设推广工作取得了初步的成功。

2014 年 11 月，教育部、中央网信办和上海市在沪联合召开“易班建设经验推广会暨创新网络思想政治教育工作会议”，正式宣布推进易班全国共建，并发布了《“易班”推广行动计划和中国大学生在线引领工程实施方案》，要求 2018 年前将易班共建推广至全国高校。

2016 年 12 月，全国高校思想政治工作会议在北京召开，随后中共中央、国务院印发《关于加强和改进新形势下高校思想政治工作的意见》（中发〔2016〕31号），明确要求在全国“深入实施‘易班’等新应用推广行动计划”。2017 年1 月，时任国务院副总理刘延东视察教育部时强调要加大投入推进易班共建。因此，教育部易班发展中心将计划 2018 年底更改为在 2017 年底前实现省级“全覆盖”。

2017 年，易班全国共建进入了快速发展通道。教育部在印发《2017 年教育信息化工作要点》通知中明确指出，要发挥全国高校校园网站联盟功能和作用，深入实施“易班”推广行动计划，实现各省（区、市）全覆盖。2017 年 4 月，陈宝生部长到西华大学调研四川省易班建设，也强调要加快建设力度，肩负起有效承担国家战略任务的使命。

2018 年，教育部在年度工作要点中，突出了易班建设在网络思想政治教育中的重要性，并要求加快深入推进共建工作。一是拓展网络平台，发挥全国高校校园网站联盟作用，推动“易班”和中国大学生在线全国共建，引领建设校园网络新媒体矩阵。二是深入开展网络意识形态研判分析、网络舆情研究引导、师生思想政治状况调查、网络文化产品创作生产等工作，统筹推动“易班”和中国大学生在线全国共建共享。

二、易班建设符合习近平新时代中国特色社会主义思想要求

学习贯彻习近平总书记关于加强网络建设的系列重要讲话精神，以易班建设推广和全国共建为突破口，不断地加强高校文化建设，创新推进高校的网络思想教育工作。推进易班全国共建，加强高校网络文化建设，充分发挥网络育人功能。

（一）加强易班共建和推进易班建设，必须要把习近平总书记关于加强网络建设的系列重要讲话精神作为基本遵循

党的十八大以来，党中央始终高度重视网络建设，习近平总书记在2013年8月召开的全国宣传思想工作会议上做了重要讲话，用很大的篇幅强调了网络舆论引导和网络安全工作。2016年4月19日，网络安全和信息化工作座谈会召开，习近平总书记发表了重要讲话。此外，习近平总书记还亲自担任网络安全和信息化领导小组组长，多次出席会议并发表重要讲话。习近平总书记针对网络工作做出了一系列重要论述。这些重要论述，科学地回答了关于网络安全和信息化的重大理论和现实问题，具有很强的思想性、针对性和指导性，是指导我们当前和今后一个时期加强网络文化建设的重要指导思想和根本遵循，也是推进易班共建工作的重要指导思想和基本遵循。

1. 学习贯彻习近平总书记关于网络意识形态安全的重要论述

习近平总书记强调，过不了网络这一关就过不了长期执政这一关。因此，互联网已经成为意识形态的主战场、最前沿。网络空间的舆论环境问题，更重要体现的是政治问题。现在年轻人很少关注主流媒体，大部分信息都从网上获取。因此，网络空间舆论导向怎么样，决定了这一代青年学生的思想观念。因此，能不能打赢这场网络意识形态攻坚战，在很大程度上决定了我们党长期执政的地位。

2. 加强网络阵地建设

习近平总书记指出，要增强阵地意识，主动占领思想阵地，增强影响力。这个阵地，除了传统媒体阵地，网络阵地是当前最大的一个思想阵地。红色地带是我们的主阵地，一定要守住；黑色地带主要是页面的东西，要敢于亮剑，大大压缩其地盘；灰色地带要大张旗鼓争取，使其转化为红色地带。高校要高度重

视网络阵地建设,形成一个全国性最大的大学生网络社区,形成一个最大的网络阵地。

3. 加强网络队伍建设

习近平总书记强调,要守土有责、敢抓敢管,关键时刻能站出来,顶得住、冲得上、打得赢。高校要重视网络队伍建设,构建一支以学工干部、辅导员、班主任、学生党员、学生骨干为主的网络队伍,形成一支政治强、业务精、作风硬的网络技术、网络管理、网络创作、网络评论、网络研究队伍。网络队伍要加强培训,进一步提升网络素养和技术水平,要学会善于在网络上与大学生交流、互动,善于运用网络方式方法引导大学生向上向善。

4. 关于舆论引导的论述

习近平总书记指出,要把网络舆论工作作为宣传思想工作的重中之重来抓,坚决打赢网络舆论之争。加强网络舆论引导,管得住网络舆论是硬道理,积极改进创新,加强正面宣传,要把握网络舆论的特点和规律。要提升议题的设计能力,按照网络生态的运行规律,把握好网络舆论引导的时效。

5. 加强网络文化建设

要培育积极健康、向善向上的网络文化,用优秀文明滋养人生、滋养社会,做到正能量、主旋律高扬。新的形势下,推进易班共建,加强易班建设,做好高校网络文化建设,最重要的就是要把习近平总书记系列重要讲话精神落实、落细,领会中央决策部署的精神,真正消除网络文化盲区。

(二)推进易班共建,发挥易班共建高校的创造性

经验在基层,智慧在群众,在网络建设管理中,基层的作用更加明显。近几年来,在教育部易班发展中心的推动下,易班建设取得良好成效。这些成效的取得,主要得益于各地各高校的探索与创新。

1. 坚持创新发展,把握建设大学生喜爱的网络教育平台的基本规律

易班结合网络特点,把社会主义核心价值观和中华优秀传统文化的内容进行了网络化的翻译,通过重构和包装来形成丰富多彩的具有趣味性和原创网络文化的作品。通过这些作品,让大学生在潜移默化中乐于接受教育。比如,易班结合学生的兴趣,打造了卡通的形象、互动游戏的方式,让学生更加真切地感知到汉字这种形意美。同时,易班还开发了深受学生欢迎的网络课程,讲述天地人的关系,节气和节的关系,古代历法、天文知识等,开展社会主义核心价值观教育,通过变抽象为形象、化生硬为活泼,吸引学生观看,真正实现了春风化雨润物无声。

2. 坚持创造校园文化的先进经验

以文化人是文化固有功能和使命,是中华文化优秀传统,也是中华文化的

强大生命力之所在。易班坚持以育人为目标，用互联网思维来开展文化建设，创造出了校园好声音、校园好电影、校园好文章、校园好图片、校园好创意等很有影响力的网络文化品牌。比如，校园好声音比赛，深受大学生喜爱。当然也有人称为网络好声音，大学生通过网络的互动，参与校园好声音，否则校园好声音只是少数唱得好的人的活动。通过这个平台，校园文化建设找到了新突破。

3. 坚持服务高等教育综合改革，找到了发展新动力

近年来，易班按照构建大数据平台的战略要求，推动实施“互联网＋校园服务”，目前已经汇聚了来自全国各地开发的1万多项特色应用，涵盖了就业指导、心理咨询、奖助勤贷、宿舍服务等各种校园服务，为学生提供贴近需求的一站式校园应用，推动了高校一站式服务的改革进程。易班围绕大众创业、万众创新的国家战略，通过市场化的方式打造创新与创业结合、线上与线下结合、孵化与投资结合的青年大学生“众创空间”，将文化创意、科技创新和创新发展融合，推动了教育改革。因此很多成果的取得，核心就是用最时髦、最新鲜的内容抓住了大学生心理，通过学校组织、网络搭台、师生唱戏的方法，让师生动起来，让人人参与网络思想教育。

（三）实现易班发展，必须要把提升网络素养、网络参与作为深化工作的根本保障

当前，广大师生已经成为8亿网民的主力，特别在高校，学科门类齐全，专家齐聚，是一个很大的网络群体。把高校专家吸引为易班建设发展的骨干力量，深入分析高校大学生的网络思想行为特征，尤其是在网络空间的语言表达与现实世界行为的统一性。易班建设的宗旨就是要着力提升师生的网络素养，培养传播主旋律、弘扬正能量的校园好网民。

1. 培养校园好网民

高校要着力优化网络环境，除了加强易班建设之外，还要进一步加强校园网站的思想性、互动性建设，加强综合性的教育网站、专业性的学术网站和移动性的两微一端的建设。在校园网络体系里面，形成倡导真善美、传播正能量、弘扬主旋律的网络环境，从而优化网络环境。

2. 培养网络风尚

当前，网络风尚总体上积极健康、向上向好，围观吐槽的少了，点赞认同的多了。中共中央网络安全和信息化委员会办公室在重点打击传谣行为，现在传谣制谣的少了，但一些网络暴力行为依然存在，有些高校师生参与其中。要引领广大师生学习使用网络传播技术，创新网络传播方式，推动社会主义核心价值观的网络传播。

3. 引导网络参与

通过搭建平台，创造条件，现在越来越多的高校师生愿意参与到高校网络平台上来。教育部思想政治教育司会同中共中央网络安全和信息化委员会办公室共同指导了易班网、中国大学生在线、光明网等单位举办的大学生网络文化节，组织开展一场全国性网络文化教育活动。这个活动引起了高校师生的网络参与积极性。此外，要完善网络成果评价机制，鼓励网络好文章、好作品的创造和传播。

4. 着力培养网络人才

习近平总书记多次强调培养网络人才。网络人才是掌握网络意识形态的话语权的关键。要积极开展网络教育名师培育实施计划、校园好网民计划，带动高校网络队伍建设。通过易班建设已经形成了一支政治强、业务精、作风硬的网络队伍，实现了百花齐放、百家争鸣的集聚效应，在关键时刻能一呼百应，发挥强大的带动作用。

三、易班建设契合国家网络空间安全战略需求

当前，在众多网络平台、自媒体平台上，不健康、低俗、庸俗信息随处可见，非马克思主义、反马克思主义、封建主义的意识形态信息依然存在，网络谣言、诈骗信息任意咨生和传播。因此，如何利用网络平台培育大学生的社会主义核心价值观、加强理想信念教育、弘扬优秀传统文化是摆在高校教育工作者面前的重要问题。易班建设，将社会主义核心价值观融入丰富多彩的校园网络文化活动中，师生积极参与，实现同频共振。

2017 年 2 月 17 日，习近平总书记主持召开国家安全工作座谈会并发表重要讲话，指出“要筑牢网络安全防线，提高网络安全保障水平……实现全天候全方位感知和有效防护”。习近平总书记的重要论述，科学地回答了关于网络安全和信息化的重大理论和现实问题，具有很强的思想性、针对性和指导性，是我们加强网络文化建设和管理的重要指导思想和根本遵循。

四、易班建设创新高校网络思想政治教育新格局

易班网于 2009 年在上海市教委指导下独立运行，它的研发、运行是在教育部直接领导下稳步推进的，现已成为国家信息化战略平台。2016 年 12 月 7～8 日，全国高校思想政治工作会议在北京召开，习近平总书记强调，“做好高校思想政治工作，要因事而化、因时而进、因势而新”，并特别指出“深入实施易班等新应用推广行动计划和中国大学生引领工程”。

2017 年 2 月 27 日，中共中央、国务院印发的《关于加强和改进新形势下高

校思想政治工作的意见》(中发〔2016〕31号)指出:要加强互联网思想政治工作载体建设,加强学生互动社区、主题教育网站、专业学术网站和"两微一端"建设,运用大学生喜欢的表达方式开展思想政治教育。教育部办公厅印发《2017年教育信息化工作要点》的通知,提出发挥全国高校校园网站联盟功能和作用。深入实施"易班"推广行动计划,实现各省(区、市)全覆盖。

要认真学习贯彻习近平总书记关于加强网络建设的系列重要讲话精神,以易班建设推广和全国共建为突破口,不断加强高校网络文化建设,推进高校网络思想政治教育工作。要依托易班加强互联网思维,建立"无处不网络,一切皆互联"的思想理念;建设一支熟悉网络、玩转新媒体的师资队伍;转变话语体系,利用学生乐于接受的话语体系与其进行交流对话。

第二节 相关研究回顾

易班平台是"互联网+"的产物,是高校开展思想政治教育的重要载体,也是高校加强网络意识形态教育、维护高校网络意识形态安全的重要载体。因此,开展易班网络思想政治教育及网络意识形态安全教育是加强国家网络安全的基本任务之一。

一、国内研究现状和趋势

近年来关于网络意识形态研究的成果较多,例如杨永志、吴佩芬编写的《互联网条件下维护我国意识形态安全研究》、张梅编写的《网络文化视域下的意识形态》、夏一璞编写的《互联网的意识形态属性》等。这些学者分别从维护意识形态安全视域下的网络言论及网络监管、网络文化视域下确保意识形态发展及对策、加强网络意识形态领导权等进行深入研究。

(一)大学生网络意识形态安全教育研究

大学生网络意识形态安全教育研究主要集中在教育路径研究、微信时代大学生网络意识形态安全观研究。有学者(黄蓉、赵惜群,2015)提出高校要明确教育目标、创新教育方式,提升大学生网络意识形态安全教育的有效性;有学者(刘伟、段凯露,2017)提出"95后"大学生存在网络意识形态安全观淡化、对社会主义意识形态认同度低等问题;有学者(陈联俊,2017)提出要增强网络空间马克思主义认同,切实维护意识形态安全。

(二)基于易班平台的思想政治教育研究

通过文献检索与查阅,发现关于"易班"的研究成果主要集中在2011年以后。大部分学者认为易班平台建设有助于思想政治教育，对学生事务管理功能起到促进作用。有学者（陈华栋，2011）指出易班是上海高校开展网络思想政治教育的新举措，易班的诞生是高等教育与管理对现有困境的主动回应，有着非常重要的现实意义；有学者（梁臻，2012）认为易班为高校打造了一款专门用于学生教育管理的网络化新平台。学者们从不同角度对易班平台建设的重要性做出了肯定。

（三）关于易班建设存在的问题

根据近几年高校易班建设情况分析，学者们认为当前易班建设存在一些问题亟待解决。例如，易班活跃度低（张建利，2014），在各高校发展不均衡（朱建征，2015），易班思想政治教育功能有待提升（陈艳红，2014）等。存在问题的原因归纳为以下几个方面：一是目前高校易班的推行主要靠行政力量，学生认同程度还有待提升，部分学生存在抵触情绪；二是易班在实现思想政治教育功能时，容易出现形式与内容不匹配现象；三是易班的实用性、体验感不及其他成熟的网络社交或平台等。

（四）关于易班建设存在问题的对策

有很多学者从易班教育性、功能性提出建设对策。有学者（梅月平，2014）提出挖掘育人功能，改进育人方法，增强易班互动性；有学者（沈漫，2013）提出加大校内易班资源整合，提高易班使用率；有学者提出构建基于易班的“情感—学习”共同体（朱建征，2015）等。

二、国外研究现状和趋势

（一）网络意识形态功能及影响

美国埃瑟·戴森在《2.0版：数字化时代的生活设计》一书中明确指出，数字化将会在生产者和消费者、政府和公民、大众传媒和接受者之间造成权力平衡的深刻转移，人们必须采取行动解决这些冲突。英国巴雷特在《塞伯族状态：因特网的文化、政治和经济》一书中对互联网中受众者的言论自由表达，特别是对政治、经济和文化的冲击做了深入的分析。

（二）类似易班功能的国外研究

经过相关文献检索与查阅，国外关于“易班”没有直接研究。但是，易班本质上也是一种网络社交平台，其功能与国外的社交平台有一定的相似性。目前，国外相对普遍的网络平台包括“Facebook”“Twitter”“LinkedIn”“Badoo”等。毕竟，“易班”是基于我国国情针对大学生思想政治教育而开发的新媒体平台，其适用范围一定程度上与我国社会环境、高校环境相匹配，只有其发展到一定程度，更为成熟、全面，才足以影响更大范围的群体。因而，国外相关研究还有待进一步发展。

综上所述，尽管有关"易班"的研究成果丰富，但仍存在三点不足：一是新时代如何运用新技术加强大学生网络意识形态安全教育的问题仍未有很好的解决办法；二是缺乏对当前大学生网络意识形态安全教育做深入研究；三是没有把易班平台建设与大学生网络意识形态安全教育有效结合。因此，以易班平台为载体，开展新时代大学生网络意识形态安全教育研究是维护我国网络意识形态安全所面临和亟待解决的重要理论及实践问题。

第三节　研究目的和意义

一、研究的理论价值

（一）有助于探索网络思想政治教育规律

随着网络技术的迅猛发展，互联网已经是人们生活和社交中不可或缺的部分。新媒体、自媒体、融媒体等平台快速发展，互联网在传递信息的同时也深刻影响着人们的思想。因此，高校要顺势而为，主动探索网络社会环境下思想政治工作的新机制、新范式，研究网络思想政治教育规律，为高校开展网络思想政治教育工作提供理论支撑。

（二）有助于拓展网络思想政治教育研究领域

易班网顺应新媒体快速发展趋势，是"互联网＋"的衍生物，也是专门为在校大学生打造的网络互动社区。高校大学生可以在易班平台上自由发布信息、交流感情、表达诉求、讨论学习、展示意愿等。因此，高校要充分利用易班平台，开展符合大学生认知规律和成长规律的教育教学活动，进一步把易班打造成党建与思想政治教育的平台，构筑大学生思想教育、理想信念、成人成才的精神家园，进一步拓宽网络思想政治教育的研究领域。

（三）有助于运用大数据凝练"易班"研究成果

依托易班平台开展大学生思想政治工作是当前和今后一段时期的重要工作，也是高校网络思想政治教育的重要组成部分。高校在易班平台上开展思想教育、教育教学、文化娱乐、生活服务，大学生参与高校组织的各项活动，在易班平台上自然形成了一系列行为数据。高校运用大数据分析大学生的行为，了解大学生思想动态、喜好习性，为高校开展网络思想政治教育研究提供客观、科学的数据参考，有利于凝练易班的研究成果，也为易班内涵式发展提供理论参考。

二、研究的应用价值

（一）有助于加快易班平台建设

通过调查研究分析，系统检验各高校使用易班平台的真实情况，对调查数据进行详尽分析，查找薄弱环节，针对存在问题，提出对策，形成系统的工作机制与建设指南，提高易班的吸引力、体验感、使用率，加快易班在全国的建设和推广。

（二）有助于加快易班内涵式发展

当前易班建设已经覆盖各省，各省教育部门、高校也高度重视，在活动形式和内容方面各具特色。通过调查研究，对调查样本的性别、身份、年级、高校类别、省份进行分类分析、比对，查找存在问题，使高校清楚认识到在开展易班建设中具有的优势和存在的劣势，相互学习、相互促进，提升易班在思想教育、生活文化等方面的功能，在内涵建设、内容设置、活动形式、实践项目设置上开拓创新。

（三）有助于提升易班网络育人的作用

易班是网络思想政治教育的重要组成部分，在易班上开展党建与思想政治教育，鼓励高校教育工作者、大学生依托易班平台开展网络文化作品创作。以易班平台为载体，加强、加快、加大网络思想政治工作纵深发展，注重运用新技术、新媒体，充分开发网络资源，具有技术创新优势。平台建设综合、联动、高效，融合教育、管理、服务等功能。平台设计美观，结构合理，操作便捷，体现精品创意，力争做到信息内容丰富、更新及时，富有思想性、教育性；覆盖面广，师生黏合度高，传播效果良好，社会影响较大。

第四节　研究思路与方法

一、研究思路与逻辑

本次研究是对易班平台进行全面的调查了解，调查问卷设置了思想教育、党建工作、教育教学、生活服务、文化娱乐、团学工作、心理咨询、助学及学生管理等八个方面。通过调查，了解易班平台在高校大学生思想政治教育、教育教学中的使用现状，以及易班平台在高校思想政治教育中的成效。对调研数据进行全面分析，从中发现各高校在推进易班建设中存在的问题、困难以及学生真实需求，从而促进易班平台向纵深发展，真正发挥易班平台在高校中的教育作用、引领作用，使易班平台真正成为高校大学生热爱、喜欢使用的网络互动社区。

二、研究方法

（一）问题调查

1. 调查的时间及内容

课题组自2018年7月至9月，依托教育部易班平台在全国高校中开展“易班平台使用情况调查问卷”为主题的实证调查。调查问卷分两部分：第一部分是调查样本的基本信息，包括性别、政治面貌、学生身份、年级、专业分类、学校属性、高校所在省份等7个变量。第二部分是调查内容，包括思想教育、党建工作、教育教学、生活服务、文化娱乐、团学工作、心理咨询、助学及学生管理等8个方面。调查问卷共有110道题目。

2. 调查范围

调查依托教育部易班平台在全国开展易班共建高校中进行，在教育部易班发展中心、各省易班发展中心的大力支持下，发动大学生在线作答，共有261所高校参与调查，各省都有有效的样本。其中，广东省、广西壮族自治区、福建省、内蒙古自治区的样本比较多。

3. 样本情况

调查对象为全国各类型高校在读大学生，按比例在一至五年级学生中分发调查问卷，统计时四年级和五年级归并为四年级样本。本次调查采用网络调查法，收回有效问卷为47 905份，其中广东省、广西壮族自治区、福建省、内蒙古自治区的样本较多，占调查总量的76.5%，这与福建省、广东省、广西壮族自治区较早开展易班共建工作有着密切的关联性。调查样本相关情况见图1-1-1至图1-1-7。

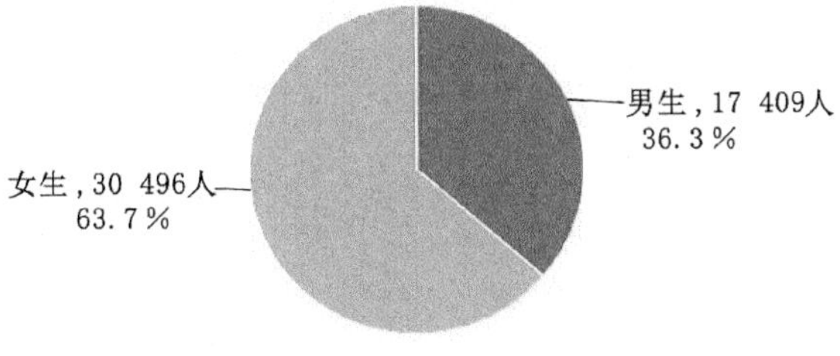

图1-1-1　调查样本性别分布图

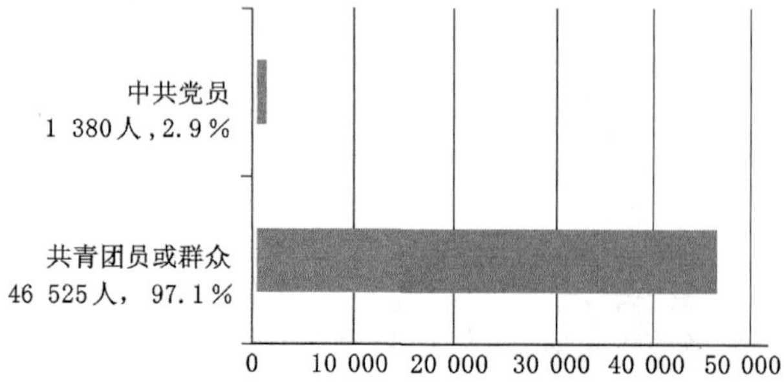

图 1-1-2 调查样本政治面貌分布图

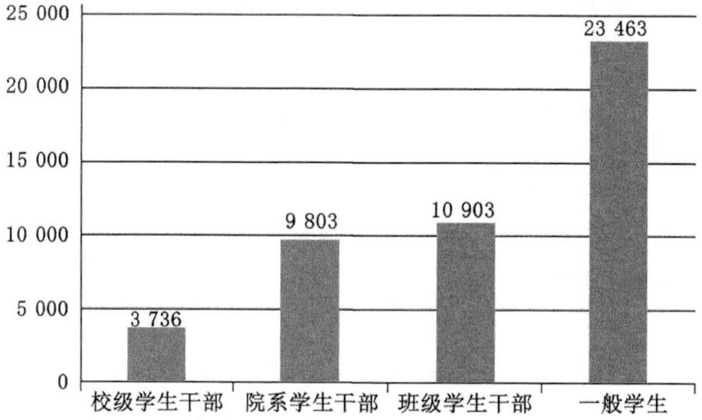

图 1-1-3 调查样本学生身份分布图(单位：人)

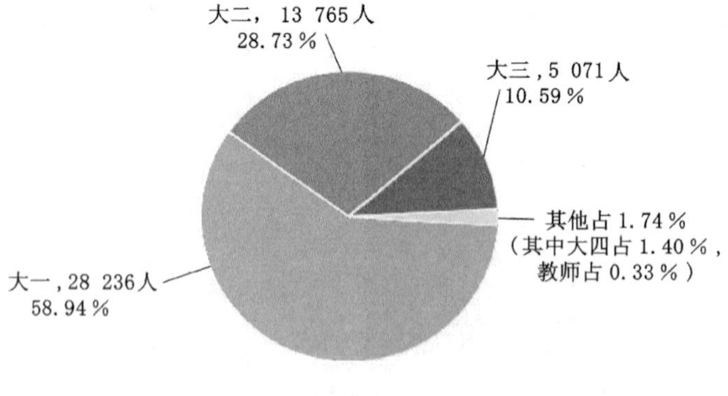

图 1-1-4 调查样本年级(职业)分布图

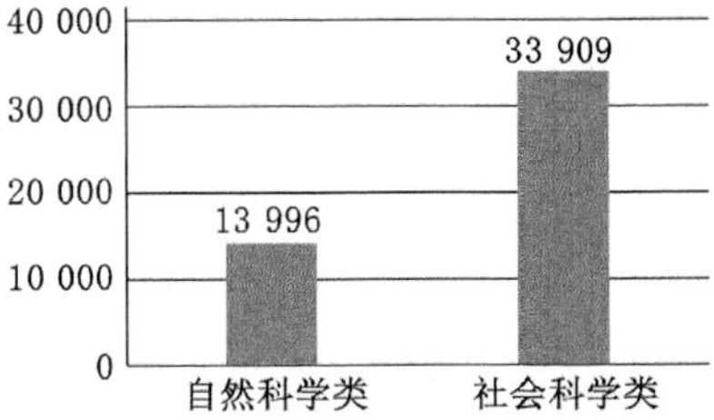

图 1-1-5 调查样本专业分布图(单位:人)

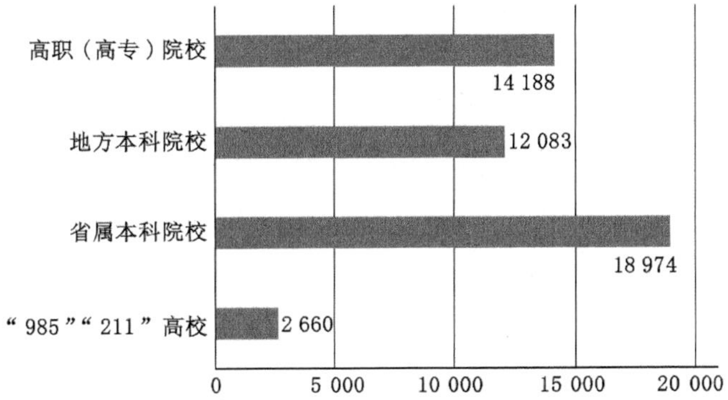

图 1-1-6 调查样本所属高校类别分布图(单位:人)

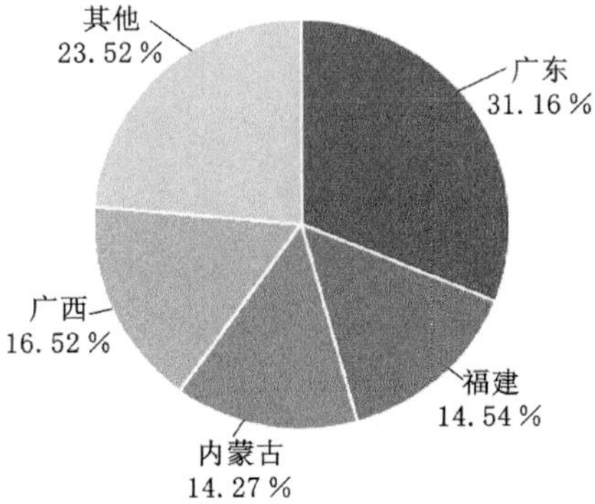

图 1-1-7 调查样本所属省份分布图

4. 分析方法

本次实证调查采用 SPSS19.0 软件对采集样本进行分析，通过深入分析，厘清当前高校大学生使用易班平台的现状及存在问题。在研究过程中主要采用网络问卷调查和个案访谈相结合的方法。在遴选访谈对象时注重广泛性、代表性，访谈样本真实、可靠。

（二）个案访谈

课题组分 8 个小组，分别对全国开展易班建设的高校学生、辅导员、学生工作管理干部、教育管理部门人员等进行访谈，深入了解各高校易班平台使用的现状、需求及存在问题，力争收集与获取较为真实可靠的一手访谈材料。课题组先后采访教育部易班发展中心主任朱明伦、高校共建办党委副主任冯斌、中山大学党史研究所所长郭文亮、佛山科学技术学院马克思主义学院党委书记杜环欢、仲恺农业工程学院学工部部长李伟东、广东轻工职业技术学院学工部部长张少兰以及若干辅导员代表、学生代表。

第二章 易班教育开展现状分析

第一节 易班思想政治教育的调查分析

思想政治教育是社会或社会群体用一定的思想观念、政治观点、道德规范，对其成员施加有目的、有计划、有组织的影响，使他们形成符合一定社会所要求的思想品德的社会实践活动。思想政治教育是学校活动的重要组成内容，是各类学校精神文明建设的重要部分。随着互联网的迅猛发展，人们的生活、学习、社交、思维都发生了巨大变化，很多有社会活动转移到网络空间。因此，如何加强网络时代思想政治教育，探索网络思想政治教育的规律、方式、路径就显得极为重要。当前，易班平台是全国最大的教育平台，如何依托易班平台开展大学生思想政治教育活动具有十分重要的现实意义。

一、易班平台开展思想政治教育的基本状况

对易班平台在大学生思想政治教育中的重要性、易班平台传播的内容、易班平台思想政治教育引领的效果、易班平台思想政治工作创新方式等方面展开调查，具体结果如表 1-2-1 所示。

表 1-2-1 易班平台开展思想政治教育的基本状况

题目	平均综合得分	方差	最符合	符合	一般	不符合	最不符合
易班平台是大学生思想政治教育的重要平台	3.22	1.620	9 717	9 478	17 200	4 802	6 710
			20.28%	19.78%	35.90%	10.02%	14.01%
你在易班平台上接触过违反国家安全及社会稳定的相关推文	2.59	2.356	8 234	6 457	10 209	3 510	19 497
			17.19%	13.48%	21.31%	7.33%	40.70%
易班平台关于大学生思想引导与教育方面的内容充实	3.32	1.506	9 827	11 153	16 932	4 466	5 529
			20.51%	23.28%	35.34%	9.32%	11.54%

续表 1-2-1

题目	平均综合得分	方差	最符合	符合	一般	不符合	最不符合
易班平台所开展的思想政治教育活动形式具有创新性	3.36	1.479	9 715	11 058	17 193	4 680	5 261
			20.28%	23.08%	35.89%	9.77%	10.98%

1. 易班平台思想政治教育认可度

问题"易班平台是大学生思想政治教育的重要平台",平均综合得分为3.22,方差为1.620,属于中高评价。其中,有20.28%的学生(9 717人)选择了"最符合",19.78%的学生(9 478人)选择了"符合",35.90%的学生(17 200人)选择了"一般",10.02%的学生(4 807人)选择了"不符合",14.01%的学生(6 710人)选择了"最不符合"。由此可见,高校在易班平台上开展思想政治工作得到大部分学生的认可。

2. 易班平台传播内容监管

问题"你在易班平台上接触过违反国家安全及社会稳定的相关推文",平均综合得分为2.59,方差为2.356,属于中低评价。其中,有17.19%的学生(8 234人)选择了"最符合",13.48%的学生(6 457人)选择了"符合",21.31%的学生(10 209人)选择了"一般",7.33%的学生(3 510人)选择了"不符合",40.70%的学生(19 497人)选择了"最不符合"。由此可见,易班平台是一个意识形态安全性监管很高的平台。

3. 易班平台思想政治教育引领性

问题"易班平台关于大学生思想引导与教育方面的内容充实",平均综合得分为3.32,方差为1.506,属于中高评价。其中,有20.51%的学生(9 827人)选择了"最符合",23.28%的学生(11 153人)选择了"符合",35.34%的学生(16 932人)选择了"一般",9.32%的学生(4 466人)选择了"不符合",11.54%的学生(5 529人)选择了"最不符合"。由此可见,易班平台在大学生思想政治教育引领方面起到很大的作用,内容充实。

4. 易班平台思想政治教育创新性

问题"易班平台所开展的思想政治教育活动形式具有创新性",平均综合得分为3.36,方差为1.479,属于较高评价。其中,有20.28%的学生(9 715人)选择了"最符合",23.08%的学生(11 058人)选择了"符合",35.89%的学生(17 193人)选择了"一般",9.77%的学生(4 680人)选择了"不符合",10.98%的学生(5 261人)选择了"最不符合"。由此可见,易班平台上开展思想政治教育的创新性得到大学生的认同。

二、各群体运用易班开展思想政治教育活动的积极性

各群体运用易班开展思想政治教育活动的积极性基本情况如表 1-2-2 所示。

表 1-2-2　各群体运用易班开展思想政治教育活动积极性的基本状况

题目	平均综合得分	方差	最符合	符合	一般	不符合	最不符合
你所在学校、学院及班级经常利用易班平台开展思想政治教育活动	3.35	1.555	10 710	10 998	16 035	4 699	5 465
			22.36%	22.96%	33.47%	9.81%	11.41%
你的同学群体间经常利用易班平台进行思想动态分享及价值讨论	3.10	1.673	8 768	8 770	16 554	6 162	7 653
			18.30%	18.31%	34.55%	12.86%	15.97%
你积极利用易班平台进行思想动态分享、时政信息获取、时政热点讨论等活动	3.14	1.655	8 967	9 226	16 683	5 661	7 370
			18.72%	19.26%	34.82%	11.82%	15.38%

1. 学校、学院及班级使用易班平台开展思想政治教育情况

问题“你所在学校、学院及班级经常利用易班平台开展思想政治教育活动”,平均综合得分为 3.35,方差为 1.555,属于中高评价。其中,有 22.36%的学生(10 710 人)选择了“最符合”,22.96%的学生(10 998 人)选择了“符合”,33.47%的学生(16 035 人)选择了“一般”,9.81%的学生(4 699 人)选择了“不符合”,11.41%的学生(5 465 人)选择了“最不符合”。由此可见,学校、学院及班级利用易班平台开展思想政治教育活动的频率相当高。

2. 同学群体之间利用易班平台互助情况

问题“你的同学群体间经常利用易班平台进行思想动态分享及价值讨论”,平均综合得分为 3.10,方差为 1.673,属于中高评价。其中,有 18.30%的学生(8 768 人)选择了“最符合”,18.31%的学生(8 770 人)选择了“符合”,34.55%的学生(16 554 人)选择了“一般”,12.86%的学生(6 162 人)选择了“不符合”,15.97%的学生(7 653 人)选择了“最不符合”。由此可见,同学群体之间用易班进行思想动态交流和分享的频率还不错,但还有近 30%的同学认为易班平台不是其分享思想和动态的主要途径。

3. 个体使用易班平台的积极性

问题“你积极利用易班平台进行思想动态分享、时政信息获取、时政热点讨

论等活动”，平均综合得分为 3.14，方差为 1.655，属于中高评价。其中，有 18.72％的学生（8 967 人）选择了“最符合”，19.26％的学生（9 226 人）选择了“符合”，34.82％的学生（16 683 人）选择了“一般”，11.82％的学生（5 661 人）选择了“不符合”，15.38％的学生（7 370 人）选择了“最不符合”。由此可见，绝大部分学生能利用易班平台进行思想分享、交流时事政治热点，积极性比较高。

三、个人在易班平台的思想政治教育活动体验状况

个人在易班平台的思想政治教育活动体验状况如表 1-2-3 所示。

表 1-2-3　个人在易班平台的思想政治教育活动体验的基本状况

题目	平均综合得分	方差	最符合	符合	一般	不符合	最不符合
你在易班平台上发言或互动具有政治敏感性	3.00	1.681	7 850	7 797	17 788	5 511	8 961
			16.39％	16.28％	37.13％	11.50％	18.70％
自开始使用易班平台至今，你的思想状况发生了变化	3.22	1.566	9 012	10 347	17 150	4 888	6 510
			18.81％	21.60％	35.80％	10.20％	13.59％
易班平台的思想教育引导对你个人的日常行为产生了影响	3.17	1.619	8 950	9 694	16 876	5 359	7 028
			18.68％	20.24％	35.23％	11.19％	14.67％
易班平台是提升自己思想政治素养的学习平台	3.40	1.546	11 317	11 208	16 095	3 947	5 340
			23.62％	23.40％	33.60％	8.24％	11.15％

1. 大学生使用易班平台的政治敏感度

问题“你在易班平台上发言或互动具有政治敏感性”，平均综合得分为 3.00，方差为 1.681，属于中等评价。其中，有 16.39％的学生（7 850 人）选择了“最符合”，16.28％的学生（7 797 人）选择了“符合”，37.13％的学生（17 788 人）选择了“一般”，11.50％的学生（5 511 人）选择了“不符合”，18.70％的学生（8 961 人）选择了“最不符合”。由此可见，大学生在使用易班平台时的政治敏感度不高。

2. 大学生使用易班平台的思想状况

问题“自开始使用易班平台至今，你的思想状况发生了变化”，平均综合得分为 3.22，方差为 1.566，属于中高评价。其中，有 18.81％的学生（9 012 人）选择了“最符合”，21.60％的学生（10 347 人）选择了“符合”，35.80％的学生

(17 150 人)选择了“一般”,10.20%的学生(4 888 人)选择了“不符合”,13.59%的学生(6 510 人)选择了“最不符合”。由此可见,大学生通过使用易班平台,思想状况发生了较大的变化。

3. 易班平台对大学生日常行为影响

问题“易班平台的思想教育引导对你个人的日常行为产生了影响”,平均综合得分为 3.17,方差为 1.619,属于中高评价。其中,有 18.68%的学生(8 950 人)选择了“最符合”,20.24%的学生(9 694 人)选择了“符合”,35.23%的学生(16 876 人)选择了“一般”,11.19%的学生(5 359 人)选择了“不符合”,14.67%的学生(7 028 人)选择了“最不符合”。由此可见,易班平台在高校中的使用、推广对大学生的日常行为产生积影响。

4. 大学生使用易班平台的坚定性

问题“易班平台是提升自己思想政治素养的学习平台”,平均综合得分为 3.40,方差为 1.546,属于中高评价,是学生使用易班体验方面的最高得分。其中,有 23.62%的学生(11 317 人)选择了“最符合”,23.40%的学生(11 208 人)选择了“符合”,33.60%的学生(16 095 人)选择了“一般”,8.24%的学生(3 947 人)选择了“不符合”,11.15%的学生(5 340 人)选择了“最不符合”。由此可见,易班平台已经是大学生提升思想政治素养的重要学习平台。

四、运用易班开展思想政治教育效果

运用易班开展思想政治教育效果如表 1-2-4 所示。

表 1-2-4　　运用易班开展思想政治教育的基本状况

题目	平均综合得分	方差	最符合	符合	一般	不符合	最不符合
你对当前易班平台关于大学生思想政治教育所开设的栏目及活动表示满意	3.46	1.443	11 269	12 269	15 871	4 075	4 423
			23.52%	25.61%	33.13%	8.51%	9.23%
你信赖易班平台开展的思想政治教育活动	3.50	1.474	12 237	12 333	15 112	3 798	4 427
			25.54%	25.74%	31.54%	7.93%	9.24%
较之传统的思想政治教育形式,易班平台开展的思想政治教育活动受人欢迎	3.32	1.477	9 715	11 058	17 193	4 680	5 261
			20.28%	23.08%	35.89%	9.77%	10.98%
易班平台所开设的思想政治教育活动效果令人满意	3.36	1.461	10 055	11 353	17 174	4 262	5 063
			20.99%	23.70%	35.85%	8.90%	10.57%

1. 易班平台思想政治教育满意度

问题"你对当前易班平台关于大学生思想政治教育所开设的栏目及活动表示满意",平均综合得分为 3.46,方差为 1.443,属于较高评价,满意度很高。其中,有 23.52%的学生(11 269 人)选择了"最符合",25.61%的学生(12 269 人)选择了"符合",33.13%的学生(15 871 人)选择了"一般",8.51%的学生(4 075 人)选择了"不符合",9.23%的学生(4 423 人)选择了"最不符合"。由此可见,教育部易班平台以及各高校易班平台上开设的栏目及活动深受大学生的欢迎。

2. 易班平台思想政治教育信赖度

问题"你信赖易班平台开展的思想政治教育活动",平均综合得分为 3.50,方差为 1.474,属于较高评价,依赖度很高。其中,有 25.54%的学生(12 237 人)选择了"最符合",25.74%的学生(12 333 人)选择了"符合",31.54%的学生(15 112 人)选择了"一般",7.93%的学生(3 798 人)选择了"不符合",9.24%的学生(4 427 人)选择了"最不符合"。由此可见,大学生对易班平台开展的思想政治引领活动相当依赖。

3. 易班平台思想政治教育受欢迎度

问题"较之传统的思想政治教育形式,易班平台开展的思想政治教育活动受人欢迎",平均综合得分为 3.32,方差为 1.477,属于较高评价,受欢迎度很高。其中,有 20.28%的学生(9 715 人)选择了"最符合",23.08%的学生(11 058 人)选择了"符合",35.89%的学生(17 193 人)选择了"一般",9.77%的学生(4 680 人)选择了"不符合",10.98%的学生(5261 人)选择了"最不符合"。由此可见,高校在易班平台开展思想政治教育活动形式深受大学生的欢迎。

4. 易班思想政治教育效果

问题"易班平台所开设的思想政治教育活动效果令人满意",平均综合得分为 3.36,方差为 1.461,属于较高评价,教育效果较好。其中,有 20.99%的学生(10 055 人)选择了"最符合",23.70%的学生(11 353 人)选择了"符合",35.85%的学生(17 174 人)选择了"一般",8.90%的学生(4 262 人)选择了"不符合",10.57%的学生(5 063 人)选择了"最不符合"。由此可见,高校在易班平台开展思想政治教育活动效果良好,很好发挥第二课堂的教育功效。

通过对高校依托易班开展思想政治教育的基本状况、各群体运用易班开展思想政治教育活动的积极性、个人在易班平台的思想政治教育活动体验状况、运用易班开展思想政治教育的效果等四个维度的调查分析,调查 15 道题目的平均综合得分为 3.234，属于较高评价。说明大学生对依托易班平台开展思想政治教育的方式方法及成效认可度高、参与度高。

第二节　易班学生党建的调查分析

随着“互联网＋”在各个领域的广泛使用，高校党建工作也日益与互联网密切相关，特别是学生党建工作与网络思想政治教育是密不可分的。高校要积极探索易班“互联网＋党建”的工作思路与方法。

一、关于高校基于易班平台开展党建的基本状况调查

高校基于易班平台开展党建的基本状况见表 1-2-5。

表 1-2-5　　高校基于易班平台开展党建的基本状况调查

题目	平均综合得分	方差	最符合	符合	一般	不符合	最不符合
你所在学校已在易班平台上开展党建活动	3.67	1.453	15 466	11 664	13 938	3 231	3 608
			32.28%	24.35%	29.09%	6.74%	7.53%
你所在学校经常利用易班平台开展党建相关问卷调查（如使用轻问卷开展党员信息统计等）	3.54	1.404	12 697	11 621	15 987	3 916	3 686
			26.50%	24.26%	33.37%	8.17%	7.69%
你所在学校在易班平台上提供党建方面的学习资料（如优课上传党建课程、微社区发布学习推文等）	3.55	1.393	12 787	11 909	15 890	3 658	3 663
			26.69%	24.86%	33.17%	7.64%	7.65%
你所在学校在易班平台上开展党员培训考核	3.45	1.427	11 397	11 301	16 799	4 183	4 227
			23.79%	23.59%	35.07%	8.73%	8.82%
你所在学校在易班平台上开展党建特色活动（如新党章或党的知识竞赛等）	3.53	1.412	12 587	11 623	16 083	3 790	3 824
			26.27%	24.26%	33.57%	7.91%	7.98%

（1）问题“你所在学校已在易班平台上开展党建活动”，平均综合得分为 3.67，方差为 1.453，属于较高评价。其中，有 32.28% 的学生（15 466 人）选择了“最符合”，24.35% 的学生（11 664 人）选择了“符合”，29.09% 的学生

(13 938 人)选择了“一般”,6.74%的学生(3 231 人)选择了“不符合”,7.53%的学生(3 608 人)选择了“最不符合”。由此可见,很多高校已经在易班平台上开展党建活动。

(2) 问题“你所在学校经常利用易班平台开展党建相关问卷调查(如使用轻问卷开展党员信息统计等)”,平均综合得分为 3.54,方差为 1.404,属于较高评价。其中,有 26.50%的学生(12 697 人)选择了“最符合”,24.26%的学生(11 621 人)选择了“符合”,33.37%的学生(15 987 人)选择了“一般”,8.17%的学生(3 916 人)选择了“不符合”,7.69%的学生(36 86 人)选择了“最不符合”。由此可见,高校利用易班平台开展党建相关问卷调查的措施较为频繁,同学们的印象十分深刻。

(3) 问题“你所在学校在易班平台上提供党建方面的学习资料(如优课上传党建课程、微社区发布学习推文等)”,平均综合得分为 3.55,方差为 1.393,属于较高评价。其中,有 26.69%的学生(12 787 人)选择了“最符合”,24.86%的学生(11 909 人)选择了“符合”,33.17%的学生(15 890 人)选择了“一般”,7.64%的学生(3 658 人)选择了“不符合”,7.65%的学生(3 663 人)选择了“最不符合”。由此可见,高校利用易班平台提供党建方面的学习资料(如优课上传党建课程、微社区发布学习推文等)情况良好,深受学生喜爱。

(4) 问题“你所在学校在易班平台上开展党员培训考核”,平均综合得分为 3.45,方差为 1.427,属于中高评价。其中,有 23.79%的学生(11 397 人)选择了“最符合”,23.59%的学生(11 301 人)选择了“符合”,35.07%的学生(16 799 人)选择了“一般”,8.73%的学生(4 183 人)选择了“不符合”,8.82%的学生(4 227 人)选择了“最不符合”。由此可见,高校利用易班平台开展党员培训考核情况良好,学生知晓度较高。

(5) 问题“你所在学校在易班平台上开展党建特色活动(如新党章或党的知识竞赛等)”,平均综合得分为 3.53,方差为 1.412,属于较高评价。其中,有 26.27%的学生(12 587 人)选择了“最符合”,24.26%的学生(11 623 人)选择了“符合”,33.57%的学生(16 083 人)选择了“一般”,7.91%的学生(3 790 人)选择了“不符合”,7.98%的学生(3 824 人)选择了“最不符合”。由此可见,高校利用易班平台开展党建特色活动,如新党章或党的知识竞赛等情况较好,学生的评价较高。

二、高校基于易班平台开展党建的满意度调查

高校基于易班平台开展党建的满意度状况如表 1-2-6 所示。

表 1-2-6 高校基于易班平台开展党建的满意度状况调查

题目	平均综合得分	方差	最符合	符合	一般	不符合	最不符合
你赞同易班平台应用到党建工作的做法	3.68	1.376	14 990	12 270	14 357	3 040	3 250
			31.29%	25.61%	29.97%	6.35%	6.78%
你对学校党组织在易班平台上开展时政教育活动(如党的十九大精神等)表示关注	3.55	1.425	12 914	11 780	15 622	3 747	3 844
			26.96%	24.59%	32.61%	7.82%	8.02%
你对学校党组织在易班平台上开展时政教育效果(如党的十九大精神等)感到满意	3.58	1.386	13 028	12 228	15 598	3 422	3 631
			27.19%	25.52%	32.56%	7.14%	7.58%
你对学校在易班平台上开展党建工作的成效感到满意	3.53	1.393	12 398	11 852	16 212	3 672	3 773
			25.88%	24.74%	33.84%	7.66%	7.88%
你所在学校易班平台应用到党建工作的模式具有可推广性	3.53	1.392	12 354	12 074	16 059	3 621	3 799
			25.79%	25.20%	33.52%	7.56%	7.93%

(1) 问题“你赞同易班平台应用到党建工作的做法”,平均综合得分为3.68,方差为1.376,属于较高评价。其中,有31.29%的学生(14 990人)选择了“最符合”,25.61%的学生(12 270人)选择了“符合”,29.97%的学生(14 357人)选择了“一般”,6.35%的学生(3 040人)选择了“不符合”,6.78%的学生(3 250人)选择了“最不符合”。由此可见,大部分学生赞同运用易班平台开展党建工作。

(2) 问题“你对学校党组织在易班平台上开展时政教育活动(如党的十九大精神等)表示关注”,平均综合得分为3.55,方差为1.425,属于较高评价。其中,有26.96%的学生(12 914人)选择了“最符合”,24.59%的学生(11 780人)选择了“符合”,32.61%的学生(15 622人)选择了“一般”,7.82%的学生(3 747人)选择了“不符合”,8.02%的学生(3 844人)选择了“最不符合”。由此可见,学生群体对学校党组织在易班平台上开展时政教育活动比较关注。

(3) 问题“你对学校党组织在易班平台上开展时政教育效果(如党的十九大精神等)感到满意”,平均综合得分为3.58,方差为1.386,属于较高评价。其中,有27.19%的学生(13 028人)选择了“最符合”,25.52%的学生(12 228人)选择了“符合”,32.56%的学生(15 598人)选择了“一般”,7.14%的学生(3 422人)选择了“不符合”,7.58%的学生(3 631人)选择了“最不符合”。由此可见,绝大部分学生对学校党组织在易班平台上开展时政教育效果感到满意，而且满意度比较高。

(4) 问题“你对学校在易班平台上开展党建工作的成效感到满意”，平均综合得分为3.53，方差为1.393，属于较高评价。其中，有25.88%的学生(12 398人)选择了“最符合”，24.74%的学生(11 852人)选择了“符合”，33.84%的学生(16 212人)选择了“一般”，7.66%的学生(3 672人)选择了“不符合”，7.88%的学生(3 773人)选择了“最不符合”。由此可见，学生对学校运用易班平台上开展党建工作的满意度很高。

(5) 问题“你所在学校易班平台应用到党建工作的模式具有可推广性”，平均综合得分为3.53，方差为1.392，属于较高评价。其中，有25.79%的学生(12 354人)选择了“最符合”，25.79%的学生(12 074人)选择了“符合”，33.52%的学生(16 059人)选择了“一般”，7.56%的学生(3 621人)选择了“不符合”，7.93%的学生(3 799人)选择了“最不符合”。由此可见，依托易班平台开展党建工作的模式得到学生认可，较多学生认为是党建活动的创新方式。

三、高校基于易班平台开展党建工作的学生参与度调查

高校基于易班平台开展党建工作的学生参与度调查如表1-2-7所示。

表1-2-7　高校基于易班平台开展党建的学生参与度状况调查

题目	平均综合得分	方差	最符合	符合	一般	不符合	最不符合
你经常在易班平台上接收到党建相关推文或活动信息	3.49	1.458	12 360	11 331	16 011	4 019	4 186
			25.80%	23.65%	33.42%	8.39%	8.74%
你身边的学生党员在易班平台上发布党建相关推文或学习体会	3.45	1.453	11 588	11 153	16 485	4 373	4 308
			24.19%	23.28%	34.41%	9.13%	8.99%
你认为易班平台可以打造成为集党员学习、教育、考察的综合平台	3.62	1.400	13 734	12 444	15 064	2 935	3 730
			28.67%	25.98%	31.44%	6.13%	7.79%

(1) 问题“你经常在易班平台上接收到党建相关推文或活动信息”，平均综合得分为3.49，方差为1.458，属于中高评价。其中，有25.80%的学生(12 360人)选择了“最符合”，23.65%的学生(11 331人)选择了“符合”，33.42%的学生(16 011人)选择了“一般”，8.39%的学生(4 019人)选择了“不符合”，8.74%的学生(4 186人)选择了“最不符合”。由此可见，学生对这一问题的反馈结果一般。

(2) 问题“你身边的学生党员在易班平台上发布党建相关推文或学习体会”,平均综合得分为3.45,方差为1.453,属于中高评价。其中,有24.19%的学生(11 588人)选择了“最符合”,23.28%的学生(11 153人)选择了“符合”,34.41%的学生(16 485人)选择了“一般”,9.13%的学生(4 373人)选择了“不符合”,8.99%的学生(4 308人)选择了“最不符合”。由此可见,调查对象对此的打分评价呈现“负偏态分布”,打高分者较多。由此可见,说明大学生对学生党员在易班平台上发布党建相关推文或学习体会的方式较为认可。

(3) 问题“你认为易班平台可以打造成为集党员学习、教育、考察的综合平台”,平均综合得分为3.62,方差为1.400,属于较高评价,受欢迎度很高。其中,有28.67%的学生(13 734人)选择了“最符合”,25.98%的学生(12 444人)选择了“符合”,31.44%的学生(15 064人)选择了“一般”,6.13%的学生(2 935人)选择了“不符合”,7.79%的学生(3 730人)选择了“最不符合”。由此可见,大学生对把易班平台打造为集党员学习、教育、考察的综合平台的认可度较高。

通过对高校依托易班平台开展党建工作的基本状况、易班党建活动的满意度、易班党建活动的学生参与度的调查分析,大学生对高校依托易班平台开展党建工作十分认可,调查13道题的平均综合得分为3.55,属于较高评价。因此,依托易班开展党建活动是一种符合互联网运行规律的高校党建创新。

第三节　易班教育教学的调查分析

教育教学是易班四大功能之一,易班平台上有大量的免费学习资料。易班大学、易班学院提供大量的优质课程为大学生免费开放。易班优课也为高校的教育教学带来新的教与学的体验。目前,很多高校的思想政治课程在易班优课上进行,师生反映效果良好,创新思想政治课程的教育教学方法。

一、易班优课使用现状的调查分析

易班优课使用现状调查如表1-2-8所示。

表1-2-8　　易班优课理念设计的综合评价调查

题目	平均综合得分	方差	最符合	符合	一般	不符合	最不符合
你在易班平台上能查找到自己需要的课程	3.43	1.513	11 727	11 129	15 877	4 439	4 735
			24.48%	23.23%	33.14%	9.27%	9.88%

问题“你在易班平台上能查找到自己需要的课程”，平均综合得分为 3.43，方差为 1.513，属于中高评价，受欢迎度很高。其中，有 24.48％的学生(11 727人)选择了“最符合”，23.23％的学生(11 129 人)选择了“符合”，33.14％的学生(15 877 人)选择了“一般”，9.27％的学生(4 439 人)选择了“不符合”，9.88％的学生(4 735 人)选择了“最不符合”。由此可见，大学生对在易班平台上查找自己需要的课程的认可度较高，但课程模块设计仍需加强。

二、易班优课教学效果的调查分析

易班优课教学效果的具体调查分析如表 1-2-9 所示。

表 1-2-9　　易班优课教学效果的综合评价调查

题目	平均综合得分	方差	最符合	符合	一般	不符合	最不符合
你为易班平台优课对你的学习有帮助	3.43	1.508	11 553	11 370	15 803	4 423	4 758
			24.12％	23.73％	32.99％	9.23％	9.93％
你认为易班优课的教学效果比课堂教学效果好	3.27	1.530	9 878	9 806	17 312	5 358	5 553
			20.62％	20.47％	36.14％	11.18％	11.59％
你对易班平台的教育教学功能表示满意	3.48	1.474	12 115	11 623	15 981	3 683	4 505
			25.29％	24.26％	33.36％	7.69％	9.40％

(1) 问题“你认为易班平台优课对你的学习有帮助”，平均综合得分为 3.43，方差为 1.508，属于中高评价。其中，有 24.12％的学生(11 553 人)选择了“最符合”，23.73％的学生(11 370 人)选择了“符合”，32.99％的学生(15 803人)选择了“一般”，9.23％的学生(4 423 人)选择了“不符合”，9.93％的学生(4 758 人)选择了“最不符合”。由此可见，学生认为易班平台优课对自己学习帮助的效果一般。

(2) 问题“你认为易班优课的教学效果比课堂教学效果好”，平均综合得分为 3.27，方差为 1.530，属于中等评价。其中，有 20.62％的学生(9 878 人)选择了“最符合”，20.47％的学生(9 806 人)选择了“符合”，36.14％的学生(17 312 人)选择了“一般”，11.18％的学生(5 358 人)选择了“不符合”，11.59％的学生(5 553 人)选择了“最不符合”。由此可见，大学生认为易班优课的教学效果与课堂教学效果相比一般。

(3) 问题“你对易班平台的教育教学功能表示满意”，平均综合得分为

3.48,方差为1.474,属于较高评价,受欢迎度较高。其中,有25.29%的学生(12 115人)选择了“最符合”,24.26%的学生(11 623人)选择了“符合”,33.36%的学生(15 981人)选择了“一般”,7.69%的学生(3 683人)选择了“不符合”,9.40%的学生(4 505人)选择了“最不符合”。由此可见,大学生对易班平台的教育教学功能满意度较高。

三、易班优课使用习惯的调查分析

易班优课使用习惯的综合评价调查分析如表1-2-10所示。

表1-2-10 易班优课使用习惯的综合评价调查

题目	平均综合得分	方差	最符合	符合	一般	不符合	最不符合
你经常观看易班平台优课提供的视频课程	3.19	1.647	9 644	9 387	16 231	5 936	6 709
			20.13%	19.59%	33.88%	12.39%	14.00%
同类网络视频课程,你优先选择易班平台优课	3.24	1.623	9 932	9 783	16 425	5 361	6 406
			20.73%	20.42%	34.29%	11.19%	13.37%
你每月至少使用一次易班平台资料库功能	3.20	1.710	10 080	9 448	15 753	5 443	7 183
			21.04%	19.72%	33%	11.36%	14.99%
与电脑端相比,你更倾向于使用易班平台手机端进行学习活动	3.41	1.613	12 099	10 598	15 354	4 404	5 452
			25.26%	22.12%	32.05%	9.19%	11.38%
你经常会在社交软件上分享你喜爱的易班平台课程视频	3.15	1.718	9 475	9 105	16 088	5 529	7 710
			19.78%	19.01%	33.58%	11.54%	16.09%

(1) 问题“你经常观看易班平台优课提供的视频课程”,平均综合得分为3.19,方差为1.647,属于中等评价。其中,有20.13%的学生(9 644人)选择了“最符合”,19.59%的学生(9 387人)选择了“符合”,33.88%的学生(16 231人)选择了“一般”,12.39%的学生(5 936人)选择了“不符合”,14.00%的学生(6 709人)选择了“最不符合”。由此可见,学生还未养成经常观看易班平台优课提供的视频课程的习惯。

(2) 问题“同类网络视频课程,你优先选择易班平台优课”,平均综合得分为3.24,方差为1.623,属于中等评价。其中,有20.73%的学生(9 932人)选择了“最符合”,20.42%的学生(9 783人)选择了“符合”,34.29%的学生

(16 425 人)选择了"一般",11.19%的学生(5 361 人)选择了"不符合",13.37%的学生(6 406 人)选择了"最不符合"。由此可见,大学生对"同类网络视频课程,你优先选择易班平台优课"的观点持一般态度。

(3) 问题"你每月至少使用一次易班平台资料库功能",平均综合得分为3.20,方差为1.710,属于中等评价。其中,有21.04%的学生(10 080 人)选择了"最符合",19.72%的学生(9 448 人)选择了"符合",33%的学生(15 753 人)选择了"一般",11.36%的学生(5 443 人)选择了"不符合",14.99%的学生(7 183 人)选择了"最不符合"。由此可见,大学生对"你每月至少使用一次易班平台资料库功能"的认可度一般,学生的参与度不足。

(4) 问题"与电脑端相比,你更倾向于使用易班平台手机端进行学习活动",平均综合得分为3.41,方差为1.613,属于中高评价。其中,有25.26%的学生(12 099 人)选择了"最符合",22.12%的学生(10 598 人)选择了"符合",32.05%的学生(15 354 人)选择了"一般",9.19%的学生(4 404 人)选择了"不符合",11.38%的学生(5 452 人)选择了"最不符合"。由此可见,大学生对"与电脑端相比,你更倾向于使用易班平台手机端进行学习活动"的观点持一般态度。

(5) 问题"你经常会在社交软件上分享你喜爱的易班平台课程视频",平均综合得分为3.15,方差为1.718,属于中等评价。其中,有19.78%的学生(9 475 人)选择了"最符合",19.01%的学生(9 105 人)选择了"符合",33.58%的学生(16 088 人)选择了"一般",11.54%的学生(5 529 人)选择了"不符合",16.09%的学生(7 710 人)选择了"最不符合"。由此可见,大学生对"你经常会在社交软件上分享你喜爱的易班平台课程视频"认可度一般。

四、易班优课校本课程开发的调查分析

易班优课校本课程开发的综合评价如表1-2-11所示。

表1-2-11 易班优课校本课程开发的综合评价

题目	平均综合得分	方差	最符合	符合	一般	不符合	最不符合
同类教学内容,你更喜欢观看本校在优课上发布的课程	3.29	1.555	10 151	10 164	16 848	5 045	5 699
			21.19%	21.22%	35.17%	10.53%	11.90%
你所在学校会在易班平台上定期更新网络视频课程	3.33	1.503	10 267	10 595	17 070	4 753	5 222
			21.43%	22.12%	35.63%	9.92%	10.90%

续表 1-2-11

题目	平均综合得分	方差	最符合	符合	一般	不符合	最不符合
你所在学校已在易班平台优课上开展思想政治教育课程	3.43	1.467	11 419	11 214	16 592	4 105	4 577
			23.84%	23.41%	34.63%	8.57%	9.55%
你所在学校已有专业课程在易班平台上开展教学活动	3.38	1.506	10 957	10 669	16 780	4 504	4 997
			22.87%	22.27%	35.03%	9.40%	10.43%

(1) 问题“同类教学内容，你更喜欢观看本校在优课上发布的课程”，平均综合得分为 3.29，方差为 1.555，属于中高评价。其中，有 21.19%的学生(10 151 人)选择了“最符合”，21.22%的学生(10 164 人)选择了“符合”，35.17%的学生(16 848 人)选择了“一般”，10.53%的学生(5 045 人)选择了“不符合”，11.90%的学生(5 699 人)选择了“最不符合”。由此可见，同类教学内容情况下，只有少部分学生优先观看本校在优课上发布的课程，学校校本课程开发工作仍需改进。

(2) 问题“你所在学校会在易班平台上定期更新网络视频课程”，平均综合得分为 3.33，方差为 1.503，属于中高评价。其中，有 21.43%的学生(10 267 人)选择了“最符合”，22.12%的学生(10 595 人)选择了“符合”，35.63%的学生(17 070 人)选择了“一般”，9.92%的学生(4 753 人)选择了“不符合”，10.90%的学生(5 222 人)选择了“最不符合”。由此可见，大部分高校会在易班平台上定期更新网络视频课程，学生的知晓度较高。

(3) 问题“你所在学校已在易班平台优课上开展思想政治教育课程”，平均综合得分为 3.43，方差为 1.467，属于中高评价，受欢迎度很高。其中，有 23.84%的学生(11 419 人)选择了“最符合”，23.41%的学生(11 214 人)选择了“符合”，34.63%的学生(16 592 人)选择了“一般”，8.57%的学生(4 105 人)选择了“不符合”，9.55%的学生(4 577 人)选择了“最不符合”。由此可见，大部分学校已经在易班平台上开展思想政治教育课程，只是学生参与度不足。

(4) 问题“你所在学校已有专业课程在易班平台上开展教学活动”，平均综合得分为 3.38，方差为 1.506，属于中高评价。其中，有 22.87%的学生(10 957 人)选择了“最符合”，22.27%的学生(10 669 人)选择了“符合”，35.03%的学生(16 780 人)选择了“一般”，9.40%的学生(4 504 人)选择了“不符合”，10.43%的学生(4 997 人)选择了“最不符合”。由此可见，当前高校还未完全在易班平台上开展专业课程的教学活动，学生的知情程度一般。

通过对易班优课使用现状、易班优课教学效果、易班优课使用习惯、易班优课校本课程开发的调查分析，大学生对易班优课的认可度、熟知度还有待加强。调查13道题的平均综合得分为3.33，属于中高评价。因此，易班优课的使用率、覆盖面、校本化课件群还有待提高，优课的教学功能及服务功能也亟待提升。

第四节　易班文化娱乐的调查分析

校园文化是学校办学理念、文化精神沉淀的体现，也是学校精神文明建设重要组成部分。因此，在传统的校园文化建设基础上，依托易班开展互联网文化娱乐活动，有利于提升校园文化的品质，建设积极、健康、向上的校园文化氛围。

一、基于高校易班文化娱乐使用情况的调查分析

大学生基于高校易班文化娱乐使用情况如表1-2-12所示。

表1-2-12　　大学生基于高校易班文化娱乐使用情况的关注度

题目	平均综合得分	方差	最符合	符合	一般	不符合	最不符合
你最关注易班平台上的文化娱乐类活动与资讯	3.30	1.591	10 408	10 311	16 226	5 097	5 865
			21.73%	21.52%	33.87%	10.64%	12.24%
你经常通过易班平台关注其他高校的校园文化活动	3.27	1.589	10 088	10 250	16 259	5 366	5 944
			21.06%	21.40%	33.94%	11.20%	12.41%
你经常在易班平台上写博文	2.90	1.843	7 822	7 717	14 861	6 752	10 755
			16.33%	16.11%	31.02%	14.09%	22.45%
你参加过易班平台上的网络中国节活动	3.04	1.810	8 781	8 797	15 447	5 552	9 330
			18.33%	18.36%	32.24%	11.59%	19.48%

(1) 问题“你最关注易班平台上的文化娱乐类活动与资讯”，平均综合得分为3.30，方差为1.591，属于中高评价。其中，有21.73%的学生(10 408人)选择了“最符合”，21.52%的学生(10 311人)选择了“符合”，33.87%的学生(16 226人)选择了“一般”，10.64%的学生(5 097人)选择了“不符合”，

12.24%的学生(5 865 人)选择了"最不符合"。由此可见,学生经常关注易班平台上的文化娱乐信息。

(2) 问题"你经常通过易班平台关注其他高校的校园文化活动",平均综合得分为 3.27,方差为 1.589,属于中高评价。其中,有 21.06%的学生(10 088 人)选择了"最符合",21.40%的学生(10 250 人)选择了"符合",33.94%的学生(16 259 人)选择了"一般",11.20%的学生(5 366 人)选择了"不符合",12.41%的学生(5 944 人)选择了"最不符合"。由此可见,少部分同学不经常通过易班平台关注其他高校的校园文化活动,更多学生是关注本校的活动信息。

(3) 问题"你经常在易班平台上写博文",平均综合得分为 2.90,方差为 1.843,属于中低评价。其中,有 16.33%的学生(7 822 人)选择了"最符合",16.11%的学生(7 717 人)选择了"符合",31.02%的学生(14 861 人)选择了"一般",14.09%的学生(6 752 人)选择了"不符合",22.45%的学生(10 755 人)选择了"最不符合"。由此可见,高校大学生较少在易班平台上写博文,学生使用习惯、认可度还有待加强。

(4) 问题"你参加过易班平台上的网络中国节活动",平均综合得分为 3.04,方差为 1.810,属于中等评价。其中,有 18.33%的学生(8 781 人)选择了"最符合",18.36%的学生(8 797 人)选择了"符合",32.24%的学生(15 447 人)选择了"一般",11.59%的学生(5 552 人)选择了"不符合",19.48%的学生(9 330 人)选择了"最不符合"。由此可见,网络中国节活动开展情况一般,学生知情度、参考度不高。

二、基于高校易班文化娱乐使用评价的调查分析

大学生基于高校易班文化娱乐使用评价的满意度如表 1-2-13 所示。

表 1-2-13 大学生基于高校易班文化娱乐使用评价的满意度

题目	平均综合得分	方差	最符合	符合	一般	不符合	最不符合
易班平台的轻应用快搭为你们开展校园文化活动提供了很大便利	3.40	1.506	11 130	11 107	16 216	4 583	4 871
			23.23%	23.18%	33.85%	9.57%	10.17%
你觉得易班平台开展校园文化活动很有吸引力	3.35	1.503	10 494	10 829	16 616	4 927	5 041
			21.90%	22.60%	34.68%	10.28%	10.52%

续表 1-2-13

题目	平均综合得分	方差	最符合	符合	一般	不符合	最不符合
你认为易班平台的文化娱乐品牌特色鲜明	3.28	1.537	9 783	10 323	16 906	5 235	5 660
			20.42%	21.55%	35.29%	10.93%	11.81%
你非常喜欢易班平台的“校园好声音大赛”	3.34	1.580	10 929	10 555	16 029	4 838	5 556
			22.81%	22.03%	33.46%	10.10%	11.60%
你认为易班文化是你校网络文化的重要内容	3.32	1.539	10 253	10 718	16 508	4 947	5 481
			21.40%	22.37%	34.46%	10.33%	11.44%
你认为易班的文化育人效果显著	3.38	1.508	10 836	11 019	16 591	4 362	5 099
			22.62%	23.00%	34.63%	9.11%	10.64%

(1) 问题“易班平台的轻应用快搭为你们开展校园文化活动提供了很大便利”，平均综合得分为 3.40，方差为 1.506，属于中高评价。其中，有 23.23%的学生(11 130 人)选择了“最符合”，23.18%的学生(11 107 人)选择了“符合”，33.85%的学生(16 216 人)选择了“一般”，9.57%的学生(4 583 人)选择了“不符合”，10.17%的学生(4 871 人)选择了“最不符合”。由此可见，高校大学生认为易班平台的轻应用快搭为他们开展校园文化活动提供了很大便利，说明易班平台深受学生喜爱，但工作仍需继续深入。

(2) 问题“你觉得易班平台开展校园文化活动很有吸引力”，平均综合得分为 3.35，方差为 1.503，属于中高评价。其中，有 21.90%的学生(10 494 人)选择了“最符合”，22.60%的学生(10 829 人)选择了“符合”，34.68%的学生(16 616 人)选择了“一般”，10.28%的学生(4 927 人)选择了“不符合”，10.52%的学生(5 041 人)选择了“最不符合”。由此可见，高校利用易班平台开展校园文化活动的吸引力还有提高的空间。

(3) 问题“你认为易班平台的文化娱乐品牌特色鲜明”，平均综合得分为 3.28，方差为 1.537，属于中高评价。其中，有 20.42%的学生(9 783 人)选择了“最符合”，21.55%的学生(10 323 人)选择了“符合”，35.29%的学生(16 906 人)选择了“一般”，10.93%的学生(5 235 人)选择了“不符合”，11.81%的学生(5 660 人)选择了“最不符合”。由此可见，大部分大学生认为易班平台的文化娱乐品牌特色鲜明，但仍存在较大进步空间。

（4）问题"你非常喜欢易班平台的'校园好声音大赛'"，平均综合得分为3.34，方差为1.580，属于中高评价。其中，有22.81%的学生（10 929人）选择了"最符合"，22.03%的学生（10发555人）选择了"符合"，33.46%的学生（16 029人）选择了"一般"，10.10%的学生（4 838人）选择了"不符合"，11.60%的学生（5 556人）选择了"最不符合"。由此可见，高校大学生非常喜欢易班平台的"校园好声音大赛"，学生对易班平台的"校园好声音大赛"兴趣浓厚。

（5）问题"你认为易班文化是你校网络文化的重要内容"，平均综合得分为3.32，方差为1.539，属于中高评价。其中，有21.40%的学生（10 253人）选择了"最符合"，22.37%的学生（10 718人）选择了"符合"，34.46%的学生（16 508人）选择了"一般"，10.33%的学生（4 947人）选择了"不符合"，11.44%的学生（5 481人）选择了"最不符合"。由此可见，高校大部分学生认为易班文化是学校网络文化的重要内容，学生对易班文化上的认同感较高。

（6）问题"你认为易班的文化育人效果显著"，平均综合得分为3.38，方差为1.508，属于中高评价。其中，有22.62%的学生（10 836人）选择了"最符合"，23.00%的学生（11 019人）选择了"符合"，34.63%的学生（16 591人）选择了"一般"，9.11%的学生（4 362人）选择了"不符合"，10.64%的学生（5 099人）选择了"最不符合"。由此可见，大部分学生认为易班的文化育人效果显著，学生对易班的文化育人效果认同度较高。

三、基于高校易班文化娱乐改进情况的调查分析

大学生基于高校易班文化娱乐改进情况的满意度调查如表1-2-14所示。

表1-2-14　　大学生基于高校易班文化娱乐改进情况的满意度

题目	平均综合得分	方差	最符合	符合	一般	不符合	最不符合
你认为易班平台应该增加流行时尚的文化元素	3.50	1.464	12 221	11 887	15 519	3 991	4 289
			25.51%	24.81%	32.39%	8.33%	8.95%
你希望"易班票务"能提供更多文化娱乐优惠活动	3.49	1.496	12 493	11 425	15 558	3 972	4 459
			26.08%	23.85%	32.48%	8.29%	9.31%

（1）问题"你认为易班平台应该增加流行时尚的文化元素"，平均综合得分

为3.50，方差为1.464，属于较高评价。其中，有25.51%的学生(12 221人)选择了“最符合”，24.81%的学生(11 887人)选择了“符合”，32.39%的学生(15 519人)选择了“一般”，8.33%的学生(3 991人)选择了“不符合”，8.95%的学生(4 289人)选择了“最不符合”。由此可见，大部分学生认为易班平台应该增加流行时尚的文化元素。

(2) 问题“你希望‘易班票务’能提供更多文化娱乐的优惠活动”，平均综合得分为3.49，方差为1.496，属于较高评价。其中，有26.08%的学生(12 493人)选择了“最符合”，23.85%的学生(11 425人)选择了“符合”，32.48%的学生(15 558人)选择了“一般”，8.29%的学生(3 972人)选择了“不符合”，9.31%的学生(4 459人)选择了“最不符合”。由此可见，大部分同学希望易班平台票务能提供更多文化娱乐的优惠活动，而且愿望较为强烈。

四、基于高校易班文化娱乐使用动机的调查分析

大学生基于高校易班文化娱乐使用动机调查分析如表1-2-15所示。

表1-2-15　大学生基于高校易班文化娱乐使用动机的情况

题目	平均综合得分	方差	最符合	符合	一般	不符合	最不符合
你参加易班平台上发布的校园文化娱乐活动，更多是为了获取学分	3.31	1.552	10 301	10 240	16 741	5 040	5 585
			21.50%	21.37%	34.94%	10.52%	11.66%

问题“你参加易班平台上发布的校园文化娱乐活动，更多是为了获取学分”，平均综合得分为3.31，方差为1.552，属于中高评价。其中，有21.50%的学生(10 301人)选择了“最符合”，21.37%的学生(10 240人)选择了“符合”，34.94%的学生(16 741人)选择了“一般”，10.52%的学生(5 040人)选择了“不符合”，11.66%的学生(5 585人)选择了“最不符合”。由此可见，高校大学生参加易班平台上发布的校园文化娱乐活动一定意义上是为了学分，对学分有一定依赖性。

通过对高校易班文化娱乐的使用情况、使用评价、改进情况、使用动机的调查分析，大学生总体上接受、认可、参与易班文化娱乐活动线上线下相结合模式。调查13道题的平均综合得分为3.30，属于中高评价。因此，如何依托易班开展大学生喜爱的文化娱乐活动来陶冶大学生情操是今后易班建设中需要重点考虑的问题。

第五节 易班生活服务的调查分析

在高校教学管理与服务中，校园服务品质是社会、师生对学校评价的重要指标之一。高校生活服务的便捷化、综合化、智能化程度直接反映高校办学水平和管理水平。因此，打造智能校园服务体系是当前高校创新、发展的必经之路。

一、基于高校易班生活服务认知的调查分析

大学生基于高校易班生活服务的认知调查情况如表 1-2-16 所示。

表 1-2-16 大学生基于高校易班生活服务的认知情况

题目	平均综合得分	方差	最符合	符合	一般	不符合	最不符合
你在易班平台上了解过生活服务功能	3.31	1.628	10 784	10 235	15 897	4 938	6 053
			22.51%	21.36%	33.18%	10.31%	12.63%
你曾在易班平台上使用过相关的校园生活服务功能	3.35	1.563	10 841	10 869	15 870	4 915	5 412
			22.63%	22.69%	33.13%	10.26%	11.30%

(1) 问题“你在易班平台上了解过生活服务功能”，平均综合得分为 3.31，方差为 1.628，属于中高评价。其中，有 22.51%的学生(10 784 人)选择了“最符合”，21.36%的学生(10 235 人)选择了“符合”，33.18%的学生(15 897)选择了“一般”，10.31%的学生(4 938)选择了“不符合”，12.63%的学生(6 053 人)选择了“最不符合”。由此可见，大学生了解易班平台上的生活服务功能。

(2) 问题“你曾在易班平台上使用过相关的校园生活服务功能”，平均综合得分为 3.35，方差为 1.563，属于中高评价。其中，有 22.63%的学生(10 841 人)选择了“最符合”，22.69%的学生(10 869 人)选择了“符合”，33.13%的学生(15 870 人)选择了“一般”，10.26%的学生(4 915 人)选择了“不符合”，11.30%的学生(5 412 人)选择了“最不符合”。由此可见，一半以上的大学生不曾在易班平台上使用过相关的校园生活服务功能，大学生的参与度一般。

二、基于高校易班生活服务满意度的调查分析

大学生基于高校易班生活服务的满意度调查如表 1-2-17 所示。

表 1-2-17 大学生基于高校易班生活服务的满意度情况

题目	平均综合得分	方差	最符合	符合	一般	不符合	最不符合
易班平台作为校园生活服务功能的集成平台效果令人满意	3.38	1.479	10 663	10 954	16 825	4 629	4 836
			22.26%	22.87%	35.12%	9.66%	10.09%
易班平台的校园生活服务功能促进了学校信息化建设	3.43	1.444	11 162	11 607	16 423	4 306	4 409
			23.30%	24.23%	34.28%	8.99%	9.20%

(1) 问题“易班平台作为校园生活服务功能的集成平台效果令人满意”,平均综合得分为 3.38,方差为 1.479,属于中高评价。其中,有 22.26%的学生(10 663 人)选择了“最符合”,22.87%的学生(10 954 人)选择了“符合”,35.12%的学生(16 825 人)选择了“一般”,9.66%的学生(4 629 人)选择了“不符合”,10.09%的学生(4 836 人)选择了“最不符合”。由此可见,大学生普遍认为易班平台作为校园生活服务功能的集成平台效果令人满意。

(2) 问题“易班平台的校园生活服务功能促进了学校信息化建设”,平均综合得分为 3.43,方差为 1.444,属于较高评价。其中,有 23.30%的学生(11 162 人)选择了“最符合”,24.23%的学生(11 607 人)选择了“符合”,34.28%的学生(16 423 人)选择了“一般”,8.99%的学生(4 306 人)选择了“不符合”,9.20%的学生(4 409 人)选择了“最不符合”。由此可见,学生认为易班平台的校园生活服务功能促进了学校信息化建设。

三、基于高校易班生活服务使用习惯的调查分析

大学生基于高校易班生活服务使用习惯情况如表 1-2-18 所示。

表 1-2-18 大学生基于高校易班生活服务使用习惯的情况

题目	平均综合得分	方差	最符合	符合	一般	不符合	最不符合
你认为通过易班平台使用校园生活服务功能更安全	3.42	1.455	11 027	11 425	16 532	4 384	4 539
			23.02%	23.85%	34.51%	9.15%	9.47%
你认为通过易班平台使用校园生活服务功能更便捷	3.42	1.464	11 134	11 450	16 410	4 329	4 584
			23.24%	23.90%	34.25%	9.04%	9.57%

续表 1-2-18

题目	平均综合得分	方差	最符合	符合	一般	不符合	最不符合
你认为易班平台上的校园生活服务功能会增加登录易班平台的频次	3.45	1.478	11 639	11 685	15 840	4 205	4 538
			24.29%	24.39%	33.06%	8.78%	9.47%
你认为易班平台即使没有生活服务功能，你也会使用易班平台	3.32	1.559	10 505	10 528	16 378	4 945	5 551
			21.93%	21.98%	34.19%	10.32%	11.59%

(1) 问题"你认为通过易班平台使用校园生活服务功能更安全"，平均综合得分为 3.42，方差为 1.455，属较高评价。其中，有 23.02%的学生(11 027 人)选择了"最符合"，23.85%的学生(11 425 人)选择了"符合"，34.51%的学生(16 410 人)选择了"一般"，9.15%的学生(4 384 人)选择了"不符合"，9.47%的学生(4 539 人)选择了"最不符合"。由此可见，大部分大学生认为在易班平台上使用校园生活服务功能更安全。

(2) 问题"你认为通过易班平台使用校园生活服务功能更便捷"，平均综合得分为 3.42，方差为 1.464，属于较高评价。其中，有 23.24%的学生(11 134 人)选择了"最符合"，23.90%的学生(11 450 人)选择了"符合"，34.25%的学生(16 410 人)选择了"一般"，9.04%的学生(4 329 人)选择了"不符合"，9.57%的学生(4 584 人)选择了"最不符合"。由此可见，大部分学生认为在易班平台上使用校园生活服务功能更便捷，使用愿望较为强烈。

(3) 问题"你认为易班平台上的校园生活服务功能会增加登录易班平台的频次"，平均综合得分为 3.45，方差为 1.478，属于较高评价。其中，有 24.29%的学生(11 639 人)选择了"最符合"，24.39%的学生(11 685 人)选择了"符合"，33.06%的学生(15 发 840 人)选择了"一般"，8.78%的学生(4 205 人)选择了"不符合"，9.47%的学生(4 538 人)选择了"最不符合"。由此可见，大学生认为易班平台上的校园生活服务功能会增加登录易班平台的频次，大学生对校园生活服务功能依赖较强。

(4) 问题"你认为易班平台即使没有生活服务功能，你也会使用易班平台"，平均综合得分为 3.32，方差为 1.559，属于中高评价。其中，有 21.93%的学生(10 505 人)选择了"最符合"，21.98%的学生(10 528 人)选择了"符合"，34.19%的学生(16 378 人)选择了"一般"，10.32%的学生(4 945 人)选择了"不符合"，11.59%的学生(5 551 人)选择了"最不符合"。由此可见，高校大学生认为易班平台上生活服务功能较为重要。

四、基于高校易班生活服务期望情况的调查分析

大学生基于高校易班生活服务期望情况如表 1-2-19 所示。

表 1-2-19 大学生基于高校易班生活服务期望情况

题目	平均综合得分	方差	最符合	符合	一般	不符合	最不符合
你期待易班平台能成为校园生活服务类系统的集成平台	3.46	1.479	11 765	11 458	16 023	4 136	4 525
			24.56%	23.92%	33.45%	8.63%	9.45%
你期待学校在易班平台上开发/对接更多的查询类（如成绩查询、水电查询等）的服务功能	3.55	1.498	13 632	11 264	15 083	3 734	4 194
			28.46%	23.51%	31.48%	7.79%	8.75%
你期待学校在易班平台上开发/对接更多的申报类（如讲座报名、奖学金申报等）的服务功能	3.54	1.487	13 356	11 352	15 215	3 818	4 166
			27.88%	23.70%	31.76%	7.97%	8.70%
你期待学校在易班平台上开发/对接更多的业务办理类（如交费充值、证件办理等）的服务功能	3.56	1.496	13 675	11 332	15 080	3 606	4 214
			28.54%	23.65%	31.48%	7.53%	8.80%
你期待学校在易班平台上开发/对接更多的校园系统应用集成类（如将学工系统、教务系统接入实现一键登录）服务功能	3.63	1.448	14 462	12 050	14 558	2 930	3 907
			30.19%	25.15%	30.39%	6.12%	8.16%

(1) 问题"你期待易班平台能成为校园生活服务类系统的集成平台"，平均综合得分为 3.46，方差为 1.479，属于较高评价。其中，有 24.56%的学生(11 765 人)选择了"最符合"，23.92%的学生(11 458 人)选择了"符合"，33.45%的学生(16 023 人)选择了"一般"，8.63%的学生(4 136 人)选择了"不符合"，9.45%的学生(4 525 人)选择了"最不符合"。由此可见，大部分大学生期待易班平台能成为学校校园生活服务类系统的集成平台。

(2) 问题"你期待学校在易班平台上开发/对接更多的查询类(如成绩查

询、水电查询等)的服务功能",平均综合得分为3.55,方差为1.498,属于较高评价。其中,有28.46%的学生(13 632人)选择了"最符合",23.51%的学生(11 264人)选择了"符合",31.48%的学生(15 083人)选择了"一般",7.79%的学生(3 734人)选择了"不符合",8.75%的学生(4 194人)选择了"最不符合"。由此可见,大学生期待学校在易班平台上开发/对接更多的查询类(如成绩查询、水电查询等)服务功能。

(3) 问题"你期待学校在易班平台上开发/对接更多的申报类(如讲座报名、奖学金申报等)的服务功能",平均综合得分为3.54,方差为1.487,属于较高评价。其中,有27.88%的学生(13 356人)选择了"最符合",23.70%的学生(11 352人)选择了"符合",31.76%的学生(15 215人)选择了"一般",7.97%的学生(3 818人)选择了"不符合",8.70%的学生(4 166人)选择了"最不符合"。由此可见,大学生期待学校在易班平台上开发/对接更多的申报类(如讲座报名、奖学金申报等)服务功能,并且大学生的参与热情较高。

(4) 问题"你期待学校在易班平台上开发/对接更多的业务办理类(如交费充值、证件办理等)的服务功能",平均综合得分为3.56,方差为1.496,属于较高评价。其中,有28.54%的学生(13 675人)选择了"最符合",23.65%的学生(11 332人)选择了"符合",31.48%的学生(15 080人)选择了"一般",7.53%的学生(3 606人)选择了"不符合",8.80%的学生(4 214人)选择了"最不符合"。由此可见,学生期待学校在易班平台上开发/对接更多的业务办理类(如交费充值、证件办理等)服务功能,并且大学生的认同感较高。

(5) 问题"你期待学校在易班平台上开发/对接更多的校园系统应用集成类(如将学工系统、教务系统接入实现一键登录)服务功能",平均综合得分为3.63,方差为1.448,属于较高评价。其中,有30.19%的学生(14 462人)选择了"最符合",25.15%的学生(12 050人)选择了"符合",30.39%的学生(14 5581人)选择了"一般",6.12%的学生(29 30人)选择了"不符合",8.16%的学生(3 907人)选择了"最不符合"。由此可见,大部分学生期待学校在易班平台上开发/对接更多的校园系统应用集成类(如将学工系统、教务系统接入实现一键登录)服务功能。

通过对高校易班生活服务的认知、满意度、使用习惯、期望值的调查分析,大学生对高校依托易班生活服务关注度、满意度比较高。调查13道题的平均综合得分为3.45,属于较高评价。高校要想方设法将学工系统、教务系统、校园一卡通等校园管理系统嵌入易班平台,着力打造易班校园服务综合体。

第六节　易班团学工作的调查分析

共青团工作是高校学生工作的重要组成部分，也是学生教育管理的重要内容。在互联网时代，如何依托易班开展共青团工作，提高共青团工作的有效性、实效性、科学性，是当前高校团学工作面临的新挑战。

一、基于高校易班团学工作开展情况的调查分析

大学生基于高校易班团学工作开展情况如表 1-2-20 所示。

表 1-2-20　　大学生基于高校易班团学工作开展情况

题目	平均综合得分	方差	最符合	符合	一般	不符合	最不符合
你所在学校已在易班平台上开展过共青团工作	3.52	1.479	12 929	11 448	15 299	4 083	4 148
			26.99%	23.90%	31.93%	8.52%	8.66%
你曾在易班平台上参与过共青团的相关活动	3.35	1.576	11 002	10 702	15 732	5 059	5 412
			22.97%	22.34%	32.84%	10.56%	11.30%

(1) 问题“你所在学校已在易班平台上开展过共青团工作”，平均综合得分为 3.52，方差为 1.479，属于较高评价。其中，有 26.99%的学生(12 929 人)选择了“最符合”，23.90%的学生(11 448 人)选择了“符合”，31.93%的学生(15 299)选择了“一般”，8.52%的学生(4 083)选择了“不符合”，8.66%的学生(4 148 人)选择了“最不符合”。由此可见，大部分学生所在学校已在易班平台上开展过共青团工作。

(2) 问题“你曾在易班平台上参与过共青团的相关活动”，平均综合得分为 3.35，方差为 1.576，属于中高评价。其中，有 22.97%的学生(11 002 人)选择了“最符合”，22.34%的学生(10 702 人)选择了“符合”，32.84%的学生(15 732 人)选择了“一般”，10.56%的学生(5 059 人)选择了“不符合”，11.30%的学生(5 412 人)选择了“最不符合”。由此可见，大部分学生曾在易班平台上参与过共青团的相关活动，共青团工作开展较为良好。

二、基于高校易班团学工作满意度的调查分析

大学生基于高校易班团学工作开展的满意度情况如表 1-2-21 所示。

表 1-2-21 大学生基于高校易班团学工作开展的满意度情况

题目	平均综合得分	方差	最符合	符合	一般	不符合	最不符合
易班平台作为团学活动宣传的平台效果令人满意	3.41	1.439	10 800	11 301	16 731	4 660	4 415
			22.54%	23.59%	34.92%	9.73%	9.22%
易班平台令团学工作的内容和形式更丰满	3.43	1.433	11 057	11 473	16 551	4 530	4 296
			23.08%	23.95%	34.55%	9.46%	8.97%
你认为使用易班平台开展思想引领工作更有效	3.41	1.438	10 793	11 295	16 765	4 638	4 416
			22.53%	23.58%	34.99%	9.68%	9.22%
你认为使用易班平台开展班委换届工作更便捷	3.38	1.473	10 706	11 169	16 614	4 667	4 751
			22.35%	23.31%	34.68%	9.74%	9.92%
你认为使用易班平台开展班级推优工作更客观、便捷	3.41	1.448	10 886	11 503	16 518	4 500	4 500
			22.72%	24.01%	34.48%	9.39%	9.39%
你认为使用易班平台开展班级主题教育活动更便捷	3.43	1.444	10 990	11 690	16 374	4 408	4 445
			22.94%	24.40%	34.18%	9.20%	9.28%
你认为使用易班平台开展共青团答疑工作更便捷	3.44	1.441	11 163	11 662	16 437	4 243	4 402
			23.30%	24.34%	34.31%	8.86%	9.19%

(1) 问题“易班平台作为团学活动宣传的平台效果令人满意”,平均综合得分为 3.41,方差为 1.439,属于中高评价。其中,有 22.54%的学生(10 800 人)选择了“最符合”,23.59%的学生(11 301 人)选择了“符合”,34.92%的学生(16 731 人)选择了“一般”,9.73%的学生(4660 人)选择了“不符合”,9.22%的学生(4415 人)选择了“最不符合”。由此可见,高校学生普遍认为易班平台作为团学活动宣传的平台效果令人满意。

(2) 问题“易班平台令团学工作的内容和形式更丰满”,平均综合得分为 3.43,方差为 1.433,属于中高评价。其中,有 23.08%的学生(11 057 人)选择了“最符合”,23.95%的学生(11 473 人)选择了“符合”,34.55%的学生(16 551 人)选择了“一般”,9.46%的学生(4 530 人)选择了“不符合”,8.97%的学生(4 296 人)选择了“最不符合”。由此可见,学生认为易班平台令高校团学工作的内容和形式更丰满。

(3) 问题“你认为使用易班平台开展思想引领工作更有效”,平均综合得分为 3.41,方差为 1.438,属于中高评价。其中,有 22.53%的学生(10 793 人)选择了“最符合”,23.58%的学生(11 295 人)选择了“符合”,34.99%的学生(16 765 人)选择了“一般”,9.68%的学生(4 638 人)选择了“不符合”,9.22%的学生(4 416 人)选择了“最不符合”。由此可见,大部分学生认为使用易班平台开展思想引领工作更有效。

(4) 问题“你认为使用易班平台开展班委换届工作更便捷”,平均综合得分为 3.38,方差为 1.473,属于中高评价。其中,有 22.35%的学生(10 706 人)选择了“最符合”,23.31%的学生(11 169 人)选择了“符合”,34.68%的学生(16 614 人)选择了“一般”,9.74%的学生(4 667 人)选择了“不符合”,9.92%的学生(4 751 人)选择了“最不符合”。由此可见,大部分学生认为使用易班平台开展班委换届工作更便捷。

(5) 问题“你认为使用易班平台开展班级推优工作更客观、便捷”,平均综合得分为 3.41,方差为 1.448,属于中高评价。其中,有 22.72%的学生(10 886 人)选择了“最符合”,24.01%的学生(11 503 人)选择了“符合”,34.48%的学生(16 518 人)选择了“一般”,9.39%的学生(4 500 人)选择了“不符合”,9.39%的学生(4 500 人)选择了“最不符合”。由此可见,大部分学生认为使用易班平台开展班级推优工作更客观、便捷,对该功能较为满意。

(6) 问题“你认为使用易班平台开展班级主题教育活动更便捷”,平均综合得分为 3.43,方差为 1.444,属于中高评价。其中,有 22.94%的学生(10 990 人)选择了“最符合”,24.40%的学生(11 690 人)选择了“符合”,34.18%的学生(16 374 人)选择了“一般”,9.20%的学生(4 408 人)选择了“不符合”,9.28%的学生(4 445 人)选择了“最不符合”。由此可见,高校学生认为使用易班平台开展班级主题教育活动更便捷。

(7) 问题“你认为使用易班平台开展共青团答疑工作更便捷”,平均综合得分为 3.44,方差为 1.441,属于中高评价。其中,有 23.30%的学生(11 163 人)选择了“最符合”,24.34%的学生(11 662 人)选择了“符合”,34.31%的学生(16 437 人)选择了“一般”,8.86%的学生(4 243 人)选择了“不符合”,9.19%的学生(4 402 人)选择了“最不符合”。由此可见,大部分学生认为使用易班平台开展共青团答疑工作更便捷。

三、基于高校易班团学工作期望情况的调查分析

大学生对易班开展高校团学工作的期望情况如表 1-2-22 所示。

表 1-2-22 大学生对易班开展高校团学工作的期望情况

题目	平均综合得分	方差	最符合	符合	一般	不符合	最不符合
你认为使用易班平台可以更好地辅助开展第二课堂学分登记工作	3.46	1.450	11 582	11 684	16 110	4 198	4 333
			24.18%	24.39%	33.63%	8.76%	9.04%
你希望使用易班平台辅助解决团组织关系管理的问题	3.43	1.435	11 111	11 637	16 436	4 401	4 322
			23.19%	24.29%	34.31%	9.19%	9.02%
你希望使用易班平台促进团学网络阵地的覆盖	3.44	1.435	11 276	11 638	16 369	4 342	4 282
			23.54%	24.29%	34.17%	9.06%	8.94%
你希望使用易班平台加强自身团学知识面的拓展	3.42	1.456	11 079	11 402	16 498	4 409	4 519
			23.13%	23.80%	34.44%	9.20%	9.43%
你希望使用易班平台促进志愿服务的管理及服务	3.56	1.407	12 721	12 523	15 364	3 413	3 886
			26.55%	26.14%	32.07%	7.12%	8.11%

(1) 问题“你认为使用易班平台可以更好地辅助开展第二课堂学分登记工作”,平均综合得分为 3.46,方差为 1.450,属于中高评价。其中,有 24.18%的学生(11 582 人)选择了“最符合”,24.39%的学生(11 684 人)选择了“符合”,33.63%的学生(16 110 人)选择了“一般”,8.76%的学生(4 198 人)选择了“不符合”,9.04%的学生(4 333 人)选择了“最不符合”。由此可见,大部分学生认为使用易班平台可辅助开展第二课堂学分登记工作。

(2) 问题“你希望使用易班平台辅助解决团组织关系管理的问题”,平均综合得分为 3.43,方差为 1.435,属于中高评价。其中,有 23.19%的学生(11 111 人)选择了“最符合”,24.29%的学生(11 637 人)选择了“符合”,34.31%的学生(16 436 人)选择了“一般”,9.19%的学生(4 401 人)选择了“不符合”,9.02%的学生(4 322 人)选择了“最不符合”。由此可见,大部分学生希望能够使用易班平台辅助解决团组织关系管理的问题,并且愿望比较迫切。

(3) 问题“你希望使用易班平台促进团学网络阵地的覆盖”,平均综合得分为 3.44,方差为 1.435,属于中高评价。其中,有 23.54%的学生(11 276 人)选择了“最符合”,24.29%的学生(11 638 人)选择了“符合”,34.17%的学生(16 369 人)选择了“一般”,9.06%的学生(4 342 人)选择了“不符合”,8.94%的学生(4 282 人)选择了“最不符合”。由此可见,大部分学生希望使用易班平台促进团学网络阵地的覆盖，并且对于易班平台的认同感比较高。

(4) 问题“你希望使用易班平台可以加强自身团学知识面的拓展”，平均综合得分为 3.42，方差为 1.456，属于中高评价。其中，有 23.13％的学生(11 079 人)选择了“最符合”，23.80％的学生(11 402 人)选择了“符合”，34.44％的学生(16 498 人)选择了“一般”，9.20％的学生(4 409 人)选择了“不符合”，9.43％的学生(4 519 人)选择了“最不符合”。由此可见，大部分学生希望使用易班平台加强自身团学知识面的拓展。

(5) 问题“你希望使用易班平台促进志愿服务的管理及服务”，平均综合得分为 3.56，方差为 1.407，属于中高评价。其中，有 26.55％的学生(12 721 人)选择了“最符合”，26.14％的学生(12 523 人)选择了“符合”，32.07％的学生(15 364 人)选择了“一般”，7.12％的学生(3 413 人)选择了“不符合”，8.11％的学生(3 886 人)选择了“最不符合”。由此可见，大部分学生希望使用易班平台促进志愿服务的管理及服务工作。

通过对高校易班团学工作开展情况、满意度、期望值的调查分析，当前高校能很好地依托易班平台开展共青团工作，如在易班开展共青团的活动信息发布、活动信息报道、志愿者服务、活动报名等，取得了良好的效果。调查 14 道题的平均综合得分为 3.43，属于中高评价。因此，如何依托易班平台加强共青团工作，发展易班平台在共青团工作中的载体作用，是今后团学工作的重要课题和内容。

第七节　心理健康教育的调查分析

在新媒体时代，高校要积极、主动开展网络心理健康教育，开展“互联网＋心理互助”行动计划。“所谓心理互助，是指人们通过各种行为，彼此有意识地施加心理影响，使参与者的心理素质向积极方向发展变化的活动。”①高校要主动而为，积极建立健全网络心理互动机制和人文关怀机制，加强大学生心理教育和疏导，培养大学生积极健康心理，应对网络空间对大学生带来的消极、负面的影响。

一、高校依托易班开展心理健康教育教学的调查分析

高校使用易班平台开展心理健康教育教学的调查分析如表 1-2-23 所示。

① 齐杰玉，崔淑芳. 积极心理教育的价值及实施策略[J]. 学校党建与思想教育，2010(21)：83-84.

表 1-2-23 高校使用易班平台开展心理健康教育教学的调查分析

题目	平均综合得分	方差	最符合	符合	一般	不符合	最不符合
你曾在易班平台上接受过心理健康教育的相关活动	3.22	1.762	10 483	9 665	14 992	5 327	7 440
			21.88%	20.17%	31.29%	11.12%	15.53%
易班平台使心理健康教育内容和形式更丰满	3.39	1.483	10 846	11 092	16 446	4 782	4 741
			22.64%	23.15%	34.33%	9.98%	9.90%
你认为易班平台可以成为心理健康教育课堂以外的重要补充	3.40	1.481	11 027	11 199	16 392	4 583	4 706
			23.02%	23.38%	34.22%	9.57%	9.82%
你期待易班平台成为你与心理老师/咨询师沟通的桥梁	3.41	1.489	11 225	11 277	16 075	4 679	4 651
			23.43%	23.54%	33.55%	9.77%	9.71%

(1) 问题“你曾在易班平台上接受过心理健康教育的相关活动”,平均综合得分为 3.22,方差为 1.762,属于中高评价。其中,有 21.88%的学生(10 483 人)选择了“最符合”,20.17%的学生(9 665 人)选择了“符合”,31.29%的学生(14 992 人)选择了“一般”,11.12%的学生(5 327 人)选择了“不符合”,15.53%的学生(7 440 人)选择了“最不符合”。由此可见,易班平台开展心理健康教育的情况良好,大部分高校已开展该项目。

(2) 问题“易班平台使心理健康教育内容和形式更丰满”,平均综合得分为 3.39,方差为 1.483,属于中高评价。其中,有 22.64%的学生(10 846 人)选择了“最符合”,23.15%的学生(11 092 人)选择了“符合”,34.33%的学生(16 446 人)选择了“一般”,9.98%的学生(4 782 人)选择了“不符合”,9.90%的学生(4 741 人)选择了“最不符合”。由此可见,大部分学生认为易班平台使心理健康教育内容和形式更丰满。

(3) 问题“你认为易班平台可以成为心理健康教育课堂以外的重要补充”,平均综合得分为 3.40,方差为 1.481,属于中高评价。其中,有 23.02%的学生(11 027 人)选择了“最符合”,23.38%的学生(11 199 人)选择了“符合”,34.22%的学生(16 392 人)选择了“一般”,9.57%的学生(4 583 人)选择了“不符合”,9.82%的学生(4 706 人)选择了“最不符合”。由此可见,大部分学生认为易班平台可以成为心理健康教育课堂以外的重要补充。

(4) 问题“你期待易班平台成为你与心理老师/咨询师沟通的桥梁”,平均综合得分为 3.41,方差为 1.489,属于中高评价。其中,有 23.43%的学生

(11 225 人)选择了“最符合”,23.54%的学生(11 277 人)选择了“符合”,33.55%的学生(16 075 人)选择了“一般”,9.77%的学生(4 679 人)选择了“不符合”,9.71%的学生(4 651 人)选择了“最不符合”。由此可见,大部分学生期待易班平台能成为与心理老师及咨询师沟通的桥梁。

二、依托易班开展心理健康活动的调查分析

大学生依托易班开展心理健康活动的调查如表 1-2-24 所示。

表 1-2-24 大学生依托易班开展心理健康活动的调查

题目	平均综合得分	方差	最符合	符合	一般	不符合	最不符合
你认为使用易班平台进行心理咨询会更隐私、便捷	3.40	1.507	11 201	11 075	16 084	4 745	4 802
			23.38%	23.12%	33.57%	9.90%	10.02%
你所在学校已在易班平台上开展朋辈活动	3.34	1.500	10 364	10 793	16 705	4 981	5 064
			21.63%	22.53%	34.87%	10.40%	10.57%
易班平台能为你提供感兴趣的心理方面的知识和服务	3.44	1.499	11 711	11 181	16 109	4 214	4 692
			24.45%	23.34%	33.63%	8.80%	9.79%
你愿意参加在易班平台上宣传的心理主题的线下活动	3.38	1.495	10 801	10 959	16 512	4 764	4 871
			22.55%	22.88%	34.47%	9.94%	10.17%

(1) 问题“你认为使用易班平台进行心理咨询会更隐私、便捷”,平均综合得分为 3.40,方差为 1.507,属于中高评价。其中,有 23.38%的学生(11 201 人)选择了“最符合”,23.12%的学生(11 075 人)选择了“符合”,33.57%的学生(16 084 人)选择了“一般”,9.90%的学生(4 745 人)选择了“不符合”,10.02%的学生(4 802 人)选择了“最不符合”。由此可见,大部分学生认为使用易班平台进行心理咨询会更隐私、便捷。

(2) 问题“你所在学校已在易班平台上开展朋辈活动”,平均综合得分为 3.34,方差为 1.500,属于中高评价。其中,有 21.63%的学生(10 364 人)选择了“最符合”,22.53%的学生(10 793 人)选择了“符合”,34.87%的学生(16 705 人)选择了“一般”,10.40%的学生(4 981 人)选择了“不符合”,10.57%的学生(5 064 人)选择了“最不符合”。由此可见,大部分高校已在易班平台上开展朋辈活动。

(3) 问题“易班平台能为你提供感兴趣的心理方面的知识和服务”，平均综合得分为 3.44，方差为 1.499，属于中高评价。其中，有 24.45%的学生(11 711 人)选择了“最符合”，23.34%的学生(11 181 人)选择了“符合”，33.63%的学生(16 109 人)选择了“一般”，8.80%的学生(4 214 人)选择了“不符合”，9.79%的学生(4 692 人)选择了“最不符合”。由此可见，大部分学生认为易班平台能为大家提供感兴趣的心理方面的知识和服务。

(4) 问题“你愿意参加在易班平台上宣传的心理主题的线下活动”，平均综合得分为 3.38，方差为 1.495，属于中高评价。其中，有 22.55%的学生(10 801 人)选择了“最符合”，22.88%的学生(10 959 人)选择了“符合”，34.47%的学生(16 512 人)选择了“一般”，9.94%的学生(47 64 人)选择了“不符合”，10.17%的学生(4 871 人)选择了“最不符合”。由此可见，大部分学生愿意参加在易班平台上宣传的心理主题的线下活动。

三、易班心理健康教育与咨询效果的调查分析

易班心理宣传效果总体情况分析如表 1-2-25 所示。

表 1-2-25　　易班心理宣传效果总体情况分析

题目	平均综合得分	方差	最符合	符合	一般	不符合	最不符合
易班作为心理健康教育宣传的平台效果令人满意	3.36	1.501	10 623	10 883	16 412	5 082	4 907
			22.17%	22.72%	34.26%	10.61%	10.24%
你认为使用易班平台进行心理测验会更隐私、便捷	3.40	1.502	11 133	11 124	16 092	4 783	4 775
			23.24%	23.22%	33.59%	9.98%	9.97%
当你有心理困惑时，易班平台会成为一个值得信赖的工具	3.35	1.520	10 595	10 871	16 357	4 945	5 139
			22.12%	22.69%	34.14%	10.32%	10.73%

(1) 问题“易班作为心理健康教育宣传的平台效果令人满意”，平均综合得分为 3.36，方差为 1.501，属于中高评价。其中，有 22.17%的学生(10 623 人)选择了“最符合”，22.72%的学生(10 883 人)选择了“符合”，34.26%的学生(16 412 人)选择了“一般”，10.61%的学生(5 082 人)选择了“不符合”，10.24%的学生(4 907 人)选择了“最不符合”。由此可见，大部分学生认为易班作为心理健康教育宣传的平台效果令人满意。

(2) 问题“你认为使用易班平台进行心理测验会更隐私、便捷”，平均综合得分为 3.40，方差为 1.502，属于中高评价。其中，有 23.24%的学生

(11 133 人)选择了"最符合",23.22%的学生(11 124 人)选择了"符合",33.59%的学生(16 092 人)选择了"一般",9.98%的学生(4 783 人)选择了"不符合",9.97%的学生(4 775 人)选择了"最不符合"。由此可见,大部分学生认为使用易班平台进行心理测验会更隐私、便捷。

(3) 问题"当你有心理困惑时,易班平台会成为一个值得信赖的工具",平均综合得分为 3.35,方差为 1.520,属于中高评价。其中,有 22.12%的学生(10 595 人)选择了"最符合",22.69%的学生(10 871 人)选择了"符合",34.14%的学生(16 357 人)选择了"一般",10.32%的学生(4 945 人)选择了"不符合",10.73%的学生(5 139 人)选择了"最不符合"。由此可见,大部分学生认为当有心理困惑时,易班可以成为一个值得信赖的平台。

通过对高校依托易班开展心理健康教育教学、心理健康活动、心理健康咨询效果的调查分析,11 道题的平均综合得分为 3.37,属于较高评价。当前高校依托易班开展心理健康与咨询教育活动,取得了一定效果,但开展的内容、形式、覆盖面、效果等还有待加强和深化。

第八节　易班扩展功能的调查分析

各高校依托易班平台除了开展思想教育、学生党建、教育教学、团学工作、生活服务、文化娱乐和心理健康教育外,还开展大学生就业创业、资助贷勤减免、班级管理等方面的工作。

一、学生资助政策和资讯宣传情况调查分析

运用易班开展学生资助政策和资讯宣传综合评价如表 1-2-26 所示。

表 1-2-26　　运用易班开展学生资助政策和资讯宣传综合评价

题目	平均综合得分	方差	最符合	符合	一般	不符合	最不符合
你所在高校有在易班平台上开展资助宣传和资助育人活动	3.51	1.42	12 401	11 756	15 690	4 227	3 833
			25.89%	24.54%	32.75%	8.82%	8.00%
你愿意通过易班平台主题轻应用全面了解资助政策	3.52	1.44	12 692	11 450	15 776	4 071	3 918
			26.49%	23.90%	32.93%	8.50%	8.18%

续表 1-2-26

题目	平均综合得分	方差	最符合	符合	一般	不符合	最不符合
你愿意通过易班平台接收资助通知和资助资讯	3.51	1.46	12 608	11 326	15 710	4 187	4 076
			26.32%	23.64%	32.79%	8.74%	8.51%
你认为在易班平台上开设优秀励志学子宣传栏有正向激励作用	3.53	1.43	12 659	11 700	15 594	4 121	3 833
			26.42%	24.42%	32.55%	8.60%	8.00%
你的辅导员有参与易班平台建设活动	3.62	1.461	11 511	11 318	16 574	4 291	4 213
			24.03%	23.62%	34.60%	8.96%	8.79%
你支持在易班平台开展的学生资助信息公开透明	3.42	1.570	12 695	11 450	15 756	3 994	4 012
			26.50%	23.90%	32.89%	8.34%	8.37%
你认同易班平台诚信主题教育有助于校园文化建设	3.54	1.416	13 286	11 578	15 308	3 852	3 883
			27.73%	24.17%	31.95%	8.04%	8.11%
你愿意主动参加学校易班平台资助育人活动	3.49	1.433	12 244	11 899	16 075	3 621	4 068
			25.56%	24.84%	33.55%	7.56%	8.49%
你认为易班平台资助信息公开是有效监督方式	3.50	1.441	13 286	11 578	15 308	3 852	3 883
			27.73%	24.17%	31.95%	8.04%	8.11%
你期待在易班平台延伸更多的资助服务内容	3.54	1.438	12 244	11 899	16 075	3 621	4 068
			25.56%	24.84%	33.55%	7.56%	8.49%

(1) 问题“你所在高校有在易班平台上开展资助宣传和资助育人活动”，平均综合得分为 3.51，方差为 1.42，属于较高评价。其中，有 25.89%的学生(12 401 人)选择了“最符合”，24.54%的学生(11 756 人)选择了“符合”，32.75%的学生(15 690 人)选择了“一般”，8.82%的学生(4 227 人)选择了“不符合”，8.00%的学生(3 833 人)选择了“最不符合”。由此可见，部分高校已通过易班平台开展资助宣传和资助育人活动，并且学生的认可度较高。

(2) 问题“你愿意通过易班平台主题轻应用全面了解资助政策”，平均综合得分为 3.52，方差为 1.44，属于较高评价。其中，有 26.49%的学生(12 692 人)选择了“最符合”，23.90%的学生(11 450 人)选择了“符合”，32.93%的学生(15 776 人)选择了“一般”，8.50%的学生(4 071 人)选择了“不符合”，8.18%的学生(3 918 人)选择了“最不符合”。由此可见，大部分学生愿意通过易班平台主题轻应用全面了解资助政策，并且学生的参与度较高。

(3) 问题“你愿意通过易班平台接收资助通知和资助资讯”，平均综合得分为3.51，方差为1.46，属于较高评价。其中，有26.32%的学生（12 608人）选择了“最符合”，23.64%的学生（11 326人）选择了“符合”，32.79%的学生（15 710人）选择了“一般”，8.74%的学生（4 187人）选择了“不符合”，8.51%的学生（4 076人）选择了“最不符合”。由此可见，高校大学生愿意通过易班平台接收资助通知和资助资讯，但工作仍需深入。

（4）问题“你认为在易班平台上开设优秀励志学子宣传栏有正向激励作用”，平均综合得分为3.53，方差为1.43，属于较高评价。其中，有26.42%的学生（12 659人）选择了“最符合”，24.42%的学生（11 700人）选择了“符合”，32.55%的学生（15 594人）选择了“一般”，8.60%的学生（4 121人）选择了“不符合”，8.00%的学生（3 833人）选择了“最不符合”。由此可见，高校利用易班平台开展励志优秀学子长效宣传栏，对学生有激励作用，学生知晓度、认可度较高。

（5）问题“你的辅导员有参与易班平台建设活动”，平均综合得分为3.62，方差为1.461，属于较高评价。其中，有24.03%的学生（11 511人）选择了“最符合”，23.62%的学生（11 318人）选择了“符合”，34.60%的学生（16 574人）选择了“一般”，8.96%的学生（4 291人）选择了“不符合”，8.79%的学生（4 213人）选择了“最不符合”。由此可见，高校辅导员积极参与易班平台建设活动。

（6）问题“你支持在易班平台开展的学生资助信息公开透明”，平均综合得分为3.42，方差为1.570，属于中高评价。其中，有26.50%的学生（12 695人）选择了“最符合”，23.90%的学生（11 450人）选择了“符合”，32.89%的学生（15 756人）选择了“一般”，8.34%的学生（3 994人）选择了“不符合”，8.37%的学生（4 012人）选择了“最不符合”。由此可见，大部分同学愿意通过易班平台主题轻应用全面了解资助政策，并且学生的参与度较高。

（7）问题“你认同易班平台诚信主题教育有助于校园文化建设”，平均综合得分为3.54，方差为1.416，属于较高评价。其中，有27.73%的学生（13 286人）选择了“最符合”，24.17%的学生（11 578人）选择了“符合”，31.95%的学生（15 308人）选择了“一般”，8.04%的学生（3 852人）选择了“不符合”，8.11%的学生（3 883人）选择了“最不符合”。由此可见，高校大学生认为易班平台诚信主题教育有助于校园文化建设，而且效果显著，深受学生喜爱。

（8）问题“你愿意主动参加学校易班平台资助育人活动”，平均综合得分为3.49，方差为1.433，属于中高评价。其中，有25.56%的学生（12 244人）选择了“最符合”，24.84%的学生（11 899人）选择了“符合”，33.55%的学生（16 075人）选择了“一般”，7.56%的学生（3 621人）选择了“不符合”，8.49%的学生（4 068人）选择了“最不符合”。由此可见，高校大学生愿意主动参加学校易班平台资助育人活动，学生知晓度、认可度较高。

（9）问题“你认为易班平台资助信息公开是有效监督方式”，平均综合得分为 3.50，方差为 1.441，属于中高评价。其中，有 27.73％的学生（13 286 人）选择了“最符合”，24.17％的学生（11 578 人）选择了“符合”，31.95％的学生（15 308 人）选择了“一般”，8.04％的学生（3 852 人）选择了“不符合”，8.11％的学生（3 883 人）选择了“最不符合”。由此可见，大部分学生认为易班平台资助信息公开是有效监督方式，并且认可度较高。

（10）问题“你期待在易班平台延伸更多的资助服务内容”，平均综合得分为 3.54，方差为 1.438，属于较高评价。其中，有 25.56％的学生（12 244 人）选择了“最符合”，24.84％的学生（11 899 人）选择了“符合”，33.55％的学生（16 075 人）选择了“一般”，7.56％的学生（3 621 人）选择了“不符合”，8.49％的学生（4 068 人）选择了“最不符合”。由此可见，大学生期待在易班平台延伸更多的资助服务内容，并且对拓展易班功能兴趣浓厚。

通过对高校在易班上开展资助工作的现状、学生认知度、满意度、效果的深入调查，各高校积极在易班上开展资助的宣传、信息公开等工作，并且希望通过易班平台加强资助的监督管理。调查 10 道题的平均综合得分为 3.52，属于较高评价，说明高校在易班平台上开展资助工作还有很大的拓展空间。

二、易班辅助班级管理情况调查分析

易班辅助班级管理的综合评价如表 1-2-27 所示。

表 1-2-27　　易班辅助班级管理的综合评价

题目	平均综合得分	方差	最符合	符合	一般	不符合	最不符合
你所在学校有采用易班平台辅助班级管理	3.49	1.44	12 141	11 396	16 051	4 271	4 048
			25.34％	23.79％	33.50％	8.92％	8.45％
你认同易班平台可加强班级民主管理效能	3.47	1.44	11 903	11 475	16 141	4 223	4 165
			24.85％	23.95％	33.69％	8.81％	8.69％
遇到困难时，你愿意在易班平台上寻求同学或辅导员帮助	3.35	1.56	10 957	10 578	16 060	4 988	5 324
			22.87％	22.08％	33.52％	10.41％	11.11％
你认同易班平台线上活动有助于提升班级凝聚力	3.40	1.51	11 290	10 897	16 195	4 748	4 777
			23.57％	22.75％	33.81％	9.91％	9.97％

(1) 问题“你所在学校有采用易班平台辅助班级管理”,平均综合得分为3.49,方差为1.44,属于中高评价。其中,有25.34%的学生(12 141人)选择了“最符合”,23.79%的学生(11 396人)选择了“符合”,33.50%的学生(16 051人)选择了“一般”,8.92%的学生(4 271人)选择了“不符合”,8.45%的学生(4 048人)选择了“最不符合”。由此可见,学生对“你所在学校有采用易班平台辅助班级管理”的知晓度较高,能够融入参与其中。

(2) 问题“你认同易班平台可加强班级民主管理效能”,平均综合得分为3.47,方差为1.44,属于中高评价。其中,有24.85%的学生(11 903人)选择了“最符合”,23.95%的学生(11 475人)选择了“符合”,33.69%的学生(16 141人)选择了“一般”,8.81%的学生(4 223人)选择了“不符合”,8.69%的学生(4 165人)选择了“最不符合”。由此可见,大部分学生认同易班平台能加强班级民主管理效能,同学们的认可度较高。

(3) 问题“遇到困难时,你愿意在易班平台上寻求同学或辅导员帮助”,平均综合得分为3.35,方差为1.56,属于中高评价。其中,有22.87%的学生(10 957人)选择了“最符合”,22.08%的学生(10 578人)选择了“符合”,33.52%的学生(16 060人)选择了“一般”,10.41%的学生(4 988人)选择了“不符合”,11.11%的学生(5 324人)选择了“最不符合”。由此可见,高校大学生遇到困难在易班平台上寻求同学或辅导员帮助的现状不理想,工作仍需深入开展。

(4) 问题“你认同易班平台线上活动有助于提升班级凝聚力”,平均综合得分为3.40,方差为1.51,属于中高评价。其中,有23.57%的学生(11 290人)选择了“最符合”,22.75%的学生(10 897人)选择了“符合”,33.81%的学生(16 195人)选择了“一般”,9.91%的学生(4 748人)选择了“不符合”,9.97%的学生(4 777人)选择了“最不符合”。由此可见,高校大学生对易班平台线上活动有助于提升班级凝聚力的调查认可度不高,高校利用易班平台提高班级凝聚力的作用不明显。

通过对“你所在高校有采用易班平台辅助班级管理”“易班平台可加强班级民主管理效能”“遇到困难时你愿意在易班平台上寻求同学或辅导员帮助”“你认同易班平台线上活动有助于提升班级凝聚力”四个内容的调查分析,平均综合得分为3.43,属于中高评价。由此可知,大学生对运用易班平台加强班级管理认同度比较高,也乐于在通过网络(易班)表达意愿和想法。加强、开拓易班在学生班级管理中的功能,是易班建设者的共同目标和追求。

三、高校就业创业服务情况调查分析

高校师生对利用易班开展就业创业服务现状的总体评价如表 1-2-28 所示。

表 1-2-28　高校师生对利用易班开展就业创业服务现状的总体评价

题目	平均综合得分	方差	最符合	符合	一般	不符合	最不符合
你所在学校有开展易班就业创业建设与服务	3.45	1.44	11 511	11 318	16 574	4 291	4 213
			24.03%	23.62%	34.60%	8.96%	8.79%
你期待在易班平台上掌握更多的就业创业相关政策	3.52	1.45	12 695	11 450	15 756	3 994	4 012
			26.50%	23.90%	32.89%	8.34%	8.37%
你期待从易班平台上掌握有价值的招聘单位权威信息	3.55	1.45	13 286	11 578	15 308	3 852	3 883
			27.73%	24.17%	31.95%	8.04%	8.11%
你对本校易班平台就业创业服务与咨询表示满意	3.51	1.42	12 244	11 899	16 075	3 621	4 068
			25.56%	24.84%	33.55%	7.56%	8.49%

(1) 问题“你所在学校有开展易班就业创业建设与服务”，平均综合得分为 3.45，方差为 1.44，属于中高评价。其中，有 24.03%的学生(11 511 人)选择了“最符合”，23.62%的学生(11 318 人)选择了“符合”，34.60%的学生(16 574 人)选择了“一般”，8.96%的学生(4 291 人)选择了“不符合”，8.79%的学生(4 213 人)选择了“最不符合”。由此可见，学生对“你所在学校有开展易班就业创业建设与服务”的知晓度较高，能够融入参与其中。

(2) 问题“你期待在易班平台上掌握更多的就业创业相关政策”，平均综合得分为 3.52，方差为 1.45，属于较高评价。其中，有 26.50%的学生(12 695 人)选择了“最符合”，23.90%的学生(11 450 人)选择了“符合”，32.89%的学生(15 756 人)选择了“一般”，8.34%的学生(3 994 人)选择了“不符合”，8.37%的学生(4 012 人)选择了“最不符合”。由此可见，大部分学生期待在易班平台上掌握更多的就业创业相关政策，并且参与热情较高。

(3) 问题“你期待从易班平台上掌握有价值的招聘单位权威信息”，平均综合得分为 3.55，方差为 1.45，属于较高评价。其中，有 27.73%的学生(13 286 人)选择了“最符合”，24.17%的学生(11 578 人)选择了“符合”，31.95%的学生

(15 308 人)选择了“一般”,8.04%的学生(3 852 人)选择了“不符合”,8.11%的学生(3 883 人)选择了“最不符合”。由此可见,高校学生期待从易班平台上掌握有价值的招聘单位权威信息。

(4) 问题“你对本校易班平台就业创业服务与咨询表示满意”,平均综合得分为 3.51,方差为 1.42,属于中高评价。其中,有 25.56%的学生(12 244 人)选择了“最符合”,24.84%的学生(11 899 人)选择了“符合”,33.55%的学生(16 075 人)选择了“一般”,7.56%的学生(3 621 人)选择了“不符合”,8.49%的学生(4 068 人)选择了“最不符合”。由此可见,高校学生对本校易班平台就业创业服务与咨询的满意度较高,并且大学生对高校利用易班开展就业创业服务与咨询的现状较为满意。

通过对“你所在学校有开展易班就业创业建设与服务”“你期待在易班平台上掌握更多的就业创业相关政策”“你期待从易班平台上掌握有价值的招聘单位权威信息”“你对本校易班平台就业创业服务与咨询表示满意”四个内容的调查分析,平均综合得分为 3.51,属于中等偏高评价。由此可见,各高校正积极运用易班平台开展就业创业的服务与政策宣传,为在校大学生提供就业创业的指导与服务,大学生对易班平台辅助创业就业工作认可度、满意度较高。

第三章　易班思想政治教育理论与实践路径

当下，伴随着信息全球化和移动互联网大众化的纵深发展，互联网对人们的思维方式、思想观念、道德认知、价值信仰、学习生活等方面产生了极大的影响。2016 年 12 月 6 日，习近平总书记在全国高校思想政治工作会议上指出："要坚持把立德树人作为中心环节，把思想政治工作贯穿教育教学全过程，实现全程育人、全方位育人"，还特别提出要"深入实施易班等新应用推广行动计划和中国大学生在线引领工程"①。易班是教育部大力倡导的大学生网络互动社区，也是网络思想政治教育的重要平台之一。在全国上下着力打通教育最后一公里的背景下，全国各级高校依托易班平台，采取线上线下相结合的原则，加强大学生思想政治工作，充分发挥易班的育人功能，整合校内校外优势资源，致力做到"以网化人，以网育人"，真正实现"全程育人、全方位育人"。

第一节　当下高校思想政治教育工作面临的挑战

高校构建"大思政""大德育"是现阶段高校教育工作的趋势，也是高校教育工作者孜孜不倦的追求。目前，全国各级各类高校"大思政"格局建设成效不一，整体效果参差不齐。随着互联网技术发展，网络信息扁平化发展趋势逐渐取代了传统课堂教学自上而下教育模式及条块管理模式，传统高校思想政治教育模式的主导地位受到了冲击，权威性受到了挑战，甚至产生质疑，优课(YOOC)、慕课(MOOC)等网络课程以及翻转课堂出现，对传统的思想政治教育带来前所未有的挑战，同时也为传统高校思想政治教育模式向线上发展，打造高校网络思想政治工作阵地带来了机遇。因此，高校教育工作者要因事而化、因时而进、因势而新，要积极汲取新知识、运用新载体、善用新技术，改革和优化高校思想政治教育的方式方法，促进高校"大思政"格局建设的有序、健康、

① 习近平.把思想政治工作贯穿教育教学全过程[EB/OL]. http://www.moe.edu.cn/jyb_xwfb/s6052/moe_838/201612/t20161208_291306.html.

快速发展，着力提升高校思想政治教育工作见成效、见水平。

当前，高校“大思政”建设过程中面临着诸多挑战和困难，存在着高校对网络思想政治工作认识不到位、理论与实践联系不紧密、改革创新主动性不足等主观问题，也存在着部门众多、各自为战、缺乏协同等客观问题。

一、认识不足，高校各部门缺乏“大思政”统筹协调机制

目前，高校中肩负大学生思想政治教育工作的部门涉及众多，从学校部门种类层面上看，包括学生工作部（学生工作处）、中国共产主义青年团委员会、大学生就业与指导中心、马克思主义学院（两课部）以及各二级院（系）的学生工作部门。从理论上说，各部门的目标、任务、功能虽然各有不同，但教育目标是一致的，只要能各司其职，就可以开展好大学生思想政治教育、管理及服务工作。但实施过程中，诸多高校在大学生思想政治教育工作的整体化、系统化、科学化上缺乏有效、科学、合理的统筹，呈现出“四重四轻”的弊病，即：重知识轻德性、重形式轻实效、重单兵作战轻协同、重能力轻人格。具体表现在，一方面，高校在每年制定的年度工作计划和具体实施方案中，都有类别众多的大学生思想政治教育工作的方案和议题，但真正能对大学生思想政治教育起到实效并产生重要影响的措施并不多；另一方面，高校也同时存在部门众多、多头管理、责任分散等问题。高校思想政治教育工作，表面上是每个部门都承担相应的职责，但事实上普遍存在着“只要与学生有关的事情都是高校辅导员的工作”的理解，如学生迟到逃课早退、向学生追缴贷款、收缴毕业生水电费、学生校外违纪处理、大学生征兵入伍等事情都毫无疑问地成了高校辅导员的工作和考核内容，甚至包括各种评估考核资料准备等，严重肢解和分散了高校辅导员承担思想政治教育的原本职责和功能。一旦学生出现问题，各相关部门直接把责任推向学生所在学院的辅导员、副书记和学生处等学生工作相关负责人员。此外，高校各职能部门是平级单位，不存在上下级的隶属关系，在缺乏统一领导之下，各部门之间很难做到有效的统筹和协调，难以形成齐抓共管的工作合力，严重影响高校“大思政”格局的建设，全员育人难以有效实施。

二、比例失衡，高校思政队伍师生比制约“大思政”发展

近几年，教育部及各地方教育部门不断加大高校思想政治教育工作经费投入，加强高校思想政治工作队伍的教育和培养，致力打造思想政治教育课堂名师、网络名师、名辅导员工作室、优质课程及精品课程等项目，提升高校思想政治课的影响力和实效性。但实际上，高校思想政治教育的教学成效仍不尽人意，存在“两张皮”、网络失声、自我边缘化、“不在场”等难题，甚至在大学生中的

认可度和受欢迎程度远远不如学生所学的专业课程。目前，高校思想政治教育课程教学主要由马克思主义学院专任教师承担，也有一定数量高校辅导员任兼职教师，大学生思想政治教育实践环节主要由学生工作队伍依托第二课堂组织开展，形成大学生思想政治教育的两个核心，存在着理论与实践结合不紧密现象。其原因有两个方面，一方面，各高校马克思主义学院在学科建设、课程建设、教学改革等方面投入了大量人力物力财力，但目前各高校在思想政治专任教师配备方面很难真正做到教育部规定指标，即师生比为 1∶350。大部分高校思想政治课是按照大班制上课，普遍采取的方式是 100～200 名学生集中在教室内上课，很难实现小班教学，教学效果大打折扣，只能采取说教式、灌输式、单向传输授课等较为单一的教学方式进行。个性化指导、互动式教学、体验式教学很难得以真正开展。另一方面，高校学生工作队伍充分利用学生第二课堂积极开展实践育人工作，取得了较好的育人成效，但由于学生工作人员的学科及专业背景多样化，而来自马克思主义理论的学科背景并不多，导致辅导员队伍的话语体系水平整体偏低，理论水平整体偏弱，对于如何在第二课堂的实践活动中开展大学生思想政治教育引领、“三观”教育、“中国梦”等思想引领方面缺乏先进、科学、有效的理论指导，进而多数的学生工作队伍是组织开展学科竞赛、校园文化等活动填补上理论空白。因此，高校大学生思想政治教育课师生比普遍失衡，短期内难以达标，严重制约着高校“大思政”建设和发展。此外，各高校与教育部要求专职辅导员的师生比为 1∶200 的目标相差甚远。

三、意识淡薄，思政队伍适应和应用新技术的能力欠缺

随着互联网新技术的快速发展，互联网的概念和应用已经与人们的生活密切相关。当前，在校大学生是互联网原住民，他们从出生开始就接触网络，并已经形成了使用互联网解决一定需要的行为习惯，日常中他们通过互联网能及时了解最新资讯、掌握最新动态、接触最新知识，在此过程中他们的维权意识、参政意识、公民意识大幅提升，进而导致当前阶段的高校大学生利益诉求方式多样化、诉求形式多样化、诉求现象群体化的趋势。现阶段，当大学生在学习或生活上受挫时，往往会借助新媒体、自媒体平台发布信息和动态，在网络上发布激烈言论来宣泄心中的不满情绪，从而造成一定的负面影响甚至形成某种社会共鸣，产生了较为偏激的网络舆情。这时，面对互联网带来的思想政治教育工作新问题，如何改革创新大学生思想政治教育范式、如何充分利用现有资源构建“大思政”教育体系就成为高校亟待解决的重要难题。一方面，当前高校思想政治教育工作队伍网络应用能力参差不齐，缺乏适应和利用新技术意识。年轻辅导员虽然具备一定的互联网应用能力，能较好开展互联网思想政治教育工作，

在网络平台上主动与学生互加好友、交流情感、分享心得，在互动过程中加强大学生的思想引领和教育渗透，但是辅导员人均管理学生数量较多，难以做到深入、细致、“贴心贴身”及时解决学生困惑，网络思想教育有效性有待提升。另一方面，思想政治教育教师和党务部门的管理干部对互联网新技术的兴趣较为淡薄，总体上网络应用技术能力较弱、参与学生网络互动不多、参与网络思想政治教育的积极性不高，对于如何依托网络创新思想政治教育、优化思想政治教育教学方法就显得捉襟见肘，容易产生抵触情绪；高校各部门之间固守部门利益，缺乏协同精神。高校职能部门基本上都有自己的官方微信、微博及自媒体平台，也有各种考核任务和官方排名的政治任务，如全国各高校共青团有“青年之声”、“到梦空间”、“爱志愿”、宣传部负责的学校官微排名等。政治任务的要求直接造成高校思想政治教育工作各单位固守部门利益，“送人玫瑰，手有余香”只停留在理想层面，各部门之间谁也不愿意牺牲部门利益，谁也不愿意主动去沟通协调，同向同行、同频共振、齐抓共管的格局难以得到有效的施行，从而影响了高校全程育人、全方位育人的效果。因此，面对“互联网＋”新技术的挑战，高校思想政治教育缺乏适应和利用新技术意识是影响高校“大思政”建设的重要因素之一。

虽然互联网技术的发展给高校思想政治教育带来了严峻挑战，但互联网的便捷性、分享性、交互性改变着人们的生活模式，给各行各业带来无限的发展机遇和动力。同样，高校思想政治工作也面临着互联网新技术带来的机遇，要因势而动，可以通过云计算及大数据进行量化评估、动态分析、发展预测，为高校依托易班平台建设开展思想政治教育提供科学的决策参考和技术支撑。

第二节　易班建设与“大思政”建设的关系分析

目前，高校思想政治教育工作的首要问题就是要解决“培养什么人、为谁培养人、怎样培养人”的根本问题，但要有效地解决这一根本问题，还需要借助有效的平台和手段。因应互联网新技术发展的易班就是解决这一根本问题的重要平台和手段之一。易班是2009年在上海市教委指导下最先探索出来的大思想政治教育新平台。易班的研发、运行得到了教育部的高度重视和肯定，已经成为高校集教育教学、文化娱乐、生活服务为一体的网络思想教育互动平台。目前，易班建设已覆盖全国各地区，共有1 198所高校1 200多万名师生进驻易班，上海市、福建省、广东省、四川省、广西壮族自治区的高校已经实现全覆盖。

一、易班平台是高校思想政治教育的有效载体

在自媒体时代，网络信息具有海量化、碎片化、复杂化、意识形态化等特征，信息传递呈现扁平化、圈层化规律。当代高校大学生是网络时代的原住民，其网络信息搜索能力和网络适应能力强，关注社会热点、参政意识有所增强。但高校思想政治教育工作队伍中还存在部分老师对网络应用不熟悉、技术畏难现象，传统的说教、单向、灌输式的教育管理方式很难让大学生产生共鸣，甚至需要大学生对教师进行互联网知识的普及。易班是为大学生量身打造的网络互助社区，各高校易班之间互动空间是相对独立的，大学生可以在各高校易班所在的单独空间里共享信息、分享情感、交流学习、表达诉求。因此，高校思想政治教育队伍可以依托易班平台开展本校特有的校本化、特色化的活动，思想政治专任教师、学生管理干部、党务工作者都可以通过本校易班平台实现信息分享、交流互动，不受时空限制地增进师生情感交流。

二、易班平台是师生开展协作学习的网络平台

易班平台建设是遵循网络传播规律及大学生认知规律的合理、科学、高效的网络互动平台，开展大学生喜闻乐见的校园文化，实现显性教育与隐性教育有机结合。“易班提供了一个管理者、教师、学生交流的公共网络空间，留下共同生活、学习、思考、交往的记录。”[①]易班建设要积极挖掘现有教师资源与学生需求的结合点，鼓励广大师生使用易班大学、易班课堂、优课平台，鼓励马克思主义学院深入易班，打造受学生欢迎的“思想政治教育＋协作学习”的网络共同体。目前，易班共建高校的马克思主义学院课程已经全部进驻易班，高校思想政治课教师在易班上开设精品课程、开放式资料库、上传课件，实现易班网络答疑、批改作业及考试，逐渐加强了与高校大学生之间的互动，为在校学生提供丰富的学习资源，实现“线上与线下”“显性与隐性”的思想教育有机结合，有效促进高校校内教育资源的融合以及高校之间的资源共享。

三、易班平台是主流意识形态教育的红色阵地

马克思认为：“统治阶级的思想在每一时代都是占统治地位的思想。这就是说，一个阶级是社会上占统治地位的物质力量，同时也是社会上占统治地位

---

① 朱建征，薛云云. 网络社区时代易班建设面临的挑战和应对策略[J]. 思想理论教育，2015(9)：100-103.

的精神力量。”①面对复杂多变的网络新时代，高校思想政治教育同样具有阶级性。高校思想教育工作者要开拓创新，紧跟时代步伐，形成大思想政治教育格局，主动占领高校网络思想政治教育阵地，增强思想政治教育的影响力和吸引力。当前，除了传统媒体阵地外，网络也是一个意识形态的最大阵地。易班是国家网络思想阵地重要平台之一，通过易班建设来形成一个全国最大的高校大学生网络互动社区，目的是促进网络思想政治教育工作的健康、有序发展，加强网络思想政治教育和意识形态阵地建设。因此，高校思想政治工作要凝神集力，依托易班平台巩固发展红色地带，巩固党和人民的利益，勇于同反党、反马克思主义意识形态做斗争，加强思想政治教育和主流意识形态阵地建设。

四、易班平台是培养网络思政队伍的重要基地

高校思想政治教育队伍是大学生思想教育的建设者、传播者、教育者、引领者，在加强社会主义意识形态和思想政治教育建设中处于重要的主体地位。全国思想政治教育会议召开后，易班加快全国高校共建工作，但是许多高校对易班平台的理解多数只停留在“一个大学生互动网站”的表象认知上，忽略了从国家网络战略上去理解易班的思想政治教育的网络高地特性。因此，高校要加快易班建设和推广，需要大批既熟悉网络传播规律又掌握网络思想政治教育原理的干部队伍，按照专兼结合、以专为主的原则，建立“基础培训—中级研习—高级研修”三级阶梯式的培训体系，主动培养一支由青年教师骨干和学生党员为主体的网络思想教育工作队伍，在互联网空间上敢于发声、勇于发声、善于发声，在培养学生坚定理想信念、厚植爱国主义情怀、加强品德修养、增长知识见识、培养奋斗精神、增强综合素质等各方面，狠下功夫、下足功夫，聚焦思想政治工作的不平衡不充分问题，把工作的重心和目标落在“立德树人”成效上。通过易班平台建设，加强顶层设计，整合学校育人资源，形成由校党委统一领导，统筹部署、齐抓共管、定期沟通、协同处理的协同育人机制，使高校各部门在建设过程中建立互通互联的机制体制，打破高校思想政治教育部门之间的壁垒，为构建“大思政”的建设提供良好的网络载体。

第三节 基于易班平台的“大思政”建设路径

高校思想政治工作关乎育人根本，在“全程育人、全方位育人”视域下，高校要深入学习习近平总书记关于加强网络建设的系列重要讲话精神，以易班建设

① 马克思恩格斯选集：第1卷[M].北京：人民出版社，2012：178.

为突破口，筑牢新时代高校思想政治工作生命线，整合高校思想政治教育资源，加强思想政治队伍建设，完善保障机制，创新思想政治课的教育教学方式方法，加强大学生思想引领，形成“大思想政治教育”“大德育”的工作理念，助推高校思想政治教育工作创新发展。

一、依托易班平台建设，构建高校思想政治工作融合机制

新形势下，教育部十分重视易班建设，在全国范围内加快易班推广，推动习近平总书记关于加强高校思想政治工作和意识形态建设系列讲话精神进教材、进课堂、进网络。通过加强高校网络文化建设，真正消除网络意识盲区，解决思想政治工作者的网络本领恐慌。多年来，高校思想政治工作的实践告诉我们，高校重视思想政治工作，各项工作就平稳发展；放松思想政治工作，就必定出现问题。易班建设是高校“一把手”工程，高校党委要落实意识形态主体责任，做好顶层设计，凝聚共识，建章立制，统一思想，明确各部门在大学生思想政治教育的主体责任，依托易班平台构建“大思政”融合机制，聚合课程、科研、实践、文化、网络、心理等各育人主体力量，聚力各领域资源，使全员育人力量有机整合、合力协作，包括成立易班建设领导小组，实行主管校领导负责，建立起以学校易班发展中心为主体、易班学生工作站、二级院系工作站、班级设置易班专员相结合的四级联动管理机制；健全易班建设的各项管理制度，落实后勤保障机制，把易班建设绩效纳入网络思想政治教育统一指导、管理和考核，纳入思想政治教育专项督查范畴；注重有机对接教育教学资源，发挥思想政治教育专任教师和管理干部在易班平台上思想引领作用，培育“一院一品牌”，支持各学科与思想政治工作相结合，推进思想政治工作创新发展，促进高校“大思政”融合机制的形成。

二、整合校风网络资源，建立“大思政”的协同联动机制

党的十八大以来，全国高校对思想政治工作的重要性、根本性、战略性认识不断深化，全员育人、全程育人、全方位育人作为新时代高校立德树人重要理念的贯彻落实不断加强，易班建设坚持课堂育人与网络育人相结合，积极主动整合校内资源，共同推动网络思想教育创新发展，共同谋求思想政治教育的最大“公约数”，画出最大“同心圆”，体现了新时代对高校思想政治教育工作的内在要求，顺应了人才培养的发展趋势，契合了高校思想政治工作的发展规律。目前，高校内各部门对易班建设有不同观点和想法，投入的精力和重视程度差别较大。学工部领导下的学工队伍是易班建设主力军，在易班上开展各种各样的网络文化活动、易班文化产品设计、轻应用设计比赛等，把思想政治教育有效植

入到易班建设中去，取得良好效果。易班能够有效整合校园数据资源，着力提供大学生专属的网络平台。① 高校各部门还要面向发展，面向未来，依托易班平台，将学工、团委、宣传、教务、计财、后勤、信息中心等管理系统和易班平台对接起来，克服部门业绩被弱化心态，着力实现校园生活服务全口径集成，建设生活服务应用，打造在线心理健康咨询、就业实习指导、"奖助贷勤补减免"等与学生息息相关的智能化精准服务。注重满足学生"一站式"贯通需求和个性化精细服务需求，坚持问题导向，因事而化、因时而进、因势而新，围绕学生、关照学生、服务学生，稳妥处理好易班网与校园网建设的关系，打造符合校情的易班品牌，着力把易班打造成为校园服务综合体，建立全程育人的"大思政"服务机制，提高思想政治工作的正能量、亲切感和亲和力。

三、加强易班队伍建设，制定"大思政"人才保障机制

习近平总书记在全国教育大会上指出，教育是国之大计、党之大计，并强调深化教育改革创新，坚持把服务中华民族伟大复兴作为教育的重要使命，坚持把教师队伍建设作为基础工作，深刻阐述了对中国特色社会主义教育事业的规律性认识。网络意识形态要抢占先机，就需要配备精良的网络队伍和网络人才。依托易班平台加强正面宣传，把握网上舆论的特点和规律，按照网络生态的运行规律，把握好网上舆论引导的时效，完善高校网络社会治理体系，防范西方意识形态渗透。学校要为易班建设配备专职人员作为易班建设工作骨干，其编制从学校总编制或专职学生工作编制中统筹解决，努力培养一支专家型、创新型网络思想政治教育工作队伍。积极培育一批政治立场坚定、师德高尚、学养深厚、熟悉网络新媒体特点、影响力广的网络名师，建设一支由青年教师骨干和学生党员为主体的网络工作队伍。在工作队伍选拔和管理上，要选择政治觉悟高、立场坚定、擅长网络技术、善于与网民沟通、化解网络舆情的学工干部、思想政治教师、党政干部、学生骨干、学生干部归入网络思想教育队伍建设中来。此外，运用易班作为培养和教育学生党员的途径②，把学生党员纳入思想政治教育队伍中。同时，要加强队伍考核评价，"还可以进一步研究完善网络工作队伍的培养培训和激励评价体系，做到工作有任务、有考核、有评价、有奖惩"③。在合理、有效的保障机制下，"大思政"建设才能健康、稳定发展。

---

① 吴昊，黄禹鑫. 基于易班构建高校网络思想政治教育大数据平台的思考与实践——以重庆大学为例[J]. 思想教育研究，2016(1)：65-67.

② 徐孝蕾，焦爱华，杨聪聪. 新媒体在高校学生党员培养和教育中的运用研究[J]. 思想理论教育导刊，2013(2)：120-122.

③ 冯刚. 新形势下推动高校网络文化建设的思考与实践[J]. 思想教育研究，2015(8)：3-5.

四、发挥易班优课功能，完善“大思政”网络育人机制

习近平总书记指出，思想政治工作是学校各项工作的生命线，各级党委、各级教育主管部门、学校党组织都必须紧紧抓在手上。高校要充分发挥易班的显性教育功能，实现网络思想教育的隐性教育效果。高校构建“大思政”教育体系，最根本的问题是如何解决三个关键问题，即理论与实践的关系问题，虚拟与现实的关系问题，整体与局部的关系问题。因此，马克思主义学院要积极、主动参与易班建设，利用好易班平台的技术优势，构建“大思政”课程体系。首先，要“建立易班思想政治理论课特色栏目”①。鼓励思想政治教师进驻易班，加大经费投入，鼓励老师针对每门课程特点，制订融入易班的建设方案，建立各自的特色栏目，在易班平台上与学生互动，增加思想政治课程的吸引力、感染力。其次，修改课程评价机制，把平时成绩放在易班平台上进行考核，增加学生在易班上参与课程互动的权重。学生工作队伍要充分发挥科学管理的优势，在易班上开设思想政治教育专栏，充实易班网络教育资源，如马列园地、青马工程、红色基因、党建荟萃等。充分利用易班的优课功能，结合党和国家政策，建立课件群，拟好话题，让学生积极参与讨论，在思想政治教育队伍互动过程中发挥各自优势，并及时解答学生疑惑，发挥润物细无声的教育功效，进而搭建德智体美劳全面培养的教育体系，实现更高水平的人才培养。

① 董玉来，陈艳红，孔维刚，等. 基于“易班”的高校思想政治理论课教学方法创新探微[J]. 思想理论教育，2012(17)：55-59.

第四章 粤易班建设案例

随着易班建设在全国高校中纵深发展，广大高校师生对易班平台的功能、作用、成效、影响有了更为清晰的了解和认识，为了加快全国易班推广、加强易班内涵建设，作者深入调查、访问广东省易班建设成效突出的高校，把易班建设成效显著的广东高校建设经验进行整理，提供给易班建设者参考。

第一节 立德树人，共建共享，构筑网络育人新篇章
——佛山科学技术学院易班建设案例

为适应信息化快速发展给高等学校带来的变化，推进学校高水平理工科大学的建设，根据教育部、国家互联网信息办公室《关于进一步加强高等学校网络建设和管理工作的意见》(教思想政治〔2013〕3 号)文件精神，在教育部易班发展中心和广东省教育厅的指导和支持下，佛山科学技术学院于 2014 年 11 月在广东省内率先启动易班建设工作，秉承“一个中心、两翼发展”的宗旨，按照“分阶段、有步骤、先试点、再推广”的模式，逐步推广应用易班于全校各班级，实现在校学生 100％入驻。经过三年的实践探索，佛科院易班已发展成为学校网络思想政治教育的重要抓手、校园文化与精神传承的重要载体，2015 年 11 月，学校荣获“易班全国共建工作示范单位”称号；2016 年 5 月，“广东高校易班发展中心”落户学校。

一、建立健全制度机制，促进全校联动共建

在学校党委的领导下，学校易班发展中心积极探索建立符合学校实际的易班工作体制机制，形成了学校领导小组、易班发展中心、学生工作站、学院分站、学生班级五个层次的组织架构；构建了学校易班建设与发展领导小组、易班发展中心、易班学生工作站、二级学院易班工作站的四级联动管理机制，建立起了学校、易班发展中心和学生工作站的三级规章制度体系，推出了二级学院易班工作站考核机制，真正落实“易班实现教育的梦想”唯一目标(图 1-4-1)。

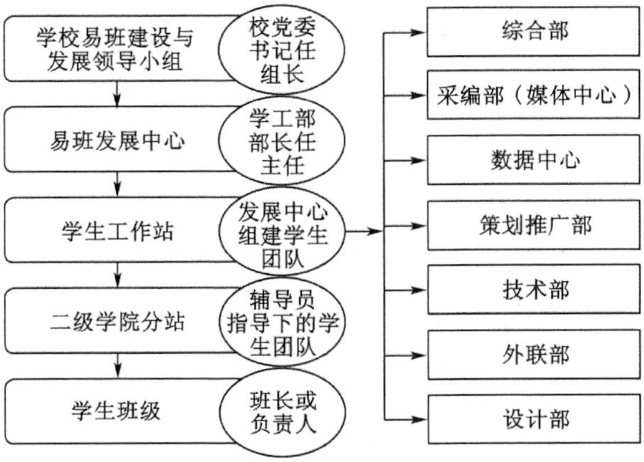

图 1-4-1　佛山科学技术学院易班建设组织架构图

（一）建立建设体制机制，保障易班规范运行

（1）建立学校、中心、工作站三级管理制度。学校自启动易班以来，一直重视管理制度和管理机制建设，构建了学校易班领导小组、易班发展中心、学生工作站三级管理机制，先后制定《佛山科学技术学院易班建设方案》《佛山科学技术学院易班发展中心指导老师聘任及管理制度》《佛山科学技术学院易班学生工作站制度》等制度文件，既制定了关于易班建设发展的指导思想、原则、规划等内容相对宏观的专门制度，也在有关文件中体现了易班推广具体活动的安排和要求等内容的综合性制度，构成了一个层次多样、职责分明的管理体系。

（2）成立易班建设与发展领导小组。学校把易班建设作为学校信息化建设、教育教学、思想政治教育、学生文化娱乐与生活服务的重要载体，建立健全党政领导齐抓共管、分管领导具体负责、支撑队伍紧密配合的领导体制和工作机制。成立了以学校党委书记为组长、党委副书记和副校长为副组长，组织部、宣传部、教务处、学生处、团委、马克思主义学院、计划财务处、保卫处、资产与实验室管理处、信息与教育技术中心、图书馆等相关职能部门处室负责人为成员的领导小组，领导学校的易班建设工作，制定政策和建设的原则与方向，定期召开会议，全面领导易班建设和发展。

（3）建立学校易班发展中心。学校成立了以学工部部长为主任、学工部副部长和团委书记等为副主任的易班发展中心，明确开展易班建设工作，落实学校易班领导小组的决策，与教育部易班发展中心和省教育厅实行工作对接。该机构设在学工部、成员之间，职责明确、分工合作。

（4）建立易班学生工作站。学校设立易班学生工作站，由学校为工作站配备指导教师，在学校易班发展中心指导下，发挥学生建设主体作用。校易班学生工作站下设站长团及综合部、采编部、技术部、数据中心、外联部、设计部、策划推广部等七大职能部门，学生团队共计100人，负责易班工作站的运行维护、舆论引导、信息发布、网站编辑、活动策划、品牌推广、美工设计、信息安全管理等日常工作。

(5) 建立二级学院易班工作分站。在学校易班发展中心指导下，二级学院成立院级易班工作站，根据学院实际，采用与学院已有的新闻工作机构、社团、学生会团委新闻部门合并的方式，或者各学院重新建立易班学生工作分站，在辅导员的指导下负责二级学院的易班推广应用和运行维护、舆论引导、资料上传、活动策划等日常工作。

(二) 着力打造工作团队，注重培训学习交流

(1) 组建团队。学校高度重视易班团队建设，校级易班拥有一支包括工作人员20人的易班发展中心和100人的学生工作站，在学校党委书记和易班工作领导小组的共同领导下开展易班建设工作。

(2) 重视培训、学习、交流。学校重视队伍培训，主要通过参加易班发展中心组织的统一培训与学习、校外的交流学习、校内组织的专题培训等三种途径进行。近三年来，学校组织参加和自主举办各类培训、学习共50场，参加培训超过4 000人次，大大增强了学生团队对易班的认知与认同，提升了工作能力和技术水平。

此外，各二级学院有一名负责院级易班工作的辅导员老师，学工部定期召开会议，对他们进行业务培训；易班学生工作站每周召开例会，总结前期工作、计划下阶段工作等。通过一系列培训，大家对易班的认知和理解日益深刻，团队的技术和运营管理能力日益增强，为易班更好地扎根于学校提供了保障。

(三) 校院两级共同投入，考核激励力促发展

为保障学校易班建设的可持续发展，学校从场地、设备、资金等方面给予全方位、大力度的投入与支持。学校易班工作站目前共有520平方米的办公场地及互动空间，配备办公计算机、触屏一体机、数据监控屏、数码相机、DV摄录机、打印机等一体化办公设备，学校每年投入超过50万元专项易班建设经费。

在推动二级学院易班建设方面，学校制定了《佛山科学技术学院二级学院易班工作站考核激励办法》，由校党委与各二级学院党委签署共建协议，易班活跃指数和共建指数纳入学院年度目标考核，易班专项经费按学生人数比例划分到二级学院，充分调动基层易班建设的主动性与积极性，有效推动全校的共建工作，迅速实现全覆盖。

二、构筑思想政治教育高地，引领学生精神追求

学校充分发挥易班网络思想政治教育的功能，积极培育一批政治立场坚定、师德高尚、学养深厚、熟悉网络新媒体特点、影响力广的网络名师，建设一支由青年教师骨干和学生党员为主体的易班党建工作队伍，利用易班平台，引导青年学生传递网络正能量，抵制网络谣言，营造健康网络空间。

（一）推动思想政治课程进易班，充分发挥教育教学功能

2017年，学校依托马克思主义学院正式启动思想政治公共课程进易班。马克思主义学院计划推动思想政治课老师学习、应用易班优课平台，在优课上实现了《形势与政策》《毛泽东思想与中国特色社会主义理论体系概论》《中国近现代史纲要》等全部思想政治课程的网络在线学习，线上互动情况、考试成绩等纳入课程总评成绩，占比30%～50%，课程覆盖全校三个年级7 600多名学生。2017年11月，学校优课活跃度排名全省第二，6位教师入选全国百强优秀教学客群群主排行榜。

（二）开发学生党建网，整合党建资源进易班

佛山科学技术学院学生党建网于2017年10月11日正式在易班平台上线，是以党的十九大会议精神、习近平总书记重要系列讲话精神和全国高校思想政治工作会议精神为指导的学生党建工作网络展示平台。佛山科学技术学院学生党建网下设党建要闻、成果展示、社区党建、学习园地和下载专区六个栏目，内容涵盖政策宣传、思想政治教育、成果展示、经验分享等多个方面（图1-4-2）。师生通过易班账号登录电脑端或移动端，实现线下实践、线上总结展示的模式，以此充分调动和发挥学校大学生党员的先锋模范作用和学生党支部的战斗堡垒作用。

切实学懂弄通做实十九大精神，党章（新修订）考试进易班。2017年10月底，学校成立“佛山科学技术学院习近平新时代中国特色社会主义思想青年研习社”，挂靠易班学生工作站开展具体工作，指导学生党员学习贯彻十九大报告精神，深入领会习近平新时代中国特色社会主义思想。党的十九大胜利闭幕后，学生工作站以最快的速度将新修订的党章内容变为学习考试题目，利用题库功能，帮助全校师生尽快学懂新修订的党章条例。

（三）结合常规学生工作，全面开展思想政治教育

为提升大学生思想政治教育工作的针对性与时效性，学校充分结合大学生教育及管理现有模块和工作时间节点，在易班上举办线上线下相结合的活动及信息推送、互动，从而实现思想政治教育与易班的全方位融合。三年来，学校易

1-4-2　佛山科学技术学院学生党建网页面

班发展中心坚持每年定时在易班上开展迎新季、毕业季、竞赛季、表彰季、军训、征兵等活动(图 1-4-3)；建立各类机构群，包括副书记、辅导员、学生班级、学院党建、学生会团委、学生社团、心理咨询、就业、助困等互动交流，实现思想教育线上线下对接、互补、交融，提升高校思想教育的有效性、时代性。

图 1-4-3　“我的青春正当红，军训与我共成长”主题活动

三、整合融通部门资源，打造校园综合服务

学校依托易班平台，整合学校各种资源，融合各类社会资源，加强教育教学改革、深化实践育人机制，完善生活服务，方便师生学习、工作和生活，共同打造有益于大学生身心健康、和谐发展的网络新平台。三年来，校易班发展中心融通教务处、武装部、信息中心、宿舍管理中心、后勤服务处等多个校内职能部门，结合在校师生的刚性需求，自主开发基于易班平台的应用集群和应用接入平台“佛大易＋”。“佛大易＋”服务应用包含水电查询、宿舍报修、易找回、“哈·佛大”查成绩、新生易知、军服报码、宿舍查询、VR 校园等应用，累计访问量超过 75 746 人次，单个应用的访问量高达 3.18 万人次（图 1-4-4）。“佛大易＋”让师生在易班平台上实现一键登录，为校园学习生活无纸化、信息化提供便利，同时带动易班平台的活跃度与黏度。

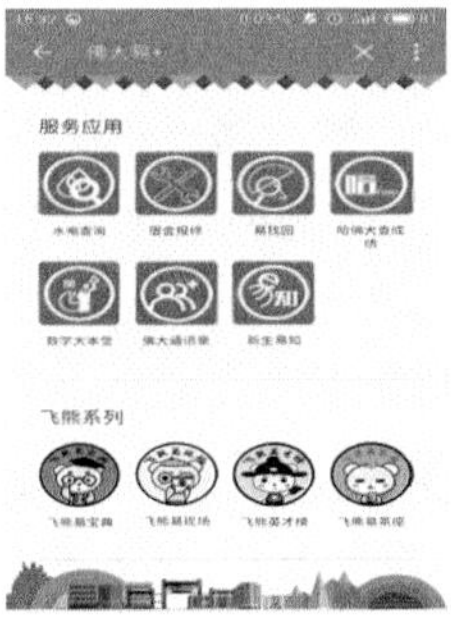

“佛大易＋”界面

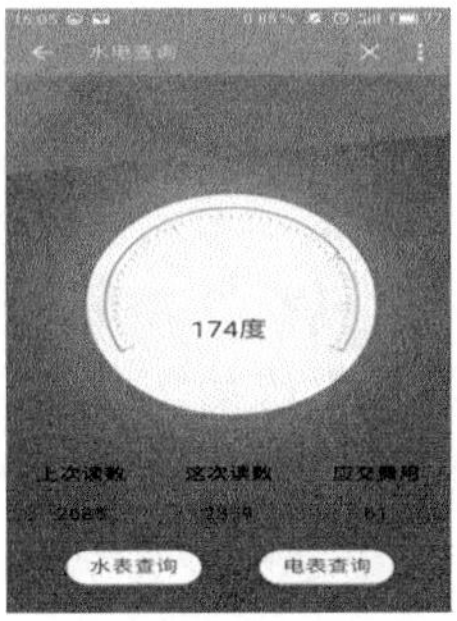

“水电查询”界面

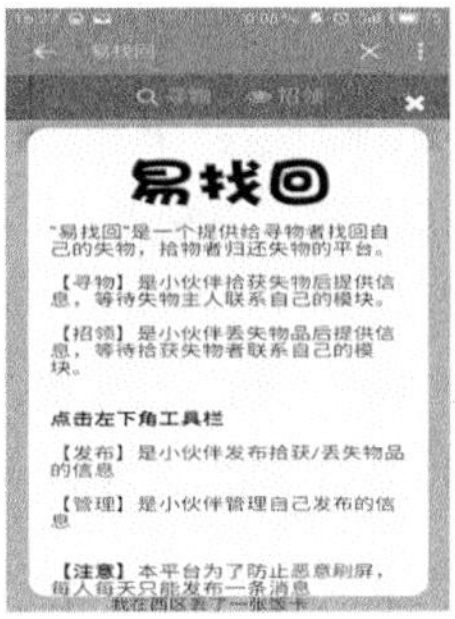

“易找回”界面

图 1-4-4　“佛大易＋”平台

四、契合青年学子需求，促进校园文化建设

学校易班建设紧密结合人才培养、学生工作、传统文化、时事热点等，在易班上着力开展喜闻乐见的健康、高雅、主流的校园文化活动，打造清朗网络空间，提升学生网络素养，培养高素质“数字公民”。先后举办名师专家主讲的“易享卓越大讲堂”、“每月一主题”系列主题活动和“清朗网络·易路有你——易班网络文化节”、“我的青春正当红，军训与我共成长”、“喜迎十九大，共筑中国梦”等主题活动；打造时事热点讨论栏目《飞熊易茶座》、朋辈榜样教育栏目《飞熊英才榜》等。仅 2017 年共吸引 115 582 人次参与线上线下的活动或话题互动，对在校大学生的学业教育、情感教育、集体教育、网络教育、校情教育等产生了正面积极的引导和熏陶作用（图 1-4-5）。

图 1-4-5 2017 年佛山科学技术学院易班网络文化节

五、积极开展理论研究，深化易班内涵建设

理论是行动的先导。佛山科学技术学院一开始易班建设即重视相关的理论研究，以期运用理论指引实践，保障易班工作的高度和品质。围绕网络化背景下的学生教育管理与服务，学校已申报获得了 2014 年教育部人文社科项目（思想政治教育专项）1 项："大学生微博（微信）谣言传播与治理的实证研究——以广东省为例"；2015 年广东省教育厅德育创新项目 1 项："大学生思想政治教育在网络互动中的创新——以易班为实践平台"；2016 年广东省德育专项资金项目 1 项："指导高校网络思想政治教育联盟 E 班建设"；2017 年度教育部人文社会科学研究项目（思想政治专项）1 项："自媒体视域下大学生道德话语理性重构研究"；2017 年广东省教育发展专项基金项目 2 项："高校网络文化建设"和"高校易班联盟及通用性'易班'轻应用建设"。另外，在学校"校级学生工作研究课题立项通知"中确立了"互联网＋"的研究主题，鼓励在校学工人员开展网络思想政治教育研究，辅导员发表专门的易班研究论文，积极推动网络文化的理论研究与建设工作。

学校易班发展中心主任的《基于广东高校大学生微博（微信）谣言传播与治理的调研报告》获 2015 年全国学校共青团优秀研究成果一等奖，易班指导老师的论文《大学生"微"谣言传播模式及其理性解构》获 2015 年度全国高校辅导员工作优秀论文评选一等奖。

六、担负区域中心重任，推动南粤易班起航

近两年，在广东省教育厅思想政治处领导和大力支持下，佛山科学技术学院先后承办了首届广东高校网络媒体展示节暨广东高校易班建设试点工作、全国易班共建高校学生工作部长交流会、广东高校易班建设试点工作总结推广活动。通过大型活动，在省内高校中宣传、推广易班，取得良好效果。

首届广东高校网络媒体展示节以“唱响网络主旋律，传递青春正能量”为主题，培育、展示了一批广东省高校优秀原创网络文化作品。围绕加强高校网络思想政治教育等内容，来自广东省140多所高校领导聚首佛科院，直面革新挑战，探索网络思想政治教育新途径。活动得到《南方日报》《珠江时报》《佛山日报》等多家官方媒体关注、报道，在全省引起较大反响，有效宣传了易班，快速提升了易班在社会上的影响力。

为加快易班在全省高校的推广普及，学校面向全省易班共建试点高校举办了四期“广东省易班建设骨干培训班”，共计52所高校、330多人参加了培训（图1-4-6）。培训内容涵盖易班发展、建设理念、具体做法、上机操作等方面。建立全省指导老师、易班干部的Q群、微信群，全天候为试点高校提供服务和技术支持。近两年，共接待39所高校及单位554人次的来访、交流、学习。通过积极的推广、宣传、培训，有力推进了广东易班覆盖工作的速度与成效。

图1-4-6　广东省易班试点高校骨干培训班学员合照

三年来，学校积极落实“以生为本，立德树人”的根本任务，充分利用易班平台，夯实基础，积极整合校内资源，加快特色项目建设，着重加强内容生产能力，构建“网络道德、网络文明、网络舆情、网络思想政治”四位一体的高校党建和思想政治教育综合平台。目前，在校师生对易班的黏合度与认可度大幅提升，逐步实现大学生思想政治教育的自我教育、朋辈教育、学校教育和社会教育的整合与协同，网络意识形态的管控能力明显增强，网络思想政治教育有效性显著提高。未来，学校将坚定“一个中心，两翼发展”的核心理念，实现共融互通，打造易班—校园综合体，深化思想内涵引领，在新的征程上，不辱使命，开创新局。

第二节 统筹推进，协同创新，打造大德育服务平台
——华南农业大学易班建设案例

《中共中央国务院关于进一步加强和改进大学生思想政治教育的意见》中明确指出，要“主动占领网络思想政治教育新阵地”，并“要使网络成为弘扬主旋律、开展思想政治教育的重要手段”。习近平总书记强调，网络空间是亿万民众共同的精神家园，要依法加强网络空间治理，为广大网民特别是青少年营造风清气正的网络空间。华南农业大学是一所百年老校，也是广东省高水平大学重点建设高校，始终将“立德树人”作为教育的根本任务。面对新形势下学生思想政治教育工作出现的新问题、新要求和新挑战，学校以党中央提出的治国理政的新理念、新思想、新战略来武装自己的头脑，坚决贯彻《广东省教育厅关于分批推广高校“易班”建设的通知》要求，积极探索新时期的网络思想政治教育工作，以理论创新、机制创新、内容创新、管理创新来不断探索和完善学校“易班”平台建设。

一、理论创新，丰富易班德育工作内涵

基于学校大理念、大平台、大格局的顶层设计，学校以培养高素质创新人才为出发点，经过不断总结、发展、提升，形成了以“一二三七”为特色的大德育育人工作体系，即“一个工作理念和格局；二项育人工程：‘思想引领工程’和‘创新创业工程’；三个育人平台：社区、网络和队伍；七个育人品牌：模范引领计划、紫荆校园文化、阳光心理、学业导航、校企合作、资助育人和创 · 就未来”。

为主动适应新媒体时代带来的变化，加强学生的德育工作，创新网络思想政治工作，将促进学生的成人与成才结合起来，学校又在不断地探索和创新中构建了以“五四三”为特色的网络育人系统，即“五级联动、四个融入、三支队伍”，它是学校大德育体系的一个重要分支和平台，也是育人理论体系的一个创新。

二、机制创新，构建易班五级联动组织机制

在试点建设之初，学校就将易班平台建设放在思想政治教育和信息化建设的高度进行全局设计。学校专门成立了易班工作领导小组，由校党委书记担任组长，分管校领导担任副组长，宣传、学工、财务、教务、后勤、资产等相关部门负责人作为领导小组成员；在组织架构上领导小组下设易班发展中心，办公室挂靠在学生工作部，设立专人专岗，负责组织实施学校易班建设具体工作，发展中

心指导校级易班学生工作站开展工作、学校工作站帮助学院易班团队建设及开展工作，整体上形成了一个从上至下的五级联动易班运行机制。同时组建了一批近 1 000 人的易班团队，由易班建设专家组、辅导员、易班学生骨干队伍和网络评论员组成，传递正能量，让党的声音成为网络世界最强音(图 1-4-7)。

图 1-4-7　德育工作与华南农业大学易班对接

为了完善体制机制建设，明确工作职责，发挥部门之间协同创新的合力，在华南农业大学领导的大力支持下，专门出台了《华南农业大学实施易班共建计划工作方案》，明确了围绕“立德树人”的根本任务，要求该校各相关部门、各学院充分利用易班的网络直通功能和平台互动特点，搭建“互联网＋”背景下的网络育人机制。为了整合校内新媒体资源，形成育人合力，学校也组建了新媒体联盟，对校内近百个新媒体平台统筹管理。

三、内容创新，通过“四个融入”丰富易班平台内容

学校为将易班建设纳入“大德育”体系构建中，更好地发挥易班在思想育人、管理育人、服务育人中的显性功能，学校逐步探索出以易班网、手机特色应用开发、微信平台为主体的“三网一体化”的易班内涵建设，并将其融入学生社区管理、融入学生生活、融入校园文化建设、融入创新创业中来。

(一) 融入校园文化

培育和践行社会主义核心价值观是思想政治教育的核心落脚点，为凸显易班在思想育人方面的实效，将学校德育在线、青年之声等思想政治网络平台和易班网页对接，注重加强学生的思想品德教育、习惯养成教育、爱校荣校教育、

传统文化教育。开展线上线下相结合的校园文化活动，让思想引领融入网络文化建设中。通过在易班平台开展模范引领工程、礼敬中华传统文化系列活动、“树理想、重品行、守纪律”主题活动等，用积极向上的思想引领人，用鲜活的典型人物感召人，让大学生懂得模范人物身上蕴含的精神就是社会主义核心价值观的生动体现(图 1-4-8)。

图 1-4-8　密切联系学生工作，做好思想引领

（二）融入社区管理

为发挥易班在管理育人中的作用，学校一方面将学生公寓管理系统、水电缴费系统、宿舍报修服务、学业互助预约系统、心理健康系统、勤工助学、奖助学系统、志愿服务和易班后台打通，完善学校线上社区化管理的功能性建设。另一方面，在社区舆情监管方面，由于学生和辅导员均以网友身份活跃在易班上，学生在易班产生了大量的行为数据，辅导员在与学生沟通的日常点滴中就能够及时有效地掌握学生思想动态，有效改善了过去舆情监控滞后处理的局面，早发现、早处理，学校掌握了舆情处理主动权，维护了校园稳定。

（三）融入学生生活

为凸显易班在服务育人中的作用，学校自主开发了课室查询、成绩查询、校巴查询、新生查询系统、易师易友等服务系统，如学校 2016、2017 级全体新生未入校前就可以登录易班查询到自己的专业、班级、同学、宿舍信息、缴费信息等，新生可以自动加入基于易班平台的虚拟班级，提前与班级同学、助班、辅导员进行沟通交流，实现“未入校、先入班”。同时也研发了注册报到系统，用于新老生的报到注册工作，学生只用“嘀”一下身份证就能一步完成报到注册手续，不仅能有效加强新生入学资格审核，还提升了学生日常管理的效率。2017 年迎新期间，该工作获得了《南方都市报》《新快报》《信息时报》等多家媒体宣传报道。

（四）融入创新创业

为将易班更好地与学校创新创业工作结合，建设易班创新创业协同育人信息平台，助力学校链条式、递升式、立体式的创业教育体系建设，学校坚持以“思想引领创业”的理念，在易班平台上做好学生的思想教育，引导学生将坚定的信念、远大的理想内化为清晰的目标、踏实的工作和创新的动力，并以创新创业工作为载体，塑造学生独立的精神和自由的人格，做好大学生创新创业核心价值观培育。与此同时，学校还在平台上开展课外科技创新大赛成果展示；宣传学校创业孵化基地、创客空间；设立创业政策、创业项目、创业指导、创业竞赛、创业实例、创业基金、创业联盟等内容。以思想政治教育引领创新创业，以创新创业工作促进思想教育，多维合力，提升学校学生创新创业的能力（图 1-4-9）。

在易班平台上以创新创业工作为载体，塑造学生独立的精神和自由的人格，做好大学生创新创业核心价值观培育。

图 1-4-9　勤工助学、创新创业等学生管理系统与华农易班对接

四、管理创新，强化易班建设的三支网络工作队伍

华南农业大学在共建易班过程中，培养了一支传播“正能量”和“好声音”的“网络管理和服务队伍”、“网络教育引领队伍”和“学生网络建设队伍”。

（一）网络管理和服务队伍

网络管理和服务队伍由学校的易班发展中心和易班工作站的团队组成。他们负责开发和完善易班各项功能；保障易班网络安全和信息安全；负责易班网站、网页的建设和维护;为易班各种教育资源的建设和管理工作提供技术支持。他们一方面负责网络信息的管理与过滤工作,规范网络行为,为网络健康发展提供技术保证;另一方面,负责收集网络信息,进行分析和管理,及时了解学生的思想动态,采取有效措施解决问题,发布正确的引导信息,保证学生的健康成长。

(二)网络教育引领队伍

网络教育队伍由专、兼职辅导员组成,他们围绕网络教育这一基本职责开展工作,是开展网络思想政治教育工作最为重要的力量。易班网络教育队伍的基本职责是用先进文化与正面思想教育和引导广大学生,提升学生的道德水平,引导学生有效利用网络资源。

(三)学生网络建设队伍

学生网络建设队伍的主要职责在于:主动参与易班网络文化建设的各项活动,根据自身特点,积极主动地将自己对网络的兴趣和理论学习有效结合,将对网络信息的选取和树立理想信念相结合,将网上交往和塑造完善现代公民人格相结合,自觉地带动和影响更多的学生,弘扬社会主义核心价值体系。大学生网络自我教育队伍由学生干部、学生党员和入党积极分子、理论学习骨干以及在学术科技、文化体育等方面表现突出的优秀学生组成,他们在网络或现实生活中表现活跃,具有影响力和号召力。作为大学生群体的一部分,他们熟悉学生生活特点、了解学生需求、掌握学生语言,他们的天然优势和自觉的行动决定了他们是开展网络思想政治教育的有生力量。

这三支队伍共同构成了多样化的网络思想政治队伍,形成了多种形式、多种层次相结合的网络思想政治教育格局,他们的工作并不局限于网上,而是从实际教育工作中来,辐射到网络教育中去;从网络思想政治教育工作中来,又反馈到现实教育工作中去。

五、工作成效——达到三个提升

(一)提升了工作覆盖面

目前,学校易班实名认证用户近 3.95 万人,学生注册使用比例高达 90%,学校机构号下属有 29 个机构群、42 个公众号、1 557 个公共群,学校 19 个学院分别建立学院易班工作站。在全国易班共建高校 2017 年度校方共建指数、活跃指数排行中,学校易班共建指数累计 4 次进入全国高校排名前 50,最高排名全国第四;活跃指数更是连续 8 个月排名全国高校前 50,最高排名全国第九。在 2016 年新生入学教育中,学校在易班平台上的探索获《南方都市报》《新快报》《信息时报》等多家媒体宣传报道。

（二）提升了学工队伍专业化水平

推动学工队伍围绕新媒体时代下大学生思想政治教育建设，构建网络德育体系，促进探索和研究。在易班平台构建《易师易友》专栏，实现老师与学生的近距离交流。另外，还成立网络思想政治教育名辅导员工作室，进行新媒体时代下学生德育工作系统构建与完善的专项研究，促进学工队伍的专业化、专家化建设（图 1-4-10）。

图 1-4-10 打造《易师易友》栏目，促进学工队伍专业化建设

（三）提升了校园文化内涵

学校在实践工作中不断根据需要，拓展易班平台的思想教育、教育教学、文化娱乐、生活服务等四方面的管理服务内容，通过阶段性的特色活动充实内容，扩大易班吸引力，增强网络凝聚力。比如“易班好声音”歌手大赛，易班“爱校荣校知识”竞赛，双十一小易为你买单，“易”书一分享 21 天读书，紫荆华农诗词大会，模范引领计划，校园新雷锋征集活动，军训最美瞬间摄影大赛，易班 Logo

设计大赛，喜迎十九大专题等活动，使线上线下相得益彰，增强了教育功能，也扩大了易班吸引力(图 1-4-11)。

易班作为新媒体时代下思想政治教育的新型平台和新媒介，是传统课堂教育的有力补充。然而，易班也并非十全十美，学校只有坚持在实践中学习，在理论中反思，不断总结经验，顺应新媒体发展趋势，充分发挥好易班作为组织动员、宣传教育、教育教学、活动开展、交流平台的作用，才能更好地契合思想政治教育立德树人的目标，从而真正将易班打造成为能够提升网络思想政治教育实效性的线上生活社区。

图 1-4-11　基于易班平台的各种校园文化活动

第三节　夯实基础，努力探索，建设特色易班平台

——广东财经大学易班建设案例

移动互联网在不知不觉中改变着大学生的思想和行为方式，传统“灌输式”“说教式”的思想政治教育模式出现集体失语和功能“障碍”的困境。如何扬长避短地利用新媒体开展网络思想政治教育成为重要挑战。

2016 年 5 月，广东财经大学经过多次调查研究、走访学习，向广东省教育厅提出申请并获得批复，与华南农业大学等六所高校成为广东高校易班首批试点建设高校。广东省高校将分三批，全部进驻易班推广计划。作为试点高校，经过一年多来的探索，学校易班建设初见雏形。

一、工作目标与思路

按照广东省教育厅推广建设易班的指导思想，坚持服务集聚和网络育人、共建共享和应用创新、文化引领和思想政治教育、统筹规划和特色建设相结合的四项原则，通过易班平台建好互联网环境下大学生思想政治教育平台，整体提升师生网络素养，繁荣校园网络文化，深入拓展网络育人功能和切实保障网络安全。

通过易班平台整合学校教育科研资源，形成多层教育联动，实现思想政治教育立体化引领；通过易班平台集结学校管理服务渠道，使校园服务更加方便快捷；通过易班平台集中共享学校课程教学精彩视频、课件等优质学习资料，成为师生学习交流的宝库；通过易班平台创新校园文化活动，传播正能量，成为青年学生自我展示的舞台。

二、工作措施

学校针对网络时代学生思想行为新特点和新变化，发挥互联网思维，推动学生工作与易班网络深度融合，健全机构，加强软硬件，围绕思想引领、学生事务、校园文化和教育教学的四个功能模块，建立健全各项长效机制，建设具有学校异地办学和切合学校实际需求的广东财经大学特色易班。

（一）学校重视，健全机构，为易班建设提供保障

(1) 加强顶层设计与指导。该校成为易班推广建设试点高校后，第一时间成立了由校党委书记、校长担任组长，分管宣传、学生和教学的校领导担任副组长，学工部(处)团委、宣传部、教务处、网络信息中心等职能部门负责人为组员的专项工作领导小组，有序统筹部署各项工作开展(图 1-4-12)。

领导小组从顶层规划设计，建成由学工部(处)长任主任、学工部(处)团委其他班子成员任副主任、各二级学院学生工作负责人为成员的学校易班发展中心，具体负责校内易班建设工作的总体规划、设计和部署，并组织实施(图 1-4-13)。

(2) 建设立体易班学生团队。学校根据学校“2＋2”异地办学特点，在三水校区建设易班学生工作站。每个教学院系设立易班工作分站，为易班学生工作

图 1-4-12 学校领导专题调研易班建设

图 1-4-13 学校领导指导易班建设工作

站配备专职指导教师 16 人。目前，校易班学生工作站共有学生干部 50 余人，各学院易班工作分站学生干部 200 余人。学该校根据易班建设需要，在各行政班级设立专兼结合的易班委员，专门负责班级易班事务。学校定期开展各类培训活动，加强学生干部队伍建设，逐步建成一支政治素质高、业务熟练、富有团队意识和进取意识的学生干部队伍(图 1-4-14)。

(3) 加强长效制度保障。学校在征询各方面的基础上，形成了“广东财经大学易班建设方案”，明确学校易班建设的要求、目标、任务、措施、领导体制、推进进度等问题，并针对具体工作的开展形成了一系列的规章制度。

图 1-4-14 邀请广东高校易班发展中心领导做易班专题辅导报告

（二）凝聚共识，部门协同，创造易班良好发展环境

(1) 建设实体易班中心，投入经常性经费，为易班建设打下坚实的硬件建设。学校在三水校区厚德楼建设学生工作站，并于 2016 年 12 月建成投入使用。学生工作站配备了办公室、开发式和体验中心 3 间共 110 平方米的工作及活动场地。工作站购买电脑、打印机、复印机等办公设备，打造具有现代传媒气息的硬件平台。此外，学校设立经常项目，每年划拨十万元作为易班建设专项经费，支持易班开展工作(图 1-4-15)。

图 1-4-15 广东财经大学易班工作站建成并投入使用

(2) 实现单点登录,开发轻应用,建设多渠道易班宣传矩阵。① 易班与信息门户实现单点登录(图 1-4-16)。易班与校内信息门户及各管理系统有机融合,很好地实现了易班与校内系统的接驳。学校是全国五所实施单点登录的高校之一。② 自主开发易班轻应用。通过自主设计或依托易班快搭,完成了“早起鸟”、离返校统计、校运会加油、微直播、迎新大屏幕等 86 个易班轻应用研发上线。③ 建设“广财大易班”微信公众号。作为易班平台建设和推广的辅助手段,自主创建了“广财大易班”微信公众号,实现了对易班平台内容的自动抓取和分享互动。

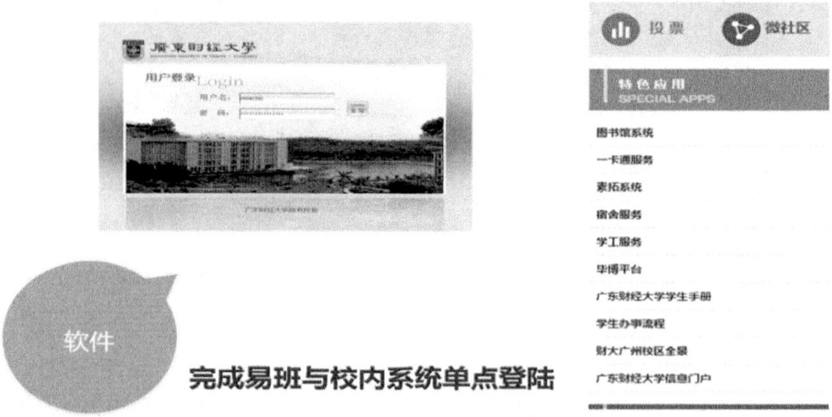

图 1-4-16　易班与校内各管理系统实现单点登录

(三) 打造特色,使易班成为学生发展与服务的有效载体和渠道

1. 易班+思想教育:内容聚合,打造网络思想政治教育新矩阵

(1) 整合内容,扩大信息内容量,满足大学生对校园文化的需求。一方面,加强自身建设,输出优质内容。坚持“内容为王”的宗旨,定期召开选题策划会,根据社会、校园热点,加强内容创造,产生出一些传播力强、学生喜闻乐见、带有温度的精品。另一方面,通过建设“清博”指数校园微信监测数据库,每天集中汇总校内各组织微信公众号的内容,精心筛选精品,通过编辑转发到易班微社区和易班“大杂烩”频道,使易班成为校园高质量内容的聚集器,有效扩大内容信息量,满足学生对校园消息和精品内容的迫切需求。

(2) 拓宽信息内容传播的渠道,提高信息内容传播的广泛度。学校组建了易班机构号及各学院公共号,以图文并茂的形式发布学校学院通知、组织主题教育活动、报道学院师生典型,学生只要关注公共号,学院的各类信息就可以及时准确地送达学生手机、班集体建设的公共群,实现信息传播全面覆盖。

(3) 加强引导,实现信息传播的共鸣度。通过易班平台线上线下的交流互动,可以看到学校的各类公告、通知、信息;可以和自己的老师、同学进行互动交流,上传照片,撰写博客,发布微博,参与各种校园活动;用学生喜欢的方式传递正能量,传播社会主义核心价值观,掌握网络平台的话语主导权。

2. 易班十学生事务:信息系统整合,探索网络学生事务处理平台建设

(1) 整合系统开发应用,逐步实现学生事务网络办理。学校数字化校园与易班实现单点登录,学生通过登录,共同登录易班和学校信息门户,可以通过易班无障碍访问迎新、宿舍管理、一卡通查询等校内开发的系统,从而提高用户黏合度及活跃度。开发多个轻应用快搭,方便学生处理日常事务。

(2) 建立信息内容处理机制,及时疏导学生诉求。通过易班微社区和轻应用"易班传声筒",学校在第一时间了解大学生的诉求,大学生反映的问题及时处理并通过易班进行信息反馈,做到重大活动集体推广,重要问题集体发声,主动参与网上意识形态斗争,发出正确声音引领校园舆论。

3. 易班十校园文化:线上线下相结合,积极引领校园文化建设

(1) 结合校园热点,开展丰富多彩的校园文化活动。学校易班根据校园不同的时间,利用易班网络平台,有针对性地开展线上线下活动,深受学生欢迎。如在新生季,开展落地迎新、西瓜大作战、我的军训我的班等活动;校运会期间举办线上加油系列活动;表彰大会期间开展易班网络视频直播活动;开展各类评选、读书征文等活动,丰富学生的课余生活(图 1-4-17)。

图 1-4-17 依托易班开展校园文化活动

(2) 易班“早起鸟”,助力“五早一晚”学风建设。学校易班结合学校“五早一晚”学风建设方案,开展“早起鸟”21 天养成计划。“早起鸟”围绕易班轻应用快搭中的“报名”模块展开相关设计。通过报名活动的精心设置,达到引起学生参与兴趣、强化学校和易班认同、价值观教育和习惯养成等目的。目前,“早起鸟”活动已经开展到第五季,活动覆盖面广、活动参与度高、学生反馈热烈,活动成效显著(图 1-4-18)。

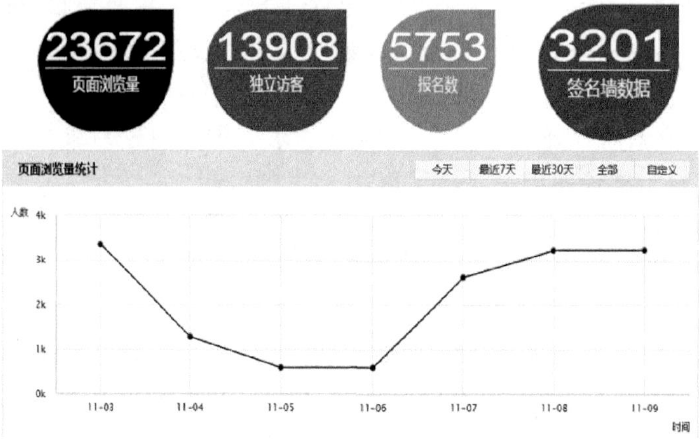

图 1-4-18 “早起鸟”活动深受学生欢迎

(3) 搭建平台、创设条件,利用易班推动网络文化建设。作为七所首批试点建设高校之一,学校积极参与广东省高校网络校园文化建设,于 2016 年、2017 年分别承办全省网络媒体展示节和网络文化展示节。为优秀的网络文化作品搭建平台,积极作为,繁荣省高校网络文化。在学校学生科研立项“双百工程”中设立易班专项,加快易班校本化。

4. 易班+教育教学:建设新生入学教育和入馆教育网络课程,深受学生喜爱

学校积极利用易班优课平台开展学生教育工作,开发了新生入学教育和入馆教育课程,深受学生喜爱(图 1-4-19)。学校在原有新生入学教育模式的基础上,探索易班及易班优课嵌入新生入学教育模式,逐步形成了“网络先行、面授主导、后期巩固”的入学教育课程体系。学校在易班组织了新生入学考试,考试在易班题库上进行。考试内容主要涉及校史校情、学籍管理、综合管理、奖学助学、学习服务及生活服务等方面。

图 1-4-19 易班优课“新生入学教育”课程前置

三、工作成效

学校围绕易班网络平台，真抓实干，成效明显，使易班形象深入学生。广大学生参与易班建设，表现出广泛的认同感和参与热情。

(1) 学校 2016 级、2017 级、2018 级新生全部进驻易班，学校注册用户数 21 000余人，实名认证率超过 90%。

(2) “广东财经大学新生入学教育易班优课课程”学习人数 5 100 余人，日最高访问量 5 300 多人。每年新生均参加入学教育考试，合格率达 95%以上。该课程入选全国“易班优课”高校迎新典型案例。2017 年，学校易班优课活跃度位居全国第四十名，全省第四名。

(3) 学校易班积极参与网络校园文化产出，学校网络校园文化作品在全省高校比赛中收获颇丰。在两届全省高校网络媒体展示节中，学校选送的作品共获 24 个奖项，其中，一等奖 8 项、二等奖 5 项、三等奖 11 项。

第四节 易路同行，多维推进，优化网络育人功能
——仲恺农业工程学院易班建设案例

仲恺农业工程学院自纳入广东省“易班”推广与建设第一批高校试点单位以来，经过不断的实践和探索，易班建设形成了依托易班工作站的学生自媒体整合、依托项目的易班功能技术开发和依托易班特色活动的校园新传媒三方面合力推动网络思想政治教育创新的局面。在学校领导的大力支持下，易班发展中心始终坚持以提供优质网络服务和资源为导向，以探索教育教学新模式和新内涵为基点，以提升网络育人功能和效果为根本，积极努力利用易班开创信息

时代育人工作新局面，为实现让易班成为全校师生最信赖、最喜爱的网络思想政治教育平台的建设目标而不懈努力。

一、易班建设基本情况

2016 年 5 月，仲恺农业工程学院正式纳入广东省“易班”推广与建设第一批高校试点单位。学校领导高度重视易班建设工作，认真贯彻落实中共中央《关于进一步加强和改进新形势下高校宣传思想工作的意见》（中办发〔2014〕59 号）、《教育部 国家互联网信息办公室关于进一步加强高等学校网络建设和管理工作的意见》（教思想政治〔2013〕3 号）等文件精神，并按照《广东省教育厅关于分批推广高校“易班”建设工作的通知》（粤教思函〔2016〕33 号）的要求，在各个方面给予易班建设大力支持。分管校领导多次主持召开易班建设工作会议，统筹协调校内易班建设的各项工作。同时，在制度和组织上把易班工作抓紧抓实，印发了《关于推进学校易班建设工作的通知》（仲党字〔2016〕17 号），成立了易班建设工作领导小组，组建了专门负责易班管理运行的易班发展中心和易班学生工作站等机构。另外，学校还设立专项经费，用于保障易班各项工作的顺利开展。

截至 2018 年 10 月，学校易班好友从个位数壮大到 27 828 人，已通过校方认证师生注册用户达 95%。学校易班下属机构群 39 个，公共号 55 个，建设公共群 657 个，班级公共群 596 个，微社区话题数量 567 条，全国头条 28 条。在 2017 年 10 月的统计全国高校共建指数统计结果中，学校进入前 20 强，位列全国共建高校第 14 位。

二、易班建设经验与成绩

（一）加大保障力度，积极推进易班建设

2016 年 6 月，学校印发了《关于推进学校易班建设工作的通知》（仲党字〔2016〕17 号），把易班建设列入学校重要议事日程，成立了易班建设工作领导小组和易班发展中心，易班发展中心挂靠学生工作部（处）。同时，积极召开易班建设工作推进会，为学校易班建设工作的顺利开展奠定了良好的基础。

1. 加强组织领导

学校领导高度重视，在易班的组织架构上给予充分保障。专门成立学校易班建设工作领导小组，负责指导易班建设工作。学校党委书记亲自抓，担任领导小组组长，分管学工、教务和信息化部门的校领导任副组长，宣传、学工、教

务、财务、信息、团委、后勤等核心职能负责人为领导小组成员，认真部署落实易班各项建设任务。

领导小组办公室设在学生工作部（处），学生工作部（处）部（处）长兼任办公室主任。办公室主要负责对接广东高校易班发展中心，牵头加强与上级主管部门的沟通联系，协调推进学校易班建设过程中有关工作。建立易班发展中心，挂靠学生工作部（处），特别聘任 11 名易班指导老师开展工作。同时，成立学校易班学生工作站和二级学院易班分站，发挥学生在易班建设中的积极性和参与性。

2. 加强队伍建设

（1）成立学校易班发展中心

学校易班发展中心作为开展易班建设工作的工作机构，挂靠在学生工作部（处），在学校易班发展领导小组领导下，负责组织协调学校易班发展具体工作。易班发展中心主任由学生工作部（处）部（处）长担任，副主任由学生工作部（处）副部（处）长担任，工作人员由学生工作部（处）人员担任。学校易班发展中心负责学校易班信息安全管理、运行维护管理、易班内容建设和宣传推广策划管理、易班建设调研和需求分析等工作。

（2）建设易班教师队伍

学校要求学工部、宣传部、教务处、团委等职能部门工作人员，以及学校一线专职辅导员、思想政治课和心理健康教育课专任教师必须统一加入学校易班，其他管理职能部门以及专业教师等以自愿加入为原则。同时，学校定期组织易班相关业务培训，并通过评优奖励、培训研修、资质认定等措施，逐步打造了一支业务能力强、技术过硬、负有责任心的易班教师骨干队伍，整体提升了教师开展网络思想政治教育和管理服务的水平。

（3）组建学校易班学生工作站

在学校易班发展中心领导下，学校易班学生工作站负责易班的建设、维护、策划、推广、管理等日常工作，充分发挥学生建设主体作用。学校易班学生工作站作为校一级学生组织，每年面向全校本科生、研究生公开择优招聘学生干部。2016 年，学校易班学生工作站获得参评全国易班十佳学生工作站评选资格。

（4）设立二级学院易班分站

在二级学院易班分站设置的考虑上，该校一直坚持二级学院易班分站与校易班发展中心及学校易班学生工作站在工作职能上要有效对接，同时鼓励学生利用易班开展各种校园文化和创新实践活动。

3. 加大经费投入

按照教育厅文件部署，学校落实校内配套设施，加大安排易班建设和发展经费投入，以满足学校易班平台下应用软件开发、日常运行、队伍培训以及网上网下活动费用。

4. 完善工作制度

把易班建设纳入学校重点建设工作，纳入党的建设和大学生思想政治教育、平安校园建设、文明单位创建、教育教学评估、校园文化建设、二级学院学生工作考核、辅导员考核等指标体系，同规划、同推进、同督查，扎实做好易班建设工作。

（二）注重课程建设，创新学生思想政治教育

利用易班优课平台开展思想政治课的教学，改变传统考试平时成绩占30％、考试成绩占70％的模式，将利用易班考试修改为平时成绩占70％、考试成绩占30％，平时成绩的考核为易班平台上签到、完成课堂作业、进行课堂讨论的情况。在此教学模式下，因为平时成绩占的比例较大，且利用易班平台签到、讨论等功能，学生课堂到课率和抬头率大幅提高，课堂中学生学习的积极性也大为提高，能更加积极主动地提问题、回答问题。

2017 年 11 月，易班教学网络平台统计中，全国共 227 所高校使用过“易班优课”开展在线教学，仲恺农业工程学院优课教学累计活跃度（主要为思想政治理论课群的活跃度）达到 50 万，位居第一位，并在活跃度上高于第二名 20 多万。

易班优课全国百强优秀教学课群群主排行（总计 230 所高校 2 684 位群主老师）前 50 名中，仲恺农业工程学院的群主（均为思想政治理论课群主）占了 21 名。在课群人数超过 100 位学生的课群中，排名前十名的群主，仲恺农业工程学院的群主（均为思想政治理论课群主）占了 7 名。

同时，学校还积极利用易班优课，积极探索大学生心理健康教育、职业生涯规划教育等课程开设的新模式。

（三）注重内涵建设，发挥自媒体优势提升活跃度

开展“学习十九大精神”活动，以活动主题形式设计开展线上校园主题教育活动，以学习体会展示、易班知识竞赛、征文活动等形式，体现了学习的热情，掀起了学习的热潮。

（1）开展易班迎新落地活动。通过新生易班签名墙、网薪对换实物、新生征文比赛、大熊探班等活动，迅速吸引了新生的关注。

（2）开展易班十佳网络班级大赛活动。通过班级易班话题讨论、班级线下活动易班展示以及班级主题文化易班展示（主要包括班徽、班歌、班级视频、班级形象大使四个方面）进行班级建设。

（3）开展易班校庆线上活动。2016年是仲恺农业工程学院成立90周年校庆，易班成为校庆相关事宜的一个很好的公布和宣传平台。学校举办了“我为校庆送祝福”标语征集等活动，培养了同学们“爱校荣校”之情。

（4）开展易班5·25心理健康教育嘉年华活动。

（5）开展学生管理制度汇编、网络安全知识等内容学习及线上考试，提升学生的综合素质。

（6）通过品牌示范带动作用，推动二级学院培育易班工作特色品牌。如开展自动化学院党建进易班、化学化工学院易班实验室安全知识竞赛等品牌活动。

（7）通过服务驱动，立足服务学生衣食住行学。引导学校将教务、后勤、学工等资源整合进“易班”，开发“一站式”网上服务，为学生提供便利，提升学校教育教学精细化管理水平。如自主开发学生综合测评系统、仲易Life学生叫水报修系统、学生通讯录等，助力开发易班校本化服务，提升学生事务信息化管理水平。通过校车抢票快搭，为学生提供便捷的车票服务。

（四）注重资源整合，拓展发展空间

整合校园网络媒体，将“易班”与学校官方网站、微信、微博等对接，宣传推送“易班”的特色活动。如紧扣学生学习生活热点，第一时间发布学生动态及校园资讯；引导思想政治课教师、辅导员和学生社团开展网络文化主题活动；开发思想政治课程的网上教学资源，形成动态、交互、友好的学习环境；组建“仲园易视”直播小组，承接学校部分大型活动直播服务；举办党员发展对象培训班易班优课考核，巩固党员发展对象的学习成果。

三、易班建设发展规划和设想

（一）开发易班一站式服务计划

逐步实现与学校教务处、财务处等部门与学生相关功能的信息平台对接；及时发布就业政策、招聘岗位和勤工助学等资讯信息，开发大学生职业生涯指导服务专栏；开设“心理健康平台”，开发心理咨询预约服务，进行学生心理健康教育与心理危机干预的网络化服务。

（二）开展学生活动项目化运作方式

通过“一院一品牌”示范带动，开展“易班”立项，推动每个学院培育一个“易班”工作特色品牌，以项目化形式固化到工作中，形成“一院一品”的“易班”工作品牌矩阵。引导师生通过申报项目或招投标，担任活动项目负责人，激发师生组织、参与学校易班活动的积极性和创造性。

（三）留驻校友资源，使毕业生“离校不离班”

学校通过易班积聚校友资源、形成校友平台，让校友通过易班回忆校园生活、联络感情、组织活动，实现校友与学院的持续互动。

第五节 易起同行，专业引领，打造网络育人平台
——星海音乐学院易班建设案例

为了贯彻中央《关于进一步加强和改进新形势下高校宣传思想工作的意见》精神，落实《教育部国家互联网信息办公室关于进一步加强高等学校网络建设和管理工作的意见》（教思想政治〔2013〕3号）和《“易班”推广行动计划和中国大学生在线引领工程实施方案》（教思想政治厅函〔2014〕42号）部署，广东省教育厅做出分批推广高校“易班”建设的工作安排，星海音乐学院被批准为广东省高校第一批“易班”试点建设单位，并于2016年5月27日与广东省教育厅签署共建协议。

一、加强组织建设，做好建章立制工作

自学校成为广东省“易班”第一批试点建设单位以来，学校领导高度重视该项工作，学校成立易班工作领导小组，并由学校党委书记任领导小组组长，分管宣传、学生工作、教务和网络中心的校领导任领导小组副组长，学生处、团委、宣传部、教务处、财务处、马克思主义学院、网络中心、后勤管理办公室等部门负责人、各院系党总支党支部书记和副书记任领导小组成员。主要负责易班建设工作的整体制度、总体目标建设，落实易班的各项建设任务。统筹、协调学校易班建设各项工作和整合各类资源。成立学校易班发展中心，该中心挂靠在学生工作处，主任由学生工作处处长担任，副主任由团委书记、学生工作处副处长、二级院（系）党总支书记、副书记担任，成员由学生处、团委工作人员、辅导员及相关部门人员组成。主要职责是：在学校易班建设领导小组领导下，负责组织实施学校易班建设具体工作。成立校级学生易班工作站，负责学校易班工作的运行维护、舆论引导、资料上传、网站编辑、活动策划、品牌推广、美工设计、信息安全管理和对二级院系易班工作站的培训指导等工作。学校各二级院系成立院系易班学生工作分站，负责院系易班工作站的运行维护、网站编辑、资料上传等工作。学校形成了一个由学校领导小组、易班发展中心、学生工作站、院系二级分站四个层次的组织架构。学校自启动易班以来，一直重视建章立制工作，学校制定并下发《星海音乐学院易班建设方案》（粤音学院学〔2016〕90号）和《星

海音乐学院易班学生工作站章程》(粤音院学〔2017〕138 号),确立学校易班建设的指导思想、工作原则、建设目标、组织建设、经费投入、实施步骤及保障措施。

二、建设星海特色易班

(一) 多次举办星海特色活动

星海音乐学院作为华南地区唯一一所高等音乐学府,拥有专业音乐设施、专业艺术人才。2017 年学校围绕"星海特色易班"展开了多次音乐主题活动,力求在活动中展现星海风采、体现星海特色,表现出星海音乐学院专业的音乐态度。

1. Summer Date 音乐嘉年华

SummerDate 音乐嘉年华活动于 2017 年 5 月 19 日于星海音乐学院操场举办,引起学校领导强烈关注。此次活动的成功举办给星海易班学生工作站今后的快速成长奠定了稳固的基础。

此次音乐嘉年华共分为三个部分:创意集市区、趣味"浪里个浪"游戏区、音乐狂欢夜。14:30 创意集市区与趣味游戏区准时开摊,创意集市摊主由学校和兄弟院校同学们组成,内容涉及手工 DIY、奇趣小物、民族服饰、手绘馆、美妆护肤品、漫画 DIY、自制皮具等;趣味游戏区为大家准备了数字九宫格、大力出奇迹、套圈圈等精彩游戏。19:00 音乐狂欢夜在星海大操场震撼开场。星海超人气舞团 Black Team、阿卡贝拉乐团、流行乐队,来自广州大学的双 DJ 及广州体育学院的帅气体育生给观众带来了一台超炫的节目,观众们一起互动狂欢,现场高潮迭起,气氛十分热烈,操场上掌声不断,吸引了众多校内外同学参与,活动反响强烈,广受好评。该活动获得广东高校易班建设优秀成果优秀案例一等奖。

2. 承办教育厅"我的中国梦——立志·修身·博学·报国"主题教育系列活动——"激扬青春旋律·唱响校园好声音"歌咏评审类主题教育活动

为深入学习贯彻全国高校思想政治工作会议精神和习近平总书记系列重要讲话精神,加强社会主义核心价值观教育,弘扬中华优秀传统文化,增强学生社会责任感、创新精神、实践能力,为迎接党的十九大胜利召开营造良好氛围,广东省教育厅在全省普通高校大学生中开展"我的中国梦——立志·修身·博学·报国"主题教育系列活动,其中"激扬青春旋律·唱响校园好声音"歌咏评审类主题教育活动由学校承办。

本次活动共有 65 个高校的 491 首作品参加评审。评审过程中,评委组老师认真观看和聆听参赛单位报送的视频和音频作品，以严谨的态度和专业的角度对每一首参赛作品评判打分。此次活动评选出《她她她》等50首作品参加教育部思想政治工作司、中共中央网络安全和信息化委员会办公室网络社会工作局组织的第二届全国大学生网络文化节；评选出学校和广东海洋大学两所学校代表广东省参加华南区区域展示赛。

3. 第三届全国高校"校园好声音"华南赛区区域赛

第三届全国高校"校园好声音"华南区区域赛由教育部思想政治工作司、中共中央网络安全和信息化委员会办公室网络社会工作局主办，易班网、广东省教育厅、星海音乐学院承办。中国音乐家协会流行音乐学会常务副主席、广东省流行音乐协会主席陈小奇，国家一级演员、武汉音乐学院硕士研究生导师陈春苇，国际传统音乐学会会员、中国传统音乐学会会员陈子扬，资深电视节目制作人、青橘音乐联合创始人李淘等4人担任本次比赛的评审专家。

活动启动后，广东省教育厅相关领导多次到星海音乐学院进行指导和协商。星海音乐学院党委书记、院长多次听取组委会办公室的汇报并做指示，党委副书记、纪委书记就此赛事多次召开协调会，部署具体工作。星海易班工作站成员全程参与活动，并在全校范围内招募组织志愿者，保障了比赛的顺利开展。

经过激烈角逐，星海音乐学院和海南大学分别获得华南赛区区域赛总分第一名和第二名，夺得晋级全国总决赛的资格。广东省教育厅思想政治工作与宣传处处长在接受采访时表示：比赛非常成功，星海音乐学院在比赛的各个环节中都非常专业。比赛的原创作品比例很高，大学生通过原创音乐深度参与，展现了青春和梦想。星海音乐学院《龙的传人》表达了中华民族优秀文化的历史传承，令人印象深刻。这样的活动对全省甚至整个华南地区的高校都具有重要的示范意义。该比赛被《光明日报》《经济日报》等近20家媒体关注报道，得到了教育部易班发展中心以及校园好声音组委会的高度认可。

（二）校本化视觉设计：星海易班熊

星海易班熊衍生主体为易班熊，紧贴易班形象，在易班熊的基础上加入具有星海特色的元素，成为名副其实的星海易班熊。

星海易班熊身着指挥家西服，西服内衬则采用星海蓝元素（星海校徽蓝）；星海易班熊手持乐器为星海校徽中里拉琴。在古希腊神话中，众神身边的小天使均喜爱弹拨里拉琴，而里拉琴也正是文艺复兴时期西方音乐的象征。里拉琴的琴弦回荡着天界的和谐，所以该校还将天使形象加入易班熊，活泼可爱，富有浪漫气息，深受学生们的喜爱（图1-4-20）。

在设计易班熊形象时，设计团队十分注重形象的灵动、活泼，且能体现星海气质，所以采用了未描边卡通形象画法，使得形象更为俏皮可爱。易班熊赢得了星海师生以及易班兄弟院校师生的一致好评，该设计获得广东高校易班建设优秀成果优秀文化设计一等奖。

图 1-4-20 星海易班熊

（三）创建优课、服务全国易班师生

星海易班充分利用学校特色资源，邀请学校不同专业教授，录制公开课，创建星海音乐学院演唱技巧课群，上传优课，资源共享，实现音乐课程在线教育，服务全国易班师生。先后制作了星海音乐学院民族唱法技巧课和星海音乐学院流行音乐演唱表演课，为大家讲授民族唱法技巧和流行音乐演唱表演技巧，可以快速提高演唱水平，丰富了易班优课内容。

三、加强各类易班培训、交流，提升易班建设水平

依托学校易班发展中心开展了形式多样的培训，同时易班工作站也加强站内新成员的培训。目前，学校易班工作站的成员 60％来自于 2017 级的新生，学校邀请校外老师和站内有经验的成员对工作站新成员进行团队合作、网络技术、摄影、宣传策划等方面的培训。除了校内培训，易班工作站的学生参加了广东易班中心组织的工作站成员的培训，并通过联谊的形式，与佛山科技学院的易班工作站同学进行交流学习。通过各类培训和交流学习，提升学校易班建设的水平。

2017 年 5 月 19 日下午，暨南大学、华南农业大学、广东科贸职业学院、河源职业技术学院等十余所兄弟院校易班工作站的 100 多名师生来学校交流易班网建设情况。暑期派出学校学生代表参加易班“全国共建高校大学生网络精英夏令营”“2017 易班开发者大会”，学习各共建高校优秀建站办法，分享交流各站活动开展方式，充分积极与各高校学生代表展开互动。11 月 5 日下午，教育部易班发展中心领导来学校指导易班建设工作。同日，广东科贸职业学院、佛山科学技术学院、广东海洋大学等学校近 150 名师生来学校参观交流易班网

建设情况，并现场观看“校园好声音”华南赛区区域赛。

四、紧跟学校步伐，开展系列原创推文创作

易班的建设一是有利于提升治理学校的能力；二是缩短学生管理、社区管理与学生的距离；三是有利于学生网络舆情的掌握与控制及危机处理；四是易班拟建为党建、思想政治教育宣传的重要基地，有利于宣传正能量；五是为教育教学、服务管理、文化娱乐提供综合高效的服务。就此，易班学生工作站开展了一系列的原创网文创作，以此方便星海学子的生活。

五、服务师生学习生活，丰富 APP

为了方便服务星海音乐学院学生学习、生活，易班通过实地考察，了解广大学生的需求，集中了学校后勤、教务、图书馆、音乐厅等部门的相关业务，丰富易班 APP，先后开发了星海易打印、星海找本书、易报修、成绩查询、星海易下载、星海票务等功能，实现了更快捷、更方便、全方位地为师生服务。

六、强力打造易班学生团队

易班作为一个为学生成长成才服务的网络思想政治教育平台，在易班建设中打造一支强有力的学生团队非常重要。目前，学校易班工作站拥有一支 67 人的学生队伍，是一支朝气蓬勃的学生团队。虽然易班成员多由 2017 级新生组成，但他们以迅猛的速度成长、汲取知识养分，思维活跃、热爱易班，用极大的热情建设星海易班文化，已具有校级易班平台、易班微信平台的运营、维护能力，以及对二级院系、班级易班平台建设的培训指导。

学校易班学生工作站设立站长 1 名、副站长 3 名(大学城校区设 2 名、沙河校区设 1 名)。学校易班学生工作站设两组五部，第一运营组包含采编部、技术部、策划部，第二联系组包含秘书部和外联部。工作站副站长分管运营组、联系组，每个部门设部长 1 名、副部长 2 名。每个部门安排秘书部成员进行会议记录、活动通知等工作执行，确保每个部门独立且有足够联系。其中站长团将在每周日晚进行例会，对下一周的工作进行安排部署，对上一周的工作安排进行总结；采编部每周日晚也将进行采编会，下周的网文素材将在采编会“头脑风暴”得出。全站开启“全民采编”模式，以求更高效率且全民参与到采编任务当中来。每次网文话题将由副站长进行人员随机组队，4～6 人为一队进行临时组合，以某一话题进行采访、跟踪报道等(图 1-4-21)。

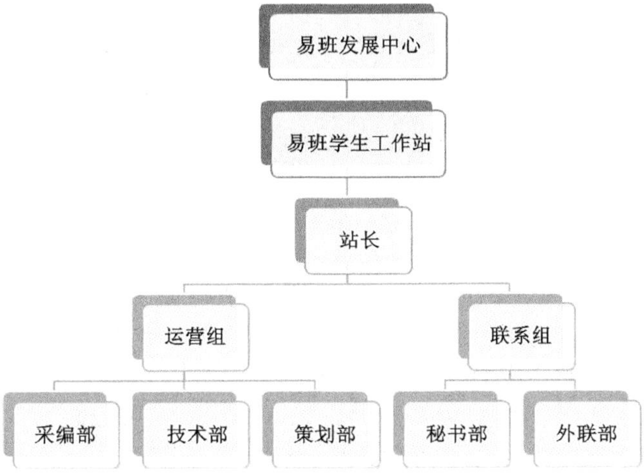

图 1-4-21　易班工作站组成构架图

为深化星海易班工作站管理，最大限度调动成员工作积极性，大力提倡新风正气，积极弘扬正能量，易班学生工作站采用积分制，工作积分可以兑换相应勤工助学时间奖励。秘书部负责对易班学生工作站全体成员的积分记录。

七、依托易班平台，提早打造新生教育新领地

2017 年 3 月，在学院艺考之时开设“星海梦新生咨询 QQ 群”，力求在第一时刻为准新生提供温馨帮助；7 月建立“2017 级新生总群”微信群并同步在易班上建立新生学院，在新生入学前的 8 月份即开始推送信息，方便学生了解学校情况和相关信息，包括学校概况、新生报到事宜、校园生活、新生到校注意事项、新生住宿安排、学生手册等内容，让新生更加了解大学生活。

在寄发 2017 级新生入学通知书的同时，易班中心在 2017 级新生手册末页加上了新生加入易班网的“邀请函”，并通过宣传单的形式宣传易班网，让学生在报到前充分了解易班功能和操作流程。新生到校后开启新生板块，专题报道新生关注的信息，并开展线下新生迎新活动“写给未来的自己”，获得了校领导的一致好评。

第六节　多措并举，注重特色，构建网络思政新平台
——广州大学易班建设案例

易班是集思想教育、教务教学、生活服务、文化娱乐为一体的全国性大学生网络互动示范社区。易班不仅开发满足了青年学生学习、发展、社交、服务等需

求的网络应用,同时有效整合集聚了高校优质网络文化资源。其即时性、移动性、互动性的网络特点,紧密契合了当代青年无人不网、无处不网、无时不网的生活状态,充分发挥了其线上线下班级同构、学习生活资源同步、师生交流同行等优势,有效地将社会主义核心价值观落实到每年 4 000 多项交互性网络文化活动中,融入众多的便捷实用的功能应用和网络产品中。当前,易班实名注册用户达 300 余万,项目取得良好育人成效。中央领导对此多次做出批示,明确要求在全国推广易班建设工作经验。

教育部、国家互联网信息办公室先后发布《关于进一步加强高等学校网络建设和管理工作的意见》(教思想政治〔2013〕3 号)及《“易班”推广行动计划和中国大学生在线引领工程实施方案》(教思想政治厅函〔2014〕42 号),推进高校学生网络互动社区和主题教育网站建设,在全国高校部署实施易班推广行动计划。学校于 2016 年 4 月印发了《广州大学“易班”建设方案》,并于当年 6 月作为广东省高校第一批易班工作试点工作单位,与广东省教育厅签署了共建协议,加快推进学校易班建设工作。

一、工作团队日趋完善

一是组建了广州大学易班建设领导小组。学校成立了由学校党委书记、校长任组长,学校分管学生工作的副书记、分管教学的副校长任副组长,成员由党办校办、宣传部、学工部(处)、教务处、研究生处、财务处、人事处、后勤产业处、招生就业处、团委、网络中心等相关部处负责人及各学院党总支书记组成的领导小组,负责易班整体制度、构架建设,指导推进易班建设工作。各学院也成立了由学院领导班子和学工办、教务办负责人组成的学院易班建设领导小组。

二是成立了广州大学易班发展中心。发展中心目前挂靠在学工处,主任由学工处处长担任,副主任由宣传部、研究生处、教务处、招生就业处、团委、网络中心等易班建设相关核心职能部门副职、各学院党委副书记担任,成员由学工处、易班专职教师、易班学生工作站负责人(站长)组成,负责易班各项建设工作的落实和实施。易班发展中心已明确了学校易班的口号——“广大易班,让你的大学生活不一般”。

三是建立了易班学生工作站“校—院—班”三级联动的工作机制。在学生处设立了易班学生工作总站作为日常工作机构,安排了专人专岗,负责实施易班建设的具体工作。易班学生工作站建立了“校—院—班”三级工作运行机制。学校易班学生工作站由校易班发展中心老师指导学校易班学生工作站运营;学院易班学生工作站由学院易班工作老师指导学院易班学生工作站运营;班级易班工作由辅导员指导班级易班工作团队开展。形成了学校强力推进、各学院积极配合、各班级有专人推进维护的易班工作机制。目前，易班学生工作站有43名学生干部组成，学生分布于硕士研究生、本科生各年级（毕业班除外），10余个学院，工作队伍阵容强大，专业结构合理，干事热情高涨。另外，易班学生工作站的各项规章制度草稿已拟定完毕，讨论审批后即可颁布实施。

二、平台建设丰富多样

一是搭建了内容丰富的网络资讯平台。在广州大学易班搭建了面向全体学生的资讯平台，尤其是针对刚入学的新生，易班发展中心将入学须知、校园攻略、交通出行、安全教育等校园服务信息做成轻应用置于易班手机APP首页，新生登录易班即可快速查阅。入学须知包含学生报到所需手续的详细说明；校园攻略包含各学院介绍、图书馆的使用、学校及周边衣、食、住、行的指南；交通出行信息覆盖新生从各大交通枢纽到学校的各条公交线路信息，同时使用360度全景地图展示校园航拍全景，帮助同学们了解学校的建筑物分布情况；安全教育列举了各种防骗教育、防火减灾等鲜活案例，提高学生警惕性。

二是搭建了及时快捷的网络互动平台。充分利用易班即时性、移动性、互动性的网络特点，易班发展中心以新生入学为契机，建立入学指南与入学问答版块，组织各学院发布新生入学注意事项，并安排专职人员进行网上答疑，帮助新生了解学校情况，搭建师生易班网络互动平台。

三是搭建了方便实用的网络应用平台。为了更好地服务学生，方便学生，易班发展中心针对学生常用的校内服务搭建了相应的应用平台，为学生提供“一口办”服务体验。易班发展中心建立了易班平台与学工系统、教务系统、校园OA、迎新系统的统一身份认证，学生只需登录易班一个入口，便可以实现在易班跳转到其他系统，无需二次登录。学生可以方便地查询到入学注册信息、课程教务信息、奖助学金申请等信息。

四是搭建了精准易用的网络管理平台。易班发展中心针对学生管理，全新开发了基于易班平台接口的心理健康管理系统、考勤系统与物资借用系统等网络管理平台，有利于进一步提高易班平台实效性。新生入学后，学生使用手机易班登录心理健康管理系统完成新生心理普查，学校可及时为新生建立心理健康档案，对于有潜在心理障碍的学生，及时给予关注与进行危机干预，新生也可以通过系统预约心理咨询服务，进行心理调适。网络考勤系统将大大减轻考勤统计的工作量，学生登录考勤系统可以得到考勤预警，帮助新生建立正确的学习观，辅导员老师根据学生的考勤情况与考勤预警对学生进行及时的教育，防止新生养成不良学习习惯。物资借用系统能帮助学生方便地借用学校的活动场地与物资，在服务学生的同时丰富了校园文化，体现了学校的人性化服务。

三、特色亮点鲜明突出

一是开展各种关于易班建设的交流培训。自被确定为广东省高校第一批易班工作试点工作单位以来，学校各级单位高度重视，并组织开展各类交流培训活动。2016 年 3 月，学校学生处、网络与现代教育技术中心、校团委等部门负责人以及部分学院党委副书记、辅导员一行 20 人就易班建设赴佛山科学技术学院调研学习。2016 年 9 月，学校举行了 2016 级新生导生易班工作动员培训会，会议特邀教育部易班发展中心全国共建办罗峥老师主讲，学生处相关负责人、全体 2016 级新生导生、各学院易班工作站学生负责人、各学院负责导生工作及学院易班工作站的指导老师等 450 余人参加了培训。2017 年分别接待了肇庆学院、桂林医学院、河源职业技术学院等兄弟院校的师生代表交流易班建设经验。2017 年 7 月派指导老师参加 2017 年度易班全国共建高校指导教师工作培训(第一期)，并在会上做工作分享。2017 年学校举办了 2017 级新生导生易班工作动员培训会。另外，学校易班发展中心还经常组织各学院易班工作站的老师进行技术上的培训与交流。

二是设计了友善可人的文化标识。为了在师生中建立广州大学易班形象，代表广州大学易班的文化标识，易班发展中心会同专业卡通形象设计公司设计了代表阳光、活力、智慧与爱心，同时具备广州大学与广州特色的精灵羊形象作为易班的吉祥物，命名为易小羊。另外，为了促进易班与师生的沟通交流，拉近易班与师生的距离，易班发展中心还设计了易小羊系列动态表情包，增强吉祥物形象的流通，通过可爱的吉祥物，将易班的友情陪伴、用心服务、思想引领等信息传递给学生。在新生入学期间，易小羊人偶多次出现在新生视野中，受到学生的喜爱与追捧，圆满完成易班校园亲善大使的使命。在未来的生活学习中，代表积极、友善的易小羊将持续陪伴同学们度过难忘的大学生涯。为保护知识成果，易班发展中心已就易小羊的著作权向广东省版权局申请登记保护，并已获得批准。目前，学校易小羊周边产品种类丰富、实用性强、易于接受，涵盖了布袋、卡套、扇子、文件夹、记事本、书签、人偶等产品。

三是开展形式多样的线上线下活动。开展各类活动是易班发挥其思想教育、教务教学、生活服务、文化娱乐的重要途径。学校自 2016 级新生开学以来，陆续开展了多项线上线下活动。为迎接 2016 级新生入学，易班发展中心策划组织了“广州大学开学季系列活动”，通过精美的海报、传单与轻应用对“易班”迎新工作进行宣传。其中，“精灵大捕获”“分享赠航拍”“自拍秀评选”等活动深受学生欢迎，大大提高了“易班”的知名度，吸引了大量学生注册使用。2016 年开展了纪念中国工农红军长征胜利80周年活动，学校易班在全校开展以“弘扬长征精神、坚定理想信念”主题班会及主题微视频大赛活动，引导广大学生弘扬红色传统、传承红色基因，积极培育和践行社会主义核心价值观，进一步增强民族自尊心、自信心和自豪感，激励青年大学生在学校高水平大学建设中建功立业。广州大学易班还举办了运动会网薪兑换活动、易起过冬至活动、女生节活动、易起搬宿舍、2017易起上大学等活动，受到学生们的欢迎和追捧。

四是深度融合其他网络媒体。学校在结合易班网络平台开展各项工作的同时，还使用微信公众号平台推送相关实用信息，提供专业服务，做到各项工作通知及资讯多渠道、多层次、多受众送达，保证信息沟通无死角、全覆盖。

通过各项准备及活动，学校2016级、2017级新生已实现100％注册易班，2016级学生已100％完成易班校方认证，2017级学生除去未入学报到的校方认证率也接近100％。

第七节 易心易意，网络育人，共创易班未来
——广东工业大学易班建设案例

2016年11月，广东省教育厅发布《广东省教育厅关于开展第二批高校“易班”建设试点工作的通知》(粤教思函〔2016〕79号)，广东工业大学正式被列为广东省易班建设第二批试点高校。在学校领导的支持和各部门的通力合作下，广东工业大学易班建设工作顺利启动，全方位推进。

一、领导重视，明确学校易班建设领导小组

广东工业大学领导十分重视学校易班建设工作。为切实推进学校易班建设，经校党委研究，2016年12月，学校发布《关于成立广东工业大学“易班”建设领导小组的通知》(广工大党字〔2016〕27号)，明确了学校易班建设领导小组组成人员名单及工作职责。领导小组组长由广东工业大学党委书记兼任，副组长由分管学生工作、研究生工作、教学工作、网络信息技术的校领导组成，成员主要由相关部门、学院负责人构成。领导小组的工作职责有：贯彻落实教育部、省教育厅“易班”建设各项任务，指导制定“易班”建设工作制度、工作架构，构建学校相关部门齐抓共管建设格局，组建“易班”建设队伍，整合校内资源，落实配套设施，不断加大校内各类优质资源的注入力度，积极推动学校易班建设工作高质量完成。领导小组下设办公室，办公室设在学生工作部(处)，由学生工作部(处)长兼任办公室主任。办公室主要负责对接广东高校易班发展中心，牵头加强与上级主管部门的沟通联系，协调推进学校易班建设过程中有关工作。

学校领导多次召集相关部门工作人员开会，并组织部门负责人外出取经学习，推进学校易班建设。2017 年 1 月，在学校党委领导安排部署下，学校易班发展中心联络学校党委办公室、组织部、宣传部、团委、教务处、学工部、研工部、后勤集团、网络中心、马克思主义学院、通识教育中心等部门负责人同赴广东易班发展中心——佛山科学技术学院进行参观学习，明晰各部门今后易班建设的分目标，厘清学校易班建设思路。

二、建章立制，树立易班协同共创长效机制

2017 年 3 月，学校发布《广东工业大学“易班”建设工作实施方案》(广工大党字〔2017〕6 号)，进一步明确了学校易班的指导思想、建设目标、建设原则、工作架构及职责、内容建设、硬件建设、资金投入、学校各部门具体分工等多方面问题。实施方案建立了学校易班协同共创长效机制，整合各部门资源，形成学校易班建设合力，为今后学校易班建设指明方向(表 1-4-1)。

表 1-4-1　　广东工业大学易班建设具体分工一览表

单位	分工内容
党委办公室	综合协调学校易班建设工作
学生工作部(处)	学校易班发展中心挂靠单位，在学校易班建设领导小组领导下负责易班建设的组织协调工作；易班学生工作站的管理与指导；利用易班开展教育管理活动，发布学生管理重要信息；各学院易班建设的指导、考核、激励等；开发易班学生工作管理轻应用功能
研究生院	易班研究生工作站的管理与指导；利用易班开展教育管理活动，发布学生管理重要信息；开发易班研究生工作管理轻应用功能
党委宣传部	负责学校新闻中心、新媒体联盟、研习会与易班学生工作站信息对接；易班建设意识形态监管、指导
教务处	发布教学教务管理服务信息，实现师生通过易班查询课表、课室、成绩等；对接易班学生工作站开发教学教务管理服务轻应用功能；指导二级学院开发、上传教学资源
校团委	发布学生活动信息；指导学生活动和学生组织进易班，推动易班与“青年之声”信息互通、资源共享；对接易班学生工作站开发易班系统学生组织管理轻应用等功能
财务处	发布财务管理信息；对接易班学生工作站开发财务管理与服务轻应用功能；易班建设工作的经费保障
党委组织部	发布党建工作信息；对接并指导易班学生工作站开展党建活动
后勤集团	发布后勤管理与服务重要信息；对接易班学生工作站开发易班系统后勤服务轻应用等功能

续表 1-4-1

单位	分工内容
通识教育中心	指导学生文化素质教育活动进易班，利用易班建设校园文化网络课程；开发、上传校园文化教育教学资源
网络与现代教育技术中心	易班建设工作的网络技术保障；推动易班与学校统一身份管理平台、网上办事大厅(信息用户)的对接集成
马克思主义学院	利用易班建设思想政治教育网络课程；开发、上传思想政治教育教学资源(精品课程、优秀课件、教学案例等)
各二级学院	发布二级学院重要信息；二级学院易班学生工作分站的管理与指导；二级学院学生活动和学生组织进易班；利用易班进行班级管理；开发、上传本学院教学资源，利用易班加强网络互助学习及答疑

三、整合资源，推进易班发展中心、易班学生工作站平台建设

在学校易班建设领导小组的推动下，广东工业大学成立易班发展中心、易班学生工作站。作为开展易班建设的工作机构，学校易班发展中心挂靠在学生工作部(处)，由学生工作部(处)部(处)长担任主任，副主任由分管思想教育的学生工作部(处)副(部)处长担任副主任，设专人专岗，在学校易班建设领导小组领导下，负责易班各项建设工作的协调、落实和实施。组建学校易班学生工作站，在学校易班发展中心具体指导下负责易班的建设、维护、策划、推广、管理等日常工作，充分发挥学生建设主体作用。学校易班学生工作站作为校一级学生组织，面向全校本科生、研究生公开择优招聘学生干部。2017 年 3 月开始，学校易班建设工作大刀阔斧推进。学校易班发展中心、易班学生工作站的队伍建设、场地建设、制度建设、易班网等均初具雏形。

(1) 队伍建设。学校易班学生工作站顺利完成学生工作人员的招募，明确了工作站内部架构，厘清了易班学生工作站各部门职责与目标；除此之外，易班学生骨干曾赴佛山科学技术学院参加相关专业培训，与兄弟高校进行学习交流，接受易班建设系统学习。

(2) 场地建设。学校为易班发展中心、易班学生工作站设立专门的办公场地，办公室位于大学城校园的工大创谷，经过前期努力，易班学生工作站的办公桌椅、电脑、网络、投影、日常办公用品均已到位。

(3) 制度建设。起草制定《广东工业大学易班学生工作站组织章程》《广东工业大学易班学生工作站规章制度》《广东工业大学二级学院易班学生工作分站考核与激励办法(试行)》等规章制度。

(4) 易班网建设。广东工业大学易班网注册并认证的人数已超过八成，现

有 7 400 多人，注册机构号 41 个。学校努力推动易班建设成为互联网＋思想政治教育的网络平台。

四、塑造特色，丰富学校易班建设文化内涵

为更好地发挥学校易班在学校青年学生中的影响力，丰富学校易班建设文化内涵，学校易班发展中心根据学校实际情况，征集并制作具有广东工业大学特色的吉祥物“广工小易”，明确学校易班形象。

“广工小易”设计说明：① 设计形象：智能机器人。造型上采用机器人卡通形象，并从广东工业大学校徽中提取相关元素作为头盔和机器服的装饰纹样，突出广东工业大学是一所理工为主的省属高水平重点大学。② 吉祥物主要色彩为白色和红色，为广东工业大学校徽的主体色，传递团结、勤奋、求是、创新的广工精神。③ 吉祥物佩戴无线耳机，象征着人、信息、技术的融合，寓意广东工业大学学子在信息化的网络时代积极求真、勇立潮头。④ 吉祥物头盔上的“Y”采用全国通用易班图标字样，是“易班”拼音的首字母，象征广东工业大学与易班的有机结合。⑤ 吉祥物衣服领口下方是阿拉伯数字“1”，源于易班中“易”字的谐音，寓意广工学子永争第一的信心。⑥ 设计主旨是科技、青春、进步、创新。(图 1-4-22)

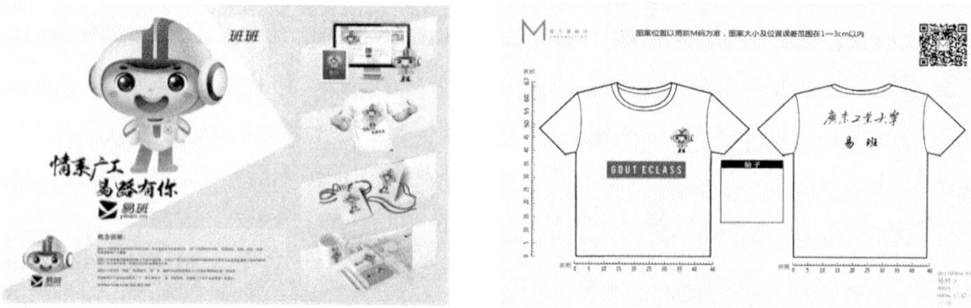

图 1-4-22　广东工业大学易班产品校本化设计

另外，根据“广工小易”形象，现已制作出迎新使者服装、一卡通卡套、小镜子、手环、签字笔等多类周边产品，受到学生的喜爱与欢迎(图 1-4-23)。

五、内容多样，开展缤纷多彩的易班主题活动

自启动易班建设以来，广东工业大学开展了一系列多彩缤纷、内容多样的易班主题活动，比如吉祥物征集大赛、最美毕业照征集活动、迎新活动等。现就学校易班 2017 年迎新活动《易动新生，17 出发》做特色介绍如下。

图 1-4-23　广东工业大学“广工小易”部分文化产品

以 2017 级新生入学迎新为契机，学校易班学生工作站面向全体 2017 级新生开展了一系列主题鲜明、形式多样、内容丰富的线上线下活动，很好地提升了学校易班的影响力与美誉度。

（1）制作推送“致萌新”新生入学教育精品网文。学校易班在暑假期间就通过新生学长学姐、迎新使者等高年级学生向新生积极宣传易班，指导新生注册易班平台，并制作了一系列迎新主题的精品网文推送给新生，结合校园生活的方方面面进行教育与指导，先后推出《致萌新：嗨，数字化迎新来啦！》《致萌新：欢迎乘坐工大号高速列车，请上车！》《致萌新：易班注册玩不转？易易手把手教你！》《致萌新：千万要小心这“6 种人”！》《致萌新：军训来了，你有一封秘籍需查收！》等，内容涵盖校史校情介绍、线上报到流程指引、校园安全教育、生活服务指南，易班网络平台让新生在入学前就能提前融入大学生活圈，打破迎新教育的时空壁垒，为新生顺利入学、开始大学生活打下良好基础。

（2）策划开展“萌新易起来”易班线上迎新系列活动。为了让广大新生进一步认识与关注易班平台，积极探索易班平台的功能与特色，学校易班学生工作站依托易班线上平台开展了“萌新易起来”网络征集活动，包括子活动《我的青春纪念册》《晒出我的录取通知，致未来的自己》。活动得到新生的广泛关注和参与，在线阅读数超过 4 000 人次。

(3) 迎新日设立“小易迎新”易班体验区。学校易班学生工作站于新生报到日在大学城校区、东风路校区、龙洞校区、番禺校区同步开展“小易迎新”易班线下体验活动，通过设置易班功能体验区、迎新服务咨询点、“我和小易合个影”活动，为初到学校的新生提供及时、贴心的服务信息与身心娱乐体验。活动现场，免费为学生及家长赠送拍立得照片，免费派发易班周边小礼品，吸引了许多新生和家长驻足参加，场面热闹，各校区的易班迎新活动成为新生报到日当天校园中一道亮丽的风景线(图 1-4-24)。

图 1-4-24　迎新当日，广东工业大学领导、新生家长与小易合影

(4) 通过“广工易视”开展迎新日、开学典礼系列迎新直播。广东工业大学易班设立“广工易视”传媒，“广工易视”引入学生喜闻乐见的网络直播形式，开展了新生报到日网络直播、开学典礼网络直播等。在新生报到日当天，学校四大校区对当天新生报到盛况同步进行实时直播与网络报道，主播们相继采访了学校领导和相关老师，向同学们介绍校园环境，不少新生及家长也纷纷接受采访，分享对学校的印象、对大学生活的计划和设想等，内容丰富、场面温馨。此外，在开学典礼当天，易班吉祥物“小易”化身当天典礼主持人，“广工易视”还通过网络直播为未能到现场的新生亲友提供了在线观礼的机会，与新生一起见证这一重要的入学仪式(图 1-4-25)。

易心易意，共创未来。广东工业大学易班建设任重道远。今后，学校易班将在教育部易班发展中心、广东省易班发展中心的指导下，从学校和学院两个层面继续深入推进易班建设，将广东工业大学易班建设成集学生教育、生活、娱乐等为一体的大型网络互动平台。

图 1-4-25　易班迎新直播、开学典礼直播

第八节　凝聚特色，创新理念，建设网络育人平台

——广东轻工职业技术学院易班建设案例

2016 年 11 月，经广东省教育厅批准，广东轻工职业技术学院成为开展第二批高校易班建设试点工作单位，学校以构建教育教学、思想政治教育、生活服务、文化娱乐为抓手，以方便学生、服务学生、引导学生、教育学生和做好党建与思想政治工作为目标，将易班平台建设有机融入学校多位一体的学生大素质教育体系，创新育人模式，提升育人成效，形成具有广轻特色和模式的易班工作局面，切实推动了学生网络思想政治教育和管理服务工作。现已将易班推广应用于全校各班级，学校学生注册认证人数 24 718 人，在校生注册率达 90%以上，建立 525 个公共群，所举办的各类活动登上易班网头条共计 48 次，易班的各项活动开展得如火如荼。

一、政治引领:贯彻学习十九大精神,与党中央保持高度一致

党的十九大召开以来,学校师生掀起了学习十九大精神的热潮,学校在易班上开辟学习专栏,对十九大精神进行解读和宣传,并在易班上举办“学习贯彻十九大精神征文活动”,同学们踊跃投稿,积极参与,形成了热烈学习十九大精神的生动局面,为推进习近平新时代中国特色社会主义思想进教材、进课堂、进学生头脑、进网络、进学生社区奠定了坚实的基础。通过在易班上举办一系列的学习活动,有力地增强了全校师生的政治意识、大局意识、核心意识、看齐意识,在思想上、政治上、行动上同以习近平同志为核心的党中央保持高度一致。

二、组织完善:校院两级齐头并进,构建联动工作机制

组织建设是学校易班得以长足发展的基石与保障。在一年多的建设过程中,学校逐步探索,不断发展完善,始终以围绕学生、关照学生、服务学生为理念,坚持老师与学生一起参与,校院两级双轨共建,从整体上形成了从上到下的联动易班工作机制,凝聚了师生的力量,宣传正能量,让党的声音成为网络世界最强音。

1. 成立学校易班建设与发展领导小组

学校成立了易班建设领导小组,由党委书记和校长亲任领导小组组长,学校相关领导和职能部门处室负责人组成,负责把握易班建设的原则和方向,定期召开会议,全面领导易班建设和发展,把易班建设作为学校信息化建设、教育教学、思想政治教育的主要内容,建立健全了党政领导齐抓共管、分管领导具体负责、支撑队伍紧密配合的领导体制和工作机制。

2. 建立学校易班发展中心

作为开展易班工作的工作机构,学校易班发展中心与教育部易班发展中心和省教育厅实行工作对接。中心设在学生工作部,在学校易班建设与发展领导小组领导下,设立专人专岗,负责组织实施学校易班建设具体工作。

3. 建立校级、二级学院易班工作站

学校、各二级学院建立易班工作站,配备指导教师,在学校易班发展中心指导下,发挥学生建设主体作用。工作站负责易班的运行维护、舆论引导、资料上传、网站编辑、活动策划、品牌推广、美工设计、信息安全管理等日常工作。

三、阵地拓展:打造网络思想政治阵地,构建立德树人情景空间

1. 建设易班思想政治中心——打造思想引领的网络阵地

开设易班党校,建设和维护一批方向正确、主题鲜明、内容丰富、形式活泼、

特色明显的党课课件、视频及党校各类宣传教育活动等;建立易班红色园地,通过党团日活动、党支部特色活动、优秀党员风采展示等加强学校党建与思想政治工作。例如,外语与国际交流学院建立党校课群,定期更新内容,上传相关视频,号召学生学习党规党纪,加强大学生思想觉悟和对党的深刻认识。思想政治教育工作以更加活泼亲和的形式出现,逐渐融入大学生的日常生活,不再受时间、场地的局限。食品学院易班工作站进入常规化管理,定期更新学校新闻动态、校园资讯、发送通知公告,不断完善模块内容建设,并新建立了特色党建专栏,分为"历史长廊"和"红色文化",为师生每周定期推送一篇高质量的中国传统文化历史和党团知识文章。

开设易班思想政治研练中心,将学校马克思主义学院思想政治演练中心的内容建设到易班空间,实现线上线下的即时互动和全方位对接。

学校党委、二级学院党总支和各级团组织开通微博和微信公众号,培育一批政治立场坚定、师德高尚、学养深厚、熟悉网络新媒体特点、影响力广的网络名师,建设一支由青年教师骨干和学生党员为主体的网络党建工作队伍,引导青年学生传递网络正能量,打造思想引领的网络阵地。

2. 建设易班学堂——打造学生素质教育的网络平台

开设易班学堂,在网上建立入学教育、职业核心能力、职业生涯规划、军事理论等学生素质教育课程,鼓励教师以课程为单位,建立个性化课程空间(教学班),与大学生开展教学互动,为大学生提供课件共享、在线答疑等服务,使学生随时随地享受到教学服务。积极开展学校网上视频公开课的实践,形成对网上视频公开课的建设、使用和推广范例。通过二级学院推荐、邀请专家录制、网友自发上传等形式,不断积累学校原创的、适合学校教学需要的课程精品视频和校园报告视频等资源,逐渐建成学校的视频资源库,供大学生在线学习和讨论,为全员、全过程、全方位的学生大素质教育体系构建提供网络教育平台。外语学院建立优课课群,优课课群是易班"优课 YOOC"平台核心教学管理系统,提供全套在线教学服务,包括课群话题、学前测评、课群课程、作业系统、在线考试、学习资料等内容。课群群主可创建课群,编辑公告、话题,上传学习资料并组织考试;课群成员通过学前兴趣测评,查看完整的测评报告,并有针对性地选择系统推荐的课程,也可线上预览群主上传的学习资料,最大限度地发挥优课学生自主学习和检测的一体化学习平台效用。外语学院现创立的优课课群有6个,包含了奖助贷、垃圾分类、党团知识、安全教育、综合测评、校史校训,完成了积极分子的线上考试和学生党员的定期学习。

四、队伍优化：培养易班专业人才，营造良好的网络舆论环境

学校在共建“易班”过程中，培养了一支传播正能量和好声音的易班建设专家组、管理组织协调队伍、建设易班辅导员队伍、易班教职员工党校建设管理队伍和易班学生骨干队伍。他们的工作并不局限于网上，而是从实际教育工作中来，辐射到网络教育中去；从网络思想政治教育工作中来，又反馈到现实教育工作中去，极大提高了舆论引导能力，营造了和谐向上、风朗气清的网络环境。

1. 成立易班建设专家组

成立由互联网技术、思想政治教育、心理学、社会学、法律等学科领域的专家和相关工作部门负责人组成的易班建设专家组，为制订学校易班发展规划、技术方案等易班建设工作提供决策咨询。成员：思想政治、技术、法律等方面的专家(4～6 人)。

2. 成立管理组织协调队伍

在学校易班发展中心设置易班管理岗位 2 个。1 人负责学校易班信息安全管理、运行维护管理与教育部易班中心联络，1 人负责学校易班内容建设和宣传推广策划管理、易班建设调研和需求分析组织协调等工作。成员：从校内调剂具有相关技术、经验的人员到岗任职。

3. 建设易班教职员工党校建设管理队伍

建立以学校党校为主、二级党校为辅的易班党校建设队伍，在互联网上进一步发挥党校在干部人才培养、党员党性锻炼等方面的阵地和熔炉作用。成员：各二级学院党总支书记、副院长。

4. 建设易班辅导员队伍

积极组织辅导员参加易班辅导员培训，并通过评优奖励、培训研修、资质认定等实施激励计划，形成一支易班辅导员骨干队伍，整体提升学校辅导员开展网络思想政治教育和管理的能力和水平。成员：全体辅导员。

5. 建立易班学生骨干队伍

以现有的学校学生会和社团联合会为基础，改造建立学校“易班工作站”学生骨干队伍，在指导老师带领下具体运营易班。面向全体学生，公开择优招聘，设立勤工助学岗位，以校级学生机构对待，给予课外学分奖励。

在学院和班级采取与学生会、班委会合一的管理机制，培养一支自我教育、自我管理、自我服务的学生骨干队伍。鼓励学生利用易班开展校园文化和创新实践活动。成员：学校易班工作站学生骨干公开招聘约 30 名，学院和班级学生骨干由学院根据实际确定。

五、需求导向:服务学生需求,促进学生成长成才

1. 建设易班"一站式"服务社区——打造师生网络服务平台

建设易班大学生社区服务中心,贯彻"以学生为本"的办学理念,将学校教学管理服务(如成绩查询、选修课程申报等)、学生发展服务(如素质教育测评体系、导师制评价、育人成果和典型案例统计等)、学生生活服务(如宿舍保修、食堂团购、热水费充值、垃圾分类兑换等)、学生管理服务(如校园安全应急、勤工助学、心理咨询等)等与学生有关的各类管理与服务需求集合成综合性校园管理与服务体系,建设到易班空间,打造真正的"一站式"易班服务社区。

建设易班资讯中心,收集校内外教育教学、校园文化、生活服务和文化娱乐等方面的资讯,建设资讯信息库,方便师生的学习工作和生活。打造一个移动的综合资讯平台,将与学生密切相关的学习、生活、娱乐等信息在移动端进行推送,建设与学生和老师密切相关的移动应用 APP,建立以课程为单位的移动学习资源,如网络课程或微课程资源库,实现校园的移动学习与生活。

2. 建设易班校友与校园文化圈——打造广轻文化交流平台

建设易班校友园地,开设校友论坛、校友风采、校友语录等专栏,搭建广东轻工职业技术学院校友交流园地,通过易班开展科技节、文化节、艺术节等丰富多彩的校园文化活动,开展体育竞赛、科技创新大赛、创业大赛等竞赛活动和社团活动,打造广东轻工职业技术学院校园文化交流平台,培养学生健康的身心。通过易班开放平台,建设特色易班,鼓励大学生通过博文、帖文、微博等形式记录校园生活、彰显自我个性、交流思想情感,建设精品社区和各类服务应用,形成特色个性化易班,成为展示学校校园文化的对外窗口。

3. 建设易班创业学院——打造创新创业的校园氛围

开发易班创业协同育人信息平台,设立创业政策、创业联盟、创业基地、创业基金、创业项目、创业指导、创业竞赛、创业实例等模块,打造政府、高校、企业、行业的互通、互利、互惠协同创业、创新平台,培育大学生的创业意识,培养大学生创业能力,播下大学生创业的种子,鼓励和扶持大学生成功创业。

4. 建设精品活动——在活动中实现素质育人

活动建设是宣传推广易班的有效载体,成功的活动不仅能使参与者感受喜悦与快乐,更能使参与者收获成长与进步。学校通过大力开展线上与线下活动,宣传易班,提升易班在校园中的知名度,更通过活动逐步培养学校易班的忠实粉丝群。同时在活动的开展过程中,学校逐步打造精品,形成具有易班特色的精品文化活动,更进一步提升易班在校园中的影响力。例如,艺术设计学院

举办的“垃圾分类，从我做起”海报设计大赛、“垃圾分类，变废为宝”创意手工作品征集比赛，以线上投票、线下展出的方式，吸引了众多师生的关注和参与，评选出一批优秀的作品，同时促进了垃圾分类活动在学校的推广与实施。

六、载体创新:探索泛在思想政治模式，得到广泛关注

学校基于泛在思想政治的教育理念，在易班平台建设的基础上拓展思想政治教育的内涵，借助泛在计算及泛在网络平台，让学生不仅在传统的课堂中，而且在课堂之外的日常生活中，也能通过易班接受思想引领和教育。在易班融合学生环境文明素养教育中进一步提出了“一平台、二课程、三联动、四考评”泛在思想政治教育体系工程，以绿岛易班作为创新载体，利用信息技术，在绿岛易班上搭建企业、学校、家庭三方联动、融通和共享的泛在思想政治平台，跨界整合资源建设，融合学生思想政治教育、素质培养、创新创业、社区服务和文化建设为一体的可持续发展的泛在学习和素质教育体系“构建学校全方位的大素质教育体系”。通过此举，实现了易班活动线上和线下的有机结合，让泛在思想政治的理念落到实处，让思想引领突破时间和空间的局限，真正实现思想政治教育的“无所不在、无处不有”，打通第一课堂、第二课堂和第三课堂的物理空间限制，提高了易班的使用黏度与影响力，实现育人的全覆盖，带来了巨大的社会反响，引起央视记者关注并到学校进行采访报道。

第二篇

分　　论

第一章　思政育人：易班与思想政治教育理论与实践

思想政治工作是其他一切工作的生命线。高校大学生思想政治教育工作在新时代发展过程中对教育工作者提出新的要求。大学生的活动场域打破了实体空间，取而代之的是互联网虚拟空间。“青年大学生在哪里，我们的思想政治教育工作就要开展到哪里去。”巧用新媒体技术，提高高校思想政治教育的实效性，是新时代发展的需要。易班于2012年由教育部推行，以“实现教育的梦想”为口号，发挥其思想政治教育功能，成为网络化环境下大学生思想政治教育的新媒体平台。

第一节　易班与大学生思想政治教育

一、基于易班开展大学生思想政治教育的理论溯源

（一）社会交往理论

易班作为互动平台，体现的是人与人之间的相互交往活动，是人们借助易班作为传播或共享媒介，实现信息的传播、资源的共享、思想的交流等。依托社会交往理论，高校师生群体在新媒体平台中实现相互交往，建立相对紧密的联系。

首先，从学校层面看，学校建立易班工作站，以指导者、组织者的身份，统筹及组织全校各学院、各职能部门、各学生群体开展易班的建设与运营工作，形成一定的组织架构，这是全校易班进行联动的基础架构。校级易班工作站对各二级工作站之间的交往互动，体现在校易班工作站对二级工作站的培训指导、信息传达、活动布置等方面；各二级工作站对校级易班工作站的交往互动，体现在信息咨询与反馈、工作回应等方面。

其次，从二级学院层面看，学院利用易班平台全面开展大学生思想政治教育工作，涉及学院学生工作、教育教学工作、学生机构社团等方面的联合互动。

一方面，学院教育工作者利用易班平台，进行思想政治教育活动设计与分享。任何教育活动，缺乏分享与参与，就无法达到相应的教育效果。学生在易班平台中回应并参与学院宣传、分享的思想政治教育活动，从而与学院层面的教育引导形成互动；另一方面，各机构社团，为学院更好地开展第二课堂活动，发挥了组织作用，成为大学生丰富校园生活的重要场所。因而，各机构社团活跃于易班平台，为加强大学生交往互动发挥了一定作用。

再次，从各班级层面看，易班班级群是高校内各行政班级“复制”至网络中的虚拟班级，即 E-class，这也是“易班”的英文翻译。大学生的互动交往不局限于线下交往，而是在易班班级平台中实现共同学习、信息共享、活动参与等。易班班级有别于其他互联网媒介平台，易班班级群依托的是实体班级，按实际学籍认证加入群内，在一定范围内进行教育或活动共享，一定程度上克服了普通媒介平台信息真假难辨、价值引导不正等问题。各班级在其相应的班级群内，进行班级建设、活动开展、信息交流等，学生在活动的过程中其思想觉悟、价值意识等相互影响，从而达到班级自己管理与自我教育的效果。

最后，从个人层面来看，大学生个人是易班平台互动中的基础单位，学生之间的互动交往是最为直接的互动方式。大学生思想政治教育，其对象是大学生个人，因而，学生个体之间的有效交流与互动对教育效果起到最直接的作用。易班平台可以有效甄别与避免不良信息，为大学生的交流互动提供健康积极的环境，有利于大学生围绕积极向上的信息进行交流与互动，共同实现知识充实、情感建立、价值形成、道德养成等。大学生在易班平台中的相互交往效果，直接关系高校大学生思想政治教育的实效性。

（二）人的全面发展理论

马克思关于人的全面发展学说认为，人的发展与社会的发展是相一致的。一方面，人的全面发展相对于人的片面发展而言，人的发展是精神与身体以及个体性与社会性普遍的、充分的、自由的发展；另一方面，人的发展取决于社会条件。

相对于人的片面发展而言，人的全面发展学说为教育指出了方向。人要达到精神与身体的协调发展、个体性与社会性的普遍发展，需要在一定的教育环境、教育渠道下进行，促使人在发展不充分的状态下，沿着正确的方向得到进步和发展。大学生群体在成人成才过程中，面临的正是其实现心智、体质各方面综合发展的过程，在这个过程中，需要探索一定的渠道以适应其身心发展的需要。目前，网络空间成为大学生精神需求的一大领域，易班则是自媒体环境发展与高校思想政治教育共同合力催生的一大平台。一方面，顺应大学生发展的环境需要;另一方面,充实大学生在网络空间中的精神追求。在这个平台中,教育者对大学生进行思想政治教育,这也是对大学生进行意识形态领域教育的一个新途径。在这个过程中教育对象的思想意识得到提升,价值观念得以塑造。教育者与教育对象的互动行为,都指向共同的行为目标,即大学生精神领域的健康与充实。

人的全面发展是与社会的发展相一致的,因而人的发展依托于一定的社会条件。社会正经历着科技、信息的迅猛发展,自媒体正面临日新月异的变革和发展,生活、教育、娱乐均在信息化环境下进行着。人实现其全面发展,是一个漫长的、不断追求和探索的过程,在这个过程中,社会环境是其前行的依托。健康的、便捷的社会条件对人的全面发展起到促进、催化的作用,反之,则对人的全面发展起到阻碍的作用。易班作为高校思想政治教育的自媒体平台,是在当前信息技术发展的社会条件下,结合高校思想政治教育发展需要应运而生的。大学生如何发展,必然需要依托社会条件,其接受教育过程中,置身的各类环境、平台,都是对其身心发展其重要影响的社会条件。易班平台建立的初衷,就在于为大学生提供一个健康的信息互动与共享平台,在这个平台中实现思想教育、教育教学、生活服务、文化娱乐等功能,从而为大学生在实现全面发展的过程中提供良好的网络环境。

二、基于易班开展大学生思想政治教育的必要性与可行性

(一)基于易班开展大学生思想政治教育的必要性

习近平总书记在全国高校思想政治工作会议上强调,做好高校学生思想政治工作,要因事而化、因时而进、因势而新。在新媒体迅猛发展的时代环境下,人们的生活发生了巨大的变化。相应的,新媒体技术也被广泛应用于教育领域,而且网络环境对大学生的学习生活方式、思想观念形成产生了重要的影响。易班平台在时代环境中产生,使高校思想政治教育工作从传统的课本、口号中转变到大学生活跃的网络空间中。

(1)易班平台顺应新时期大学生思想政治教育发展需要。当前,整个社会处于信息化环境下,自媒体的便捷性、创新性、交互性,使得人们对自媒体的运用已成为不可逆转的趋势,且呈现不断更新变革的发展态势,人们的网络参与感越来越强。大学生作为青年群体,其接受新鲜事物的积极性与可接受性是最强的,因而成为活跃在网络空间的一大群体。易班平台正是基于当前的信息化环境及高校思想政治教育在新环境中面临的新任务而建立。

(2)易班平台是传统思想政治教育方式的进一步优化。思想政治教育是

对大学生的思想意识、政治意识进行引导,对大学生的发展起关键作用。然而,思想政治教育内容的政治性、思想性内容,如果缺乏一定的创新及优化,则难以激发学生的兴趣,达不到情感共鸣效果。运用自媒体平台则可打破原有僵化的、刻板的内容与方式,将思想政治教育贯穿于易班平台中,实现思想政治教育的可视化、互动化、娱乐化,促使大学生在交互活动过程中实现思想意识、政治意识的提升。易班平台将现代信息技术与教育教学内容进行结合,这是对传统思想政治教育的有效优化。在高校中利用易班平台开展大学生思想政治教育是提高思想政治教育有效性的一个新尝试。

（二）基于易班开展大学生思想政治教育的可行性

在多方共同努力下,易班平台已成为一个技术较为成熟的平台,各地、各高校根据实际情况对大学生进行思想政治教育。

(1) 易班平台受国家重视,推行顺利。上海是易班的发源地。2007 年,上海市开始探索运用易班平台开展大学生思想政治教育。2010 年 8 月,新华社《国内动态清样》以《沪高校网上社区"易班"成为思政教育新地》为题,对上海一般建设情况进行报道。胡锦涛批示:要总结上海易班网上互动社区的经验,有效发挥对大学生的思想疏导作用。2013 年,刘延东批示:易班以学生需求为导向,创新学校思想政治教育方式,运用信息化手段引导舆论、资源共享、互动互助,成为引领学生健康成长的可靠平台,建议在全国的高校加以推广。2014 年,教育部明确"将易班建设成思想教育、教育教学、生活服务、文化娱乐为一体的大学生网络互动示范社区"。各高校引进易班得到各区域中心的重视和支持,因此,易班在各高校的推广非常顺利。

(2) 易班平台逐渐成熟,技术应用顺利。在自媒体环境中,一个平台的技术是否成熟,用户体验感如何,直接决定了该平台能否得到应用及推广。易班平台成立至今已有十余年,在此过程中,其技术在不断完善,日趋成熟。当前,易班平台的后台技术、应用开发、平台界面等都较为稳定,其功能可较好地满足学校、学院、班级进行思想政治教育活动。良好的用户体验可以提高大学生在此平台的黏性,这是利用易班平台开展大学生思想政治教育的重要条件。学生愿意用,才能切实开展网络思想政治教育活动。

(3) 突破传统形式,可接受性强。易班作为"大学生网络互动社区",互动性是易班的主要特点。基于易班平台,开展大学生思想政治教育有着较强的可行性,在于易班平台打破了思想政治教育的传统形式,以互动的、共享的方式实现思想意识及价值观念的引导。在网络空间中,大学生的互动参与,更为直接地参与到思想政治教育活动中,比起传统的灌输式思想政治教育,易班活动的可接受性更强。结合大学生身心发展特点，不断开发与大学生学生生活相贴切的思想教育轻应用，以喜闻乐见的形式展现，是可行的，也是大学生乐于接受的。

三、基于易班开展大学生思想政治教育的原则

有效利用易班开展大学生思想政治教育活动需遵循一定的原则，一方面要提高教育的效果，另一方面要保证创新式教育模式的可持续进行。

（一）遵循传统与与时俱进相兼容

创新教育模式开展思想政治教育活动，不代表完全摒弃传统。这里的传统包括内容和形式两个方面。思想政治教育内容在时代环境中不断更新，但也有其基础性内容，对高校教育及学生成长起到基础指引作用，这部分内容是思想政治教育的传统性内容，不容时代的变化发展而被摒弃或淡化，在任何时代环境下，爱国主义、集体主义意识等都是引导和教育青少年发展的传统观念。易班作为新教育平台，其思想政治教育内容离不开传统的教育内容和思想。此外，从形式上讲，传统的理论灌输、文件解读等方式进行思想政治教育虽容易引起大学生抵触，但是传统的形式也有着新形势所难以比拟的优势，如文件的权威性、理论灌输的直接性等。所以，重视基础性传统内容，适当采用传统形式，在采用易班进行思想政治教育的过程中也不容忽视。

与时俱进，即是随着时代的发展不断发展，满足实际发展需要。基于易班开展思想政治教育，是对思想政治教育模式的创新，是与时俱进的体现。与时俱进不仅体现为一次创新或改革，而是需要在探索过程中结合实际情况和现实条件不断进行调整和更新。易班平台在大学生思想政治教育过程中，依据社会环境变化、时事热点、理论导向等，以大学生喜闻乐见的互动体验形式进行教育、熏陶、引导，是提高思想政治教育实效性的有效途径。

（二）教育与自我教育相结合

教育学家叶圣陶提出教是为了不教。教育与自我教育是一个相统一的过程。

利用易班平台开展思想政治教育是教育者与教育对象之间实现教育与自我教育的过程。易班平台可实现“校—院—班—个人”的四层级交互活动，教育者在这个过程中起到教育引导作用。此外，易班平台中的优课功能，是开展思想政治教育的便捷方式，利用优课平台的功能，实现教育、资料共享、互动等，从而达到一定的教育效果。在易班思想政治教育活动进行过程中，自我教育也应贯穿其中，统一进行。重视个人体验的教育模式，更是体现参与者的自我教育。

在易班平台中，大学生在活动的参与、互动和共享过程中，实现个人的自我教育过程。通过个人在易班中的体验，达到思想意识的提升和价值观念的形成。因此，运用易班开展思想政治教育，应坚持教育与自我教育相结合的原则，单向的教育无法得到较好的回应，单向的自我教育缺乏方向的指引，两者都难以达到较好的教育效果。

（三）工具性与人文性相统一

工具性以目标为导向，重视结果，强调以可采用的途径、方法，以实现其目的，多用量性考核。人文性强调价值，重视体验，重视过程中的情感熏陶、意识变化等，多用质性考量。

运用易班平台开展思想政治教育，既需要坚持工具性原则，也需要人文性原则，两者兼而有之才能保证其效果。一方面，工具性原则指引思想政治教育工作设立明确目标，并在目标导向下，有计划有步骤地进行目标的分解及活动的设计。而各校、各学院、各班级，为保证平台的有效运作，通过一定的量性指标考核，适当的奖励机制，可起到督促及激励作用。但是，单纯在工具理性原则指导下的思想政治教育工作过于刚性，往往难以对教育对象起到较好的吸引作用。人文理性指导下的易班思想政治教育，重视大学生的情感体验，重视大学生的实际兴趣与需要，以柔性的方式引导大学生参与活动。易班思想政治教育只有坚持工具性与人文性相统一，才能既吸引大学生，保证一定的教育基调。

第二节 易班开展思想政治教育活动面临的难点及对策

一、易班开展思想政治教育活动面临的难点

易班开展思想政治教育活动，一方面受到平台自身技术限制，另一方面受用户主体——学生的特点及需求影响，这决定了易班开展思想政治教育活动过程必然面临诸多问题。根据实证调查，易班开展思想政治教育活动面临的问题包括以下方面。

（一）易班作为高校思想政治教育平台，地位有待提高

高校思想政治教育活动的开展，依托于一系列教育载体进行，易班是其中一个新媒体平台，在互动与共享中，引导大学生进行思想政治教育活动。易班不仅是大学生思想政治素养培育的平台，也是大学生进行正确世界观、人生观、价值观培养的方向引导。易班对于大学生思想政治教育活动，可起到较为直接

的作用，直接植根于大学生的主要活动空间——网络。然而，关于“易班是大学生思想政治教育的重要平台”的调查，选择“一般”选项的同学占多数，选择“符合”及“最符合”的同学占总样本的40.06%。数据表明，易班在高校思想政治教育活动中，其地位并不突出，大学生自主参与意识相对欠缺，一定程度上反映了易班难以在高校思想政治教育中成为师生自觉认同的重要平台，更多的是自上而下的宣传与推动。因此，关于易班作为思想政治教育的平台，其地位有待提高。

（二）易班平台开展思想政治教育的内涵建设需完善

思想政治教育内涵建设，其核心依托于易班平台中的思想政治教育内容。思想政治教育内容是易班开展思想政治教育活动的基础，直接关系到易班开展活动的效果。关于易班思想政治教育内容的充实度调查，其综合评价平均分为3.32，该评价属于中等偏上的评价。但是，作为新型教育平台，其目标应是正向评价占多数，才能反映新事物对于教育的推动及促进作用。然而，易班平台中，思想政治教育内涵建设需进一步完善，否则，僵化、单一、刻板的内容不仅无法调动学生参与的兴趣，反之导致学生产生抵触情绪，这将与易班开展思想政治教育活动的初衷背道而驰。

（三）易班平台开展思想政治教育活动形式创新性不足

形式是内容的外化，教育内容只能通过恰当的形式才能最大限度地为教育对象吸收，达到相应的教育效果。易班平台作为新媒体平台，其思想政治教育功能的发挥必然需要以创新的、学生喜闻乐见的形式展示，才能较好地调动学生参与的积极性。然而，在当前易班运用过程中，其功能模块相对单一，在有限的功能模块范围内，进行活动形式的创新就受到一定限制。虽然，易班平台技术在不断更新、完善，以满足使用者的功能需求，然而，与众多广为应用的新媒体平台相对比，易班的活动形式创新性难以提高。在学生有更多新颖、特别的媒体平台可选择的情况下，缺乏创新性的易班平台就难以吸引大学生坚持以此作为活动平台。此外，在易班当前的功能模块中，如得到有效使用，是可有相对创新的思想政治教育活动形式展现的，如运用轻应用开发相应活动，以线上线下相结合的互动方式进行思想政治教育活动的开展。然而，当前不少用户，以易班作为宣传平台，仅作新闻发布、活动通讯报道、资料存储等，其应用较为单一，则难以进行思想政治教育活动的创新性尝试，难以提高学生对易班的黏性。

（四）易班平台开展思想政治教育资源利用率不高

易班平台开展思想政治教育活动，是作为载体发挥作用的。在这个过程中，资源的利用和整合尤为重要，资源利用率高，教育效果才能更为明显。然而，在当前的易班平台应用过程中，资源的利用率并不高。一方面，高校各职能部门、学院没能在易班中进行资源的共享和整合，绝大多数高校是在学生工作范围内进行易班的应用。单线条的思想政治教育，缺少其他部门或学院资源的补充及完善，资源利用率不高，教育效果难以最优化。另一方面，易班对其他媒介平台的利用率不高。易班平台难以面面俱到，实现所有信息化平台功能，然而，高校学生管理、教育教学等对网络平台的功能提出了较高的要求。因此，易班需有效利用其他媒介平台的优势，实现信息化系统的有效对接，完善和丰富易班平台的资源，以"一站式"平台的目标，作为易班平台发展的方向。

（五）易班平台开展思想政治教育活动效果不理想

思想政治教育是易班平台的重要功能，也是核心功能，然而，在实际调查中发现，易班平台开展思想政治教育活动的效果并不理想。关于大学生对易班平台开展思想政治教育活动的满意度、信赖度、效果以及活动的受欢迎度等调查结果显示，对此做出正面评价（"符合"及"最符合"选项）仅占少数，多数用户对此评价为"一般"。一方面，易班开展思想政治教育活动，多数是自上而下的活动组织，具有一定政治教育意义，对大学生的吸引力较弱，大学生难以形成自主自觉参与意识，通常需要一定的组织或者要求才能保证教育活动的顺利进行。缺乏自主自觉的参与意识，教育活动的效果就难以达到理想状态。另一方面，同学群体间或个人的思想政治教育活动互动及体验积极性相对较弱，这是教育效果不理想的另一个方面。调查结果显示，大多数易班活动，主要通过学校、学院或班级组织开展，而关于学生之间运用易班进行思想观念及价值观分享以及个人运用易班进行思想动态分享的调查，学生群体间及个人的积极性均相对较弱。

二、完善易班思想政治教育活动的对策

（一）加强机制保障与制度创新

1. 完善管理机制

易班平台的有效运行，要求一套完备的管理机制。完善管理机制，需制定一套自上而下多层级管理机制。"省易班发展中心—校易班发展中心—二级学院易班工作站—班级易班—个人易班"自上而下的层级关系，直观地反映出上一层级对下一层级易班思想政治教育活动开展的培训、指导与管理。完善的易班管理机制，需制定相应工作制度、建设方案，也需要一定的硬件配置、人员配置，从而保证易班思想政治教育活动的顺利进行。具体包括校、院易班建设方

案、易班工作站章程，指导老师聘任及管理章程、值班制度等。严格、完善的管理机制是易班正常运行的基础。

2. 强化宣传机制

宣传是易班被高校各职能部门、各学院及师生所运用的重要途径，因此，强化宣传机制至关重要。宣传工作应贯穿于各个工作范围及各个群体。在教务教学中，宣传易班平台，加强任课老师对易班的认识，是争取易班得到更广范围应用的有效途径；在课堂中，宣传易班平台，可在一定程度上提高大学生对易班的整体功能认识；在兄弟院校交流中宣传易班平台，对于建立更多易班建设盟友，探索新时期网络思想政治教育途径起到重要作用。强化宣传机制，是提高易班思想政治教育活动效果的重要方面。

3. 加强激励制度

激励、奖励对事情往更好方向发展起到一定的助推作用。在易班管理及运行过程中，激励制度必不可少。一方面，从校级层面而言，应制定一定激励制度，对各二级学院易班工作站的建设情况，进行相应考核，提供适当激励奖励。对于二级学院来说，这是一种鞭策和鼓励，对工作的顺利开展起到推动作用；另一方面，对于班级及个人而言，由校或学院制定一定的激励制度，对表现优秀的班级或个人给予奖励，将起到有效的鼓励作用，促使学生对易班增加喜好程度，提高认同感，甚至建立一定的情感维系。

4. 建立反馈制度

反馈制度的建立，是为了易班平台及时发现问题，及时改进问题，以达到相应的效果。有效的反馈制度建立依托于各层级群体。直接有效的反馈制度，即是下一层级的群体可以直接反映其用户体验、存在困惑等，上一层级给予及时的回应。反馈制度的建立要求具体落实到人，以避免反馈机制形同虚设，就是任何用户体验过程中存在的问题，都应得到相应的解答及帮助。只有及时有效的反馈制度，才能提高用户对易班的认同感，并且在困难及疑惑的解答过程中，逐步提高使用易班的信心。

（二）加强易班思想政治教育内涵建设

1. 思想政治教育内容前沿化

与时俱进，在任何领域范围内都是适用的。思想政治教育内容前沿化，即是思想政治内容应当与时俱进，关心、关注实时动态、时事热点、学术热点等，保证其教育内容是与当前社会发展的前沿步调一致的。前沿的信息对于大学生来说才是有吸引力的。当今环境，大学生有着众多的渠道去获取资源及信息，因此，只有保持教育内容的前沿化，才能避免在信息浪潮中被大学生摒弃。

2. 思想政治教育内容具体化

思想政治教育之所以容易受到大学生抵触,在于其抽象性。传统认识中的思想政治教育内容是刻板的、抽象的、晦涩难懂的,对此内容进行消化、理解、吸收,需要一定的时间及精力。因此,不少大学生难以做到,这就导致思想政治教育内容因抽象难懂而难以入脑入心。教育内容具体化,即是将理论性强的抽象性强的内容进行分解,将其具体化为更容易接收理解的文字、图片、音频、视频等。佛山科学技术学院打造的“VR 思政”,将思想政治教育内容具体化为直观的 VR 体验,就是思想政治教育内容具体化的有效案例。

3. 思想政治教育内容生活化

思想政治教育内容生活化,是为了将思想政治教育与大学生实际生活相联系,走进学生,了解其需求及喜好,作为进行思想政治教育的基础,才能达到理想的效果。思想政治教育内容生活化,融汇思想政治教育内容于大学生日常生活及言行中,在生活体验过程中理解和认识思想政治教育内容,达到“润物细无声”的效果,这样教育内容才能深入人心,引起共鸣。

(三) 加强易班思想政治教育形式创新

1. 教育工作者创新指导方式

易班开展思想政治教育活动是在一定的组织指导下进行的。易班中指导老师的指导工作对于易班的整体运行起着重要的作用。创新易班思想政治教育形式,关键也在于创新指导老师的指导方式。传统的“我教你学”“我说你听”的方式,已经不适应网络时期新媒体平台的运行。具有创造性的想法和活动,往往来源于思维敏锐的学生群体。因此,教育工作者在指导易班工作站运行的过程中,尊重大学生的主体性,创新工作方式,以旁听者、把关者的角色去调动学生发挥其创意的积极性,才能激发出创新性的活动形式。

2. 学生群体创新体验形式

传统的思想政治教育以理论学习为主,课堂、文字、教师、学生,是传统思想政治教育模式下的几大要素。突破传统形式,最为直接的则是学生体验上的突破,走出教堂、走出教材、走出文字,同样可以达到相应的教育效果。线上活动体验,以图片、音频、视频等更为直观的感官体验,激发参与者的兴趣。只有基于兴趣进行的学习体验,才会投入精力、激发思考、付出情感,从而提高学习的实效。学生群体创新体验形式,可在线上进行,也可在线下进行,或者线上线下相结合进行。比如,以思想政治教育为主题的微电影大赛,通过易班平台轻应用进行报名,运用平台进行活动宣传、作品收集、作品投票、线下展示等方式进行,学生群体在此过程中,直接参与活动体验,在活动中体会活动主题意义,实现教育内容寓于有效的形式中，达到相应教育效果。

（四）提高资源整合力

1. 整合教育资源

易班作为新媒体平台，可打破传统限制，将分散的、碎片的教育资源进行整合及优化，从而实现教育资源在该平台的最大化。整合教育资源，需联动相关职能部门和二级学院，从根本上重视易班作为思想政治教育平台。一方面，各职能部门可将与大学生思想政治教育相关的课程、信息化系统与易班平台进行对接，将分散的资源整合在易班平台，丰富易班平台的思想政治教育内容；另一方面，各二级学院易班工作站，应在运作过程中始终对校级易班工作站负责，学院相关教育或活动资源共享至校级易班工作站，由校级易班工作站进行汇总整合，从而形成全校均可共享的资源。资源的有效整合，可以大大提高易班的思想政治教育效果。

2. 整合各自媒体平台资源

信息化环境下，新媒体平台层出不穷，从技术层面上看，易班较之其他平台并无竞争优势。然而，易班是最适合大学校园环境的自媒体平台。为提高大学生使用易班的积极性，则需挖掘现时受大学生欢迎的自媒体平台的优势，利用其他自媒体平台的有效资源，在易班平台进行整合及利用，从而对易班平台的资源进行补充和优化。比如：部分自媒体平台设有新闻栏目，最新发生的时事动态可在第一时间发布，这是易班平台无法做到的。因此，整合其他自媒体平台的新闻资源，作为易班工作站人员捕抓时事热点的参考，进而形成相应活动设计或思想政治教育相关推送，这是易班整合其他自媒体平台资源的一种方式。

（五）提高高校思想政治教育工作队伍综合素养

1. 加强思想政治教育理论学习

易班平台作为新媒体平台，虽然在网络环境中产生，但不论形式如何变换，其核心仍是思想政治教育。思想政治教育队伍的理论学习是贯穿其职业过程中的，基本思想应得到扎实学习，实时动态需实时更新学习。思想政治教育工作队伍进行理论学习，可通过集体专题讲座学习、外出培训进修、个人学习、小组研讨等形式。佛山科学技术学院习近平新时代中国特色社会主义思想青年研习社是为思想政治教育工作队伍提升个人理论基础的良好平台。利用该平台，可进行理论研读、专题报告等学习，逐步提升思想政治教育工作队伍的理论基础。

2. 增强网络素养与应用技能

作为新媒体平台，易班对教育工作者的网络素养与应用技能提出了较高的要求。只有掌握了易班平台的基本操作,才能顺利运用平台进行有效的教育与互动。网络素养体现在文明上网、理性上网,思想政治教育工作者在易班平台上是教育者、指导者的身份,其网络素养对大学生起到重要的影响作用。只有个人做到文明、理性,才能对学生起到示范与感染作用。此外,网络应用技能是教育工作者不断学习、交流与探索的内容。易班界面有着诸多功能,思想政治教育工作者应当对此进行学习及应用,通过参加培训交流等方式,真正掌握相应技能,这是教育工作者运用该平台的基础。因此,加强此方面的学习不容忽视。

3. 提升网络舆情疏导能力

高校思想政治教育工作者肩负网络舆情疏导的重要职责。在易班平台,任何违反国家安全及社会稳定的言论、活动都不能出现,这对思想政治教育工作者的网络舆情疏导能力也提出了一定的要求。教育工作者应在立场坚定的前提下,理性、灵活处理网络舆情事件,做好及时的沟通和疏导,防止网络舆情事件的扩大化,避免影响社会稳定的情况发生。

第二章 组织育人：易班与学生党建的理论与实践

高校是培养青年的主要阵地，也是以习近平新时代中国特色社会主义思想武装青年的理论阵地。易班与学生党建的结合是将互联网应用于教育学生党员，用学生喜闻乐见的方式开展党建工作，不断巩固拓展党建工作的新阵地。易班党建的发展即从线上阵地对党建发展的内容和路径进行探讨，以学生的需求为动力源泉，注重校园文化、组织活动、党员质量等方面建设，结合党的最新理论成果、路线、方针、政策等培养人才。通过党建易班平台建设，加强党支部阵地建设，扩大党员教育覆盖面，实现党员教育的即时化，实现党支部堡垒作用的最优化。

第一节 易班与高校党建的理论分析

一、新媒体时代给高校党建带来的机遇与挑战

新媒体时代是信息爆炸的时代，思想传播多元化，高校开展党建工作面临许多新的有利因素，同时也面临不少挑战。新媒体依靠丰富的资源、便捷的接受方式深受学生喜爱，成为获取信息的重要途径。新时期的高校党建工作要抓住互联网的优势，顺应时代教育背景，满足学生发展需求，巩固高校网络阵地，夯实党的基层组织，提高高校党建的针对性、实效性。

（一）新媒体时代给高校党建带来的机遇

1. 增加党建的趣味性，营造良好的党建环境

习近平总书记在全国高校思想政治工作会议上指出："要运用新媒体新技术使工作活起来，推动思想政治工作传统优势同信息技术高度融合，增强时代感和影响力。"新媒体的到来给高校思政和党建注入新的活力和血液，为高校党建创设多样化的工作载体，激发其融入高校学生党建工作的主动性，增加组织活动的趣味性，全面提升高校党建的工作实效，扩大党建的覆盖面和影响力，营

造良好的党建环境，开创高校党建的新局面。

新媒体利用信息网络的技术优势，积极拓宽党建工作新阵地，充分发挥新媒体教育功能，全面认识新媒体的优势，让学生党员融入党建工作中，切实感受到党建工作就在身边，提高党建工作的吸引力，营造良好党建环境。

2. 提供更加便利的学习方式

从思想上建党是我党建党学说的重要特征，对党员进行培训是开展思想教育的主要手段和方法。过去受学习时间、学习任务的影响，学生党员接受党组织的教育主要依托传统的党校培训。新媒体的发展，推动高校学生党建工作逐步迈入动态化时代。通过新媒体的资源整合，构建校园党建网站，搭建虚拟交互平台，使得学习知识获取的方式更加便捷，渠道也越来越丰富，不仅可以在专业化知识网站、微信公众号、高校在线课堂等获取有效资源，而且还可以参与网络互动，广大学生党员利用碎片化的时间浏览相关知识，随时随地开展学习，降低了学生党员的学习成本。大量的学习和积累能够培养学生党员对革命先烈、对党的历史具有坚定的理想信仰。同时，学习方式的便利为学生党员的学习增加了机会、创造了条件，经过长时间的学习熏陶，学生党员主体意识得到提升。

3. 有效搭建沟通桥梁

交互性、实时性、匿名性、共享性是新媒体具有的鲜明特征。通过论坛交流、短信互动、微信链接等平台，可以为学生提供虚拟空间、交互平台，可以为学生开辟自由发表意见的空间，及时把握住学生的思想动态，及时了解学生的理想信念。新媒体为学生提供各种便利的同时，也为其搭建更好的交流平台。有利于加强学校党务工作者和学生党员间的沟通、交流，拉进彼此间的距离，有利于听到学生党员的真实想法，避免传统上下级沟通的一言堂现象，形成扁平式沟通结构，全面提升高校党建工作效能，进而推动高校党建工作顺利开展。

4. 延伸舆论建设新阵地

高校学生思想活跃，对新事物接受能力强。在新媒体条件下积极推进党建工作，占领网络阵地，是时代发展的必然。学生党员是学生队伍中的骨干力量，他们在某些方面引领着学生队伍的发展方向。面对新媒体时代，越来越多的社会角色通过新媒体参与到公共事件当中，关注了公共利益，形成了一定的社会热点事件。舆论引导逐渐成为影响社会成员行为和思想的一个砝码，需要受到高度重视。高校学生尚处于成长时期，很容易被一些别有用心的人欺骗、蛊惑，因此，高校党组织要利用互联网等新媒体，扩大党建舆论引导工作和宣传工作，使新媒体为党的舆论建设和宣传服务。

（二）新媒体时代给高校党建带来的挑战

1. 为党内不良风气传播提供了渠道

新媒体条件下，信息来源和传播有着不可控性的特点，这源自互联网的开放性，使得各种意识形态的信息充斥于新媒体平台之上，因而这些信息的内容、质量很难保证。高校学生党员正处于世界观、人生观发展的关键阶段，然而缺乏实践经验，对事物缺乏一定的判断能力，容易被一些敌对势力进行意识形态渗透。而且从事高校学生党建工作的人员多为高校辅导员，他们不仅要处理复杂的日常行政工作，还要关心学生学习、生活的方方面面，工作内容繁杂，不能投入足够的时间和精力对校园内信息进行有效监管，这就为党内不良风气的传播提供了渠道。

2. 一定程度上弱化了学校管理

目前，高校学生党建工作存在载体不足、工作方法简单、互动性差、对学生教育的说服力不强的弊端，影响了党建工作的实效性。利用网络新媒体开展党建工作是时代的要求，新媒体因其自身特点，深受学生喜欢，使用频率高。同时新媒体传播途径已经是高密度全方位的覆盖，信息量大大超过传统媒体，学校的管理手段跟不上新媒体带来的变化，学校无法真正管理新媒体，对舆情应对能力不足，一定程度上弱化了学校的党建管理工作。

3. 削弱班级集体意识

互联网时代的新媒体内容丰富，娱乐性强，能够最大化满足学生的生活、娱乐需求，学生的个性化日渐突出，更多同学习惯线上活跃，甚至不愿意占用个人时间开展集体活动，班级集体意识逐渐淡化。新媒体下，高校党建工作是长期性任务，需要优化支部设置，保障党的组织和工作全面覆盖学生党员。当前新媒体环境下，学生班级集体意识淡薄，对党建资源整合、基层组织建设、支部引领力建设、凝聚力建设有一定的消极影响。

二、新媒体时代易班有利于增强高校党建实效性

（一）拓宽了学校管理学生党员的渠道

“高等教育不同于基础教育，它更强调教育对象的参与，更注重发挥教育对象的主动性，于是在高等教育过程中，就形成了教育者和被教育者的双主体关系。”①易班在技术上实现了电脑、手机等终端的有机融合，大大拉进了师生之

---

① 陈华栋.“易班”：Web 2.0 时代网络思想政治教育的新探索[J].思想政治教育，2011(13)：81-85.

间的距离。在管理学生党员方面,易班党建依托党支部微社区、支部行政群开展对党员的管理教育,充分调动学生党员参与的积极性、主动性,避免以往学校主要依托基层党组织,以报纸、电台等传统媒介单一的管理渠道、简单的沟通方式。学生党员利用易班的服务功能,可以线上党课考试、线上教育、线上发布思想汇报等,实现管理学生党员信息科学化。利用易班开展党建工作,加速信息的传播与沟通,线上线下互动交流,促使管理学生党员渠道多样化、便捷化。

（二）丰富了高校学生党建多样化的工作载体

新媒体时代,高校学生活动的自发性、多样性、灵活性、开放性日益成为凝聚大学生的有效形式,成为构建校园文化的主要手段。品牌化的学生活动更是充分利用新媒体,挖掘校园资源、社会资源为强化党员主体意识践行党员主体行动开辟了广阔的空间与舞台。易班基于自身开放、共享、教育等功能,活用易班轻应用等功能,线上线下同步进行,以党日活动为载体,组织学生党员开展社区服务活动、志愿者活动等,并结合学生党员的兴趣爱好、特长、专业方面的实际情况,成立学生社团组织,探索学生党建工作的新途径,努力开创高校党建工作新局面,更好地发挥学生党员的自主性、创造性。

（三）构建了全方位的学生党员教育模式

传统的课堂教育已经很难适应新媒体时代发展的要求,因而为了增强教育的有效性,需要搭建教育平台。利用新媒体搭建的教育平台,内容分类有序、储备容量大、信息更新快,广大学生党员获取信息便捷化,而且形式新颖,符合广大学生党员的心理需求,弥补了传统课堂教育的不足。基于易班教育功能,实现全方位的学生党员教育模式,利用优课开设入党启蒙教育、积极分子党课培训、发展对象党课培训、预备党员党课培训、正式党员党课培训、党支部委员学习等课程,贯穿党员培育全过程。通过网络平台,将碎片化时间集中利用,通过图文、视频、发布话题等多媒体手段,使网络学习比传统课堂教育、线下培训更具有生命力,激发学生党员学习热情与积极性,确保每一个教育对象、每一个阶段的教育都落实到位。利用易班题库功能,实现党章知识考试无纸化,跟踪党员学习效果。学生党员也可以自行选择感兴趣的知识继续深入,同时能够在线上论坛、交流群、留言板等提出自己的看法和建议。易班教育平台凭借自身的独特优势,向广大学生党员传递党的理论知识、社会热点等问题,而且也能够吸引广大群众参与讨论,进一步激发学生党员的主体意识,强化学生党员的责任担当。

三、高校易班党建的内涵、结构与功能

（一）高校易班党建的内涵

高校易班党建工作主要基于三个方面：一是变化发展着的学生党建工作本身，二是变化发展着的学生党建工作对象，三是变化发展着的学生党建工作环境。随着新媒体的发展，高校党建进入动态化的发展状态，高校易班党建主要是以易班为载体、网络信息技术为支撑，对高校党建工作在信息传播、工作方式和工作领域进行创新、拓展和延伸。它与传统的高校党建工作相互交错、相互渗透并为补充。从狭义理解，高校易班党建工作指基于易班教育、开放、共享等功能利用易班开展党建工作等。从广义理解，高校易班党建工作指整个虚拟环境下开展的高校党建工作，除了依托易班平台，还应该充分挖掘易班功能，借助易班平台实现高校党建与其他工作的融合，打破相互之间较为孤立状态，实现较好地协作和沟通，构建多层次、立体化态势，全面培养广大党务工作者对易班进行准确定位，全面利用好图片、视频、音频等对信息内容进行渲染，提高高校党建的实效性。新媒体时代下高校易班党建还应该包括以下内涵：

(1) 高校易班党建工作是新媒体时代高校党建工作的必然要求和必然产物。新媒体下，既要理清易班的特点及其对高校学生党建的促进作用，也要实现易班与传统媒体之间的合作与沟通，构建立体化、多层次的党建模式，更好地发挥易班对党建工作的作用。

(2) 高校易班党建工作是传统高校党建工作在信息传播、工作方式和工作领域的一种突破和挑战。易班是社区，核心是互动，关键充分了解学生党员想什么、要什么，才能让易班党建深入学生用户的心。

(3) 从目前的发展程度和发展态势看，高校易班党建工作包括了传统高校党建工作的全部内容，而且对传统高校党建工作进行创新、拓展和延伸。易班党建主要是在服务中体现管理，在服务中蕴含教育，对学生党员有较强的黏合力。

(4) 高校易班党建工作是由若干系统紧密联系的有机整体。学生党建工作的每一个过程、每一个要素都不能孤立存在。党建整体水平的提高有赖于每个个体的协调同步，有赖于各个环节的紧密结合。

(5) 高校易班党建工作与传统高校党建工作存在交互作用，并互为补充。高校易班党建工作主要是借助易班平台，利用易班的教学、娱乐与服务的功能，发布党建信息、研究党建理论成果、建设党建研讨阵地等服务。高校易班党建不仅提高了党建工作的效率，而且实现了党建模式的创新。

（二）高校易班党建的结构与功能

1. 政治导向功能

易班是由教育部门主导的、真实的大学生网络互动社区，为大学生的交流学习提供平台，为教育管理工作提供了信息来源和工作窗口，它的诞生正是高校教育管理工作基于对当前网络发展形势的主动应对，具有较强的现实意义和教育意义。① 高校是教育培养青年人才的重要园地，也是用社会主义核心价值体系武装青年的重要思想阵地。高校易班党建即从网络层面对高校党建教育发展内容和工作平台进行探讨，以高校的内部因素作为动力和资源，注重学校理念、学校文化、组织建设、党建理论素质、党员质量和水平等方面建设，结合党的理论、路线、党的原则和纪律、党的作风、党的目标和宗旨等培养人才。

2. 思想育人功能

思想建设在整个党建工作中居于基础和统领地位，更是高校学生党建的生命线，思想育人的核心内容为理想信念教育。高校易班党建工作，依托易班平台，构建校园文化载体，加强对校园主流文化的积极营造、思想引领，推进党建理论与校园文化有机结合。一方面坚持不懈地用马克思主义中国化最新成果武装党员、教育师生，夯实校园文化建设的思想基础，把社会主义核心价值体系融入校园核心价值观建设中，使之转化为学生的自觉追求；另一方面弘扬优秀传统文化、廉政文化和道德规范为主要内容的主流思想文化，增强校园精神文化的凝聚力、感召力和内化力，增强思想育人的实际效果。

3. 生活服务功能

高校易班党建工作，利用易班文化娱乐功能，建设党建活动载体，有针对性地创设党性锻炼平台，设置管理工作平台，探索建立党员、学校、学院管理、服务机制，强化发挥党员的主体性和责任感，明晰党员角色定位，让党员在奉献服务中提升自身思想境界，夯实党员责任意识。

第二节 当前高校易班党建工作的实践成效及难点

一、高校易班党建工作的实践成效

（一）构建网络思政教育新平台，拓展学生思政教育新途径

新媒体时代，通过运用“互联网＋教育管理”这种新形态，充分发挥互联网

① 陈华栋．“易班”：Web 2.0 时代网络思想政治教育的新探索[J]．思想政治教育，2011(13)：81-85.

在教育资源配置中的优化和集成作用，将互联网的创新成果融合至教育领域，是高校与时俱进、创新教学管理和学生服务手段的必然选择和要求。① 高校学生党建与思想政治教育方式和内容理应顺应时代、与社会接轨，尊重高校学生的身心发展规律，以贴近实际、贴近学生、贴近生活的内容，学生喜闻乐见的方式来开展。基于易班开放功能，实现党建资源、思政资源共享，构建网络思政教育新平台，拓展学生思政教育新途径。如何实现易班与教育教学资源有效对接的问题呢？"易班"区别于社会交互网站的重要标志之一，就是对教育教学功能的高度重视。②

（二）将易班党建与日常工作相结合，党建深度融入日常工作

党建工作的本质就是实实在在做人的工作。实现易班党建与日常工作相结合，可以拓宽管理的空间和范围，提高管理效率。学生党员双重身份，学业繁重，精力、时间有限，提高党建与日常工作的融合度是很有必要的。

目前，部分高校在利用易班开展党建工作，根据后台大数据信息，获取党员基本信息、培训考勤、问卷调查、党培考试、专题讨论的数据聚合及分离以及数据采集、定量分析、信息反馈的全过程均能以图片、图表等形式直观呈现，从而检验易班党员教育智慧平台开展党员教育的效度、信度。根据数据反馈的结果，易班党建有针对性地立足学生思想、学习、生活实际，尊重学生、理解学生，有利于促进学生的成长、成才。

（三）线上与线下活动协同发力，易班党建落到实处

现阶段，高校学生将校园活动、个人行为、个人言论从线下转移到线上，在互联网各个平台完成了不同的活动需求。结合青年学生的认知特征，部分高校在易班平台上构建党员学习新园地，设置新时代专栏、党建荟萃、红色基因、思政教育、廉洁文化、传统文化、岭南特色等栏目，在各类栏目上推出马克思主义中国化最新成果、国家重大会议精神等，受到了广大学生的喜爱。紧贴"推动思想政治工作传统优势同信息技术高度融合，增强时代感和吸引力"，创造性地将易班、VR技术、党建三者有机结合。佛山科学技术学院学生自主开发了"不忘初心　牢记使命——党的十九大精神教育基地"VR党建软件，从"主题构思、框架构建、寻找史料、精选素材、路线设计、影音嵌入、后期美工"等到VR主题的全链条制作都由学生自主完成，实现被动灌输到自主学习的转变。通过虚拟

---

① 岳志强."互联网+"背景下高校学生教育管理"易"平台构建[J].思想教育研究，2016(8).

② 陈华栋."易班"：Web. 2.0时代网络思想政治教育的新探索[J].思想政治教育，2011(13)：81-85.

仿真技术让学生体验现实无法到达的场景和过往的历史事件，激发学生爱党爱国的情怀，激活红色记忆。

二、当前高校易班党建有待加强

（一）认识层面，开展易班党建经验不足

1. 易班发展不平衡

易班在推广初期，遵循“先试点、再推广”的原则，以上海的高校为主，其他地区选取部分高校进行试点。建设初期，各省份各高校的实际情况差别很大。易班是不同于商业社区的交互型网站。在平台建设上，易班完成了基础的社区分类、功能定位、建设方向，可以说留有很大空间给予各高校自由发挥创作。充分的自主权给易班的发展带来活力，同时给基础薄弱的高校带来一定的挑战。

易班在尊重网络的基础上，很大程度借用了行政力量。不同于其他新媒体，易班的发展不是由用户内在自发传播，而是由行政力量推行，很大程度上导致易班发展不平衡。很多高校在接触易班之前，原有的校内与易班功能类似的系统已经很完善，备受认可、运行良好。如何实现与原有系统的兼容是易班面对的问题。一些高校想依靠易班来推行校园信息化建设，但是由于硬件设备不具备而无法发展。同时易班的发展程度和易班在学校受重视的程度有关系。

2. 易班党建融合度不全面

易班是集生活服务、文化娱乐、教育教学为一体的大学生综合生活平台。可以说易班涵盖了大学生在学生时代的基本需求，但是从技术和内容层面，易班功能全面但缺乏专业化建设。在党建方面，学生不仅仅需要基础的传播信息功能，而且需要在内容、方法等方面有所创新，能够真正深入实际，整合资源，满足用户需求。当前，部分高校运用易班开展党建工作，主要是利用微社区话题功能、易班优课功能。微社区话题很大一部分是转载各大媒体的相关党建信息，信息原创性不足，而且互动、转载、评论很少，很难达到良好的效果。易班优课功能，缺乏专业的党建课堂，很大程度要依靠辅导员老师借助外网搜索时政党史相关的视频，有效嵌入优课才能实现教育功能。易班与党建在功能、技术、内容等方面融合度不全面。

3. 易班党建定位不明确

高校党建由学校组织部主要负责，而针对学生党员的管理则是由学校组织部、学生处、学院党委三个部门来共同管理。利用新媒体开展党建工作是当前高校开展党建工作的共识。学校组织部门受上级单位领导，有专门管理党员的党务系统，而学生处、学院党委受组织部领导，校园网建设有专门的党建工作

网。目前,易班党建工作仅仅发挥了学生工作部门的积极性,其他部门的积极性有待提高。学校开展易班工作更多地落实在学工部(处),教务处、团委等其他部门以及专业教师的积极性亟待提升。随着新媒体的发展,客观上要求党建工作向广度和深度发展。但是,基层党组人手少、精力有限、工作任务大,单是完成各部门系统的操作已经勉为其难,更不用说专门在易班上开展党建工作。易班党建工作定位不明确,各部门之间的利益难以协调,如何实现党建工作向深度和广度发展,如何使易班党建推动高校党建,如何使易班党建成为传统党建的有效补充和利用等一系列问题需要解决。

(二) 执行层面,平台内容吸引力不足

1. 自身管理导致活力不足

面对信息化的高速发展,高校利用互联网开展思想政治工作平台单一,对学生的思想动态和舆情形势难以把握。可以说,在高校管理与互联网建设中出现了管理的真空区域。易班基于以上原因,应运而生,快速成长。易班以班级为核心区,采用实名制的真实的大学生网络互动社区。"网络社区是自治和扁平化的,它不再遵循现实社会的自上而下的纵向逻辑,更多的是横向联系。"①而易班在功能分区上遵循校级、院级、班级三级联动的原则,从注册开始就是一个自上而下的过程,同时由校方、老师、学生共同监督建设的网络社区,并且利用行政力量推广,造成部分学生认为自己是一个被管理者,产生了一定的逆反心理。易班是教育部主推的互联网产品,安全、可靠,不会对高校自身管理构成影响,能够获得高校自身数据库的支持和共同开发。因此,易班有利于打造垂直细分于高校学生群体的互联网社区产品,这是易班发展的核心竞争力和机会。

2. 自身定位导致功能不足

"时代在前进,用户的需求和行为也在不断地变更,单纯依靠某一款应用或者某一个功能已经无法长久地占有市场并保持用户黏性。"近年来,我国高校的信息化建设取得了一定的成就,但是也存在诸多明显的问题,比如信息化建设方向不明确,信息系统建设服务粗糙,速度缓慢响应用户需求等问题较为严重。特别在高校信息化过程中,逐渐暴露出的"信息孤岛"问题和信息系统移动端建设大量滞后问题是各大高校普遍存在的问题。对于易班产品,虽然也在努力地制作开放平台,完善和调整自己的设计架构,填充和丰富平台内的功能,但受制于产品本身定位和管理机制的原因,易班远远跟不上社会化平台发展的速度,

① 朱建征.网络社区时代易班建设面临的挑战和应对策略[J].思想理论教育,2015(9):84.

因而大量学生用户进入易班后，会反映出平台的各种不足，难以建立起用户的黏性。社会化网络平台的快速发展和易班平台自身建设的滞后性是易班面临的巨大挑战。随着交互的频繁和社交关系的强化，社会化网络平台在用户中的认可度逐步提高，并形成了相对稳定的网络生态。与众多特色鲜明的同类网络平台相比，易班虽然功能繁多，但这些功能都亟待用户探索发现。

3. 自身功能导致用户黏度不够

由于易班社区的建设尚未完善，且还没有形成学生积极参与内容建设的良性互动，易班的娱乐功能较为贫乏，对用户黏性不够，难以满足大学生的实际需求。很多学生在进入大学之前已经在其他网络平台建立了网络社会关系，要重新在易班建立并形成关系网还需要一个过程，而且易班只是针对学生时代的关系网，可持续时间维持短、可迁移功能不强大。“易班要求在校学生实名注册，这与其他网络平台，如 QQ、微博、微信等无法进行互动，处于孤岛型的建设管理。”①青年大学生的思想倾向具有可塑性、创新性的特点。易班党建不仅要遵循高校党建的一般规律，还要符合学生党员的特点，开展富有特色的党建活动。当前依托高校开展党建活动的情况不是很理想，主要是内容不全面，用户的体验黏度不够，比如党建学习版块、教育管理版块、日常教育等没有紧密结合起来，缺乏专业的运营团队建设。

新媒体环境的运行，使高校党建教育的空间得到了很大的延伸，打破了地域的界限，让大学生的主流意识形态触角伸向了更为广阔的天地，为高校党建的内容和形式创新都提供了更大的舞台。在广阔的教育空间，核心的竞争力是满足用户的需求。不同的学生用户对网络资源有强大的内在需求，但因群体基础大，需求各有不同。部分高校的学生党建网站，基本上侧重于用户的使用，而缺乏长效的运行和开发，易班平台尚且如此。如果仅仅靠上传党建相关的资料、开展各类党建竞赛等，难以满足当前学生党员的实际需求，难以保障易班党建的持续运行，难以保证易班党建的工作实效。

（三）保障层面，缺乏长效监督与保障

1. 缺少专业的技术团队

易班在功能开发、技术操作层面给予各高校很大的发展空间。如果要实现功能的强大融合，仅依靠学生团队或者某一所高校、某一个部门均是无法完成的。同时高校缺乏网络运营和推广的力量，因而会出现高校互联网市场的真空。教育部易班发展中心作为全国易班推广的专门机构，拥有强大的技术开发

---

① 吴昊.基于易班构建高校网络思想政治教育平台的思考与实践[J].思想教育研究，2016(7)：65.

团队和运营管理团队,可以为打造全新的校园网络互动社区提供保障和支持。易班平台的吸引力关键靠技术和内容。在技术层面,易班可以实现校园功能的综合一体,相比其他多媒体具有竞争优势。发挥技术上的优势需要专业的技术团队,必须由高校师生共同主导。由于高校的情况不一样,某些功能的实现需要依靠外包公司来操作。但是依靠外部强大的力量,只能缓解一时之需,并不是长久之计。易班发展的最大动力在于师生持续共建,共建可以为易班的发展带来持续不断的动力和支持。

2. 缺乏专门的制度保障

易班在推广、建设时期,主要依靠行政命令。目前很多高校尚未完全建立关于易班的制度保障。缺乏制度保障,不利于易班的长久发展。关于易班信息的维护、内容的更新、团队建设、技术创新、后勤保障等没有健全的制度保障。因为制度的不健全,很多工作可能会因学校的发展、领导的想法而有所改变。特别是保障方面,缺乏专门的制度保障难以调动师生的积极性,难以协调高校各部门之间的利益。

第三节 新时代易班与高校党建深度融合的对策

新时代新媒体的发展,给传统的党建带来了机遇和挑战。为了适应当前党建的工作环境,面对新时代的学生党员,开展党建工作,只有通过组织形式、功能定位、工作方式、活动载体等方面的不断创新,才能真正发挥好基层党组织在对党员的教育、管理、监督、服务等方面的作用。易班的发展为高校党建提供了新的思路,高校通过易班的校园文化生活进而对高校学生党建进行辐射,依托易班平台,贯彻党的基本路线,与学生建构起相互联系的沟通渠道,有效传达和反馈组织意见和群众呼声,扩大基层党组织的影响力,提升基层党组织在学生中的威望。同时利用易班开展党建工作,要始终把握高校党建发展的正确方向;要结合高校实际情况与易班的融合度开展工作,增强党建工作的针对性和实效性;要挖掘易班的功能,提高高校党建的工作方法。

一、通过易班构筑学习平台,加强党员教育

对党员进行教育,是基层党组织建设的重要任务。基层党组织对党员进行教育的主要内容包括:马克思列宁主义、毛泽东思想、邓小平理论、“三个代表”重要思想、科学发展观和习近平新时代中国特色社会主义思想;党的路线方针教育和形势任务、国情教育;中国特色社会主义共同理想和共产主义远大理想教育;爱国主义、集体主义和社会主义核心价值观教育;党的优良传统和作风、

党的纪律和反腐倡廉教育以及市场经济知识、法律知识、科学文化知识和业务技能等。对党员的教育是一个长期的过程，重视学习是我们党优良的传统和作风。通过易班平台，有利于实现对党员的系统化培育。

（一）易班党建核心团队

高校学生党建工作是育人工作的重要组成部分，是一项长期的战略任务。实现专业化的高校学生党建工作管理，工作方式要创新，而工作理念是创新的前提。利用易班平台，丰富党建的信息资源，创新支部交流方式，离不开专业的党建核心团队。开展易班党建，要由党建指导老师、思政理论课教师组成专业化的核心团队引领发展。易班党建工作是一项复杂的系统工程，不仅要求党建方向上的专业化、精准化的指导，还要求精通网络发展运营规律，始终围绕网络教育、党建教育。核心团队根据党中央的要求和部署，将上级党组织的工作任务有效地利用易班党建平台充分落实。易班核心团队在实践工作中，既分工又合作，其工作方式与其自身职责和职业特点密切相关。对于基层党建工作者而言，熟悉并了解传媒相关知识和具有媒体实践经验的党建工作者仅占少数，所以要加大网络应用方面的培训力度，培养造就一支既懂党务工作又懂网络信息技术的核心团队。

易班党建核心团队的基本职责是用先进文化引导广大学生党员，增强党员的主体意识，夯实基层党组织建设，保持党的建设先进性。

（二）“易班＋”教育教学，打造高质精品优课

利用“易班＋”教育教学，精品打造一系列优质的党史党建课程。易班与其他新媒体的一个重要区别在于，易班非常注重教育教学功能。从易班的管理系统而言，基层辅导员完全可以利用优课的教育教学功能开展思政、党建教育。目前易班尚未有专门的党史党建类课程，需要借助外网转接相关课程。“易班＋”教育教学，正好利用当前的转型和空白，线上线下深度融合，拓展教育教学空间。

“易班＋”教育教学，线下可以充分利用虚拟现实技术的优势创设新的学习情境，通过模拟长征等党史故事，通过场景再现、交互体验，让学生沉浸其中，从而达到教育的目的；线上可以将名校名师的优质课程接入优课端口，同时将线下体验所得在线上分享讨论，充分调动学生的积极性，主动参与到教育教学中，把被动学习变为主动学习，把单向传递变为双向互动，把主要用“心”学习变为“身心”并用。

（三）“易班＋”易学易思，构建高效专业学习平台

易班是以高校为资源的新媒体平台，严格来讲，易班拥有丰富的高校教师

资源、广阔的专业课程。充分利用易班丰富的高校资源，挖掘易班功能，实现资源的共享，开辟和运用易班培训。在"易班＋"易学易思平台上，把满足学生党员的共性需求和差异需求结合起来，实现从拓宽知识面为主开发潜能和激发创造力，并根据学生教育教学的规律和特点，按照教学大纲的要求，合理规划现实课堂和易班平台学习时间，创新学习方式。

按照学生党员、基层党组织建设整体目标要求、发展思路、基本途径，有效地将习近平新时代中国特色社会主义思想、中国特色社会主义理论体系等基础理论知识共享在平台上，积极引导学生充分利用课外时间学习平台内容，提高运用理论指导实践的能力。易班平台整合学习资源方便快捷，有利于学生提高易班平台的学习质量，又可以将线上线下的学习结合起来。在信息管理上，通过规范运营管理，实现学习监控，提高学习的质量以及易班教育的认同度。

二、通过易班优化组织设置，加强党员管理

对党员进行管理，是党的组织按照党的纲领和章程，运用一定的形式和手段，对党员进行组织、培育、考察、协调、奖惩等一系列活动的总称。其着眼点在于全面提高党员素质，是党的组织建设的基础工作。认真做好这项工作，有利于提高党员素质，提高党的战斗力，保持党的工人阶级先锋队的性质，保证党的路线、方针、政策的贯彻执行，充分发挥基层党组织的战斗堡垒作用。对党员进行管理的主要内容涉包括党员的教育工作、党员的监督工作、党员的纪律检查工作、不合格党员的处置工作、党费的收缴使用管理工作、党员组织关系转移工作，调整和改进党的基层组织设置等工作。可见，对党员进行管理，是一项非常广泛的工作。

通过易班对党员进行管理，主要通过易班的功能分区，探索将支部生活在线上开展，例如对党员进行考核，可以利用问卷的形式，向广大学生群众征求意见；通过博客功能，可以实现党员思想汇报上易班，规范基层党组织建设等等。一个平台的高效管理水平主要依赖技术团队，开发核心功能。而利用易班开展党建工作还可以充分鼓励学生党员参与易班管理建设，这样很好地将技术与管理内容完美结合，实现党建、易班同步发展。

（一）建设易班网络运营团队，保障党员管理的正常运营

易班党建有效结合，主要依托易班的功能，关键靠运营团队。整体而言，运营团队负责开发和完善易班各项功能，负责易班的日常运行与维护，对易班用户进行管理，向用户提供技术咨询、指导和服务，负责保存易班网络运行的有关记录并接受相关教育信息中心的检查，保障易班网络安全和信息安全。从党建

层面而言，运营团队要结合核心团队的要求和意见，将功能与内容在技术上完美实现。易班党建如果只能实现信息上的公开、传达、转换等功能，必将不能维持持久的发展动力。高校党建是要做好学生党员的工作，利用易班开展党建活动，根本上还是要将学生党员从被动转化为主动。这一过程是至关重要的，内容是主要的，功能实现也是必不可少的。在功能上深度挖掘，更好地贯彻思想政治教育，正面引导学生，保证学生健康成长。

易班党建要实现党员的教育、学习、考察为一体的综合平台。Web 2.0 以来，信息高速发展，面对学生党员的教育实践，党建碎片化信息整合非常有必要。目前，易班微社区可以实现信息的整合，但是具体到学院班级，尚且不能实现单独的项目分类。解决当前的实际问题离不开技术团队。技术团队构建是整个易班党建比较重要的一环。比如慕课视频拍摄与制作等都需要专业的技术团队来支撑，才可以提高慕课建设的质量和效率。相比易班优课，慕课具有较先进的技术、人员支撑。建设易班技术团队，高校可以在充分利用高校人才资源的基础上，适当聘请外部技术人才，用于指导校内技术团队。当然也可以开辟多种渠道，为技术团队拓宽学习途径，为学生提供一个实践平台，让学生积极参与进来的同时也可以了解学生受众的需求。

（二）团结易班党建学生团队，提高党员管理的实效性

易班党建的建设离不开学生团队。学生团队可以由学生党员、学生干部、重点发展对象、入党积极分子以及在学习成绩、科技竞赛、学生活动等方面表现突出的优秀学生组成，他们在网络或现实生活中表现活跃，具有一定影响力和号召力。这些学生骨干具有自发性、可塑性、灵活性和辐射性等特点，他们熟悉学生生活特点、了解学生需求、掌握学生语言，他们的天然优势和自觉的行动决定了他们是开展易班党建的有生力量。

易班党建学生团队的主要职责在于主动参与易班党建的各项活动，根据自身特点，积极主动地将自己对网络的兴趣和理论学习有效结合，将对网络信息的选取和理想信念相结合，将网上交往和塑造完善现代公民人格相结合，自觉地带动和影响更多的学生，弘扬社会主义核心价值体系。学生党员较其他群体相比，具有较强的自我反省能力和自律精神。易班党建学生团队在建设这支队伍时应注重引导和培育，即鼓励他们在易班网络阵地上发挥作用，从而带动其他学生关注易班党建喜欢易班党建，要求他们遵守和完善制度，引导他们营造和谐的网络氛围。高校还应为学生团队提供必要的学习、交流和活动的资源，将表现突出、有志于投身易班党建的学生吸纳到易班队伍建设中来，保持队伍的持续性，为学生骨干队伍搭建学习和工作的平台。

三、通过易班探索信息公开，加强党员监督

基层党组织为了保证党员切实履行义务，发挥先锋模范作用而进行监督。而监督实施的主体是党的基层组织，监督的对象是学生党员。对学生党员的监督落到实处，才是对党员最大的爱护，才能保证党员作用的发挥和基层党组织的战斗力，才能从根本上从严治党。

（一）“易班＋”党务信息，开辟党建活动社区

新媒体的出现加大了信息公开的监督力度，高校党建也随着新媒体的发展进入动态化时代。利用“易班＋”党务信息，将易班微社区信息公告具体应用到党员的发展工作中，实现党务信息公开，增加了学生的信任度。利用“易班＋”党务信息，开辟易班党建活动社区，充分发挥学生党员的主体意识，利用学生党支部“组织优势”，丰富易班党建活动社区活动载体，推进易班党建网络载体的建设。

推进易班党建活动社区，要及时开设包括“党建理论、党建成果、党员风采、主题活动、党建答疑”等红色党建工作话题，不断丰富微社区内容，增强教育的广度和深度；唱响网上主旋律，营造党建文化的良好氛围，努力使党的声音成为校园最强音，使之成为广大学生党员掌握党的知识、党的理论，进行学习交流，了解党建工作，增强党员意识的一个重要阵地。同时线下构建辅以发挥“社会实践”效用的社区党建平台。社会实践是做好高校党建工作的重要支撑，是考察培养学生党员和入党积极分子，加强党建工作的一条有效途径。学生党员的线上运营，线下稳扎实感，线上线下配合充分发挥学生才干，锻炼思辨和组织能力，也有利于组织更加全面、深入地了解入党积极分子的思想动态及现实表现。

（二）“易班＋”党建考核，形成科学规范的评价和使用机制

科学的易班党建考核评估体系对加强易班党建具有目标导向作用。建立一套以业绩和能力为导向的科学考核评估体系，是全面推进易班党建的内在要求。

1. 制定科学的党建考核指标体系

在开展高校党建，根据上级党组织对各项要求和指标，研究制定相应的岗位职责规范，细化岗位职责，对易班党建应达到的标准等作出具体规定，使之具有可操作性。在强化刚性考评指标的基础上，可适当融入柔性化的考评指标，着重解决好指标设置的科学性、指标权重构成的合理性等问题，努力实现所设置的指标，既能及时反馈易班党建在不同时期的发展情况，又能全面客观地评

价易班党建的综合发展情况。

2. 建立有效的考评方法体系

科学、客观地考核奖惩,对于激发易班党建的发展具有重要的意义。制定科学的考核办法,既要充分吸收、借鉴传统的党建考核方法中的宝贵经验,又要注意借鉴心理学、管理学等领域先进理念。要注意把定性考评与定量考评结合起来,根据上级党组织要求,制定考核标准,将考核指标量化,利用应用数学、统计学的定量分析手段,增强考评的科学性、准确性和可操作性。

四、通过易班整合社会资源,实现协调发展

(一)外部整合

外部整合就是在校园内对资源进行整合。易班党建的发展,除了负责的相关职能部门,还要注重校内其他管理部门的协调配合,比如教务处、校团委、研究生院、信息中心等管理部门。学校发展的宗旨是一切为了学生,与易班发展的目标是相吻合的。所以,只有各部门协调配合,易班才能有效稳步推进。例如,教务处可以很好地调动专业课教师进驻易班;校团委可以将校园文化活动与易班实现对接;信息中心可以与易班的大数据进行交流,为易班发展提供技术上的支持。将“易”平台与校内各功能服务平台对接,实现一站式服务,如果能够实现这一对接,学生可同时实现登录“易”平台及校内功能服务平台,既可以更好地方便学生、服务学生,又能在无形中扩大平台的关注度和辐射度。这需要高校平台领导部门协调好校内教务处、图书馆、信息办等与学生学习生活息息相关的部门,做好各功能平台对接,实现单点登录功能,为学生提供更便捷的服务。再者,学校对信息化建设投入的资金比是固定的,要积极争取更多资金投入,用来扶持学生活动,开展易班活动,进一步提升易班的活力。

(二)内部治理

内部治理是实现易班高效运转的保障,包括按照网络社区的逻辑设立的平台开发和运转、管理和控制规则、内部激励和引导机制等。不能孤立地打造党员教育平台,要将校园生活将易班党建融为一体。充分利用易班平台的娱乐性、文化性、趣味性将易班党建打造成为红色阵地。同时学校要健全各项规章制度,建立易班党建教育保障体系,运用易班平台作为党建教育的传播工具,完善道德规范,加大经费投入,确保党建教育工作信息网络系统的建设与运行。在易班运行上,学校要加大管理力度,提供网络监管能力,加强网络法律、法规建设,以此净化网络环境,促进网络文明,进一步开发和完善党

建易班信息化功能的开发与应用，拓展支部微社区的工作渠道和实际应用功能，建设新媒体背景易班党建。建立各方参与的社区民主管理机构，修订易班规则，塑造易班文化。制定易班的交往准则，保障易班用户的权益，通过网络社区的内部治理和外部治理的双重作用，建立易班特有的文化，从而实现易班治理工作的隐性化。

第三章 教学育人：易班与教育教学的理论与实践

根据第42次《中国互联网络发展状况统计报告》(2018年7月)报告显示："截至2018年6月30日，我国网民规模达8.02亿，互联网普及率为57.7%，网民结构中以青少年、青年和中年为主，网民年龄结构中20～29岁群体占总体的27.9%"①。由此可见，随着互联网的发展，"上网"已成为当下大学生的一种生活习惯。与此同时，根据报告显示，截至2017年12月，我国网信独角兽企业高达77家，有47.4%的网民群体未遇到过网络安全问题，网络违法信息和不良信息举报数量较2016年增长74.1%，有效举报件数高达5 263.9万件。面对互联企业竞争、融合的中心化媒体融合趋势，高校网络思想政治教育始终缺少一个强有力的网络文化课程产品引领的中心局面。2015年中共中央办公厅、国务院办公厅印发的《关于进一步加强和改进新形势下高校宣传思想工作的意见》中指出"要创新网络思想政治教育，开展高校校园网络文化建设专项试点工作，打造示范性思想理论教育资源网站、学生主题教育网站和网络互动社区"。因此，在媒体融合的环境下高校一方面需要遵循教育的一般规律和客观条件，确保教学活动的普适性和有效性；另一方面也需要不断接纳新鲜事物，运用多种方式传输正确的理想信念和价值观，以满足党和国家赋予高校培养社会主义合格建设者和可靠接班人的重任。

当代大学生追求独立、自由的个性。在新的时代舞台下，他们不愿因循守旧，希望寻求交流、情感支持、时代认同，他们勇于创新，敢于表现自我，对新鲜事物拥有强烈的好奇心和求知欲。正是这样一个群体所构成的青年大学生，对时代的变迁、技术的发展有着极为敏锐的知觉，他们是这个时代最积极、最活跃的见证者与参与者。

习近平总书记在全国高校思想政治工作会议上强调：高校思想政治工作关系高校培养什么样的人、如何培养人以及为谁培养人这个根本问题。要坚持把

① 第42次《中国互联网络发展状况统计报告》[DB/OL]. http://www.cac.gov.cn/2018-08/20/c_1123296882.htm.

立德树人作为中心环节，把思想政治工作贯穿教育教学全过程，努力开创我国高等教育事业发展新局面。面对新局面，做出新对策，创新高校思想政治教育工作形式、开拓高校思想政治教育渠道、优化高校思想政治教育内容，多方位出击，打组合拳，抓住时代优势，化解时代挑战，使我们的思想政治教育工作迈上新台阶。对于高校思想政治教育工作者而言，如何利用好微时代这一广阔平台，了解大学生心理需求，做到思想政治教育工作有的放矢，取得实际效果，是目前高校思想政治教育所面临的重要课题。

第一节　基于易班开展大学生网络教育教学的历史沿革

网络教育教学是一项系统的工程，基于易班开展大学生网络教育教学是现行网络背景下可行有效的选择之一。①

一、网络教育教学的概念界定

网络教育是指由特定的教育组织机构，综合应用一定社会时期的技术，收集、设计、开发和利用各种教育资源、构建教育环境，并基于一定社会时期的技术、教育资源和教育环境为学生提供教育服务，以及出于教学和社会化的目的进而为学生组织一些集体会议交流活动，以帮助和促进学生远程学习为目的的所有实践活动的总称。

二、中国网络易班教育教学的发展

网络易班教育教学的历史发展时间较短，通过对不同历史时期网络易班教育教学进行比较研究，有助于促进我国网络易班教学教育的健康发展。这里的研究根据重要事件来划分阶段，并对不同阶段网络教育教学的特点进梳理、归纳、概述，对后文的报告研究提供借鉴。

（一）中国易班建设缘起之年（2007 年 8 月至 2009 年 8 月）

伴随着 3G 时代的来临，2007～2009 年中国互联网每天都在发生着翻天覆地的变化。由于互联网发展的迅猛性、前沿性、趋利性，造成“熊猫烧香”电脑病毒肆起，色情游戏、网页等信息污染着网民的视野，共享免费软件恶意争夺用户资源，个别互联网公司窥视用户隐私，网游企业蓬勃发展。2007 年，易班

① 孙丽娜，李森. 基于易班的形势与政策网络课程教学系统设计研究[J]. 科教文汇（上旬刊），2016(2).

Web 1.0以“为实现教育的梦想”为目标正式上线诞生，并先后在上海交通大学、上海外国语大学、东华大学、上海海洋大学试点推广，初步取得了一定的群众基础。

（二）一呼百应实现区内覆盖（2010 年 5 月至 2012 年 9 月）

中国互联网络信息中心（CNNIC）统计数据显示，截至 2010 年 12 月 31 日，中国网民规模达 4.57 亿人，其中，手机网民规模达 3.03 亿人。在几年间中国互联网开启了爆炸式的增长，为此社会关于维护互联网安全、构筑绿色网络环境的呼声越来越高，国家先后出台《网络商品交易及有关服务行为管理暂行办法》《网络游戏管理暂行办法》《非金融机构支付服务管理办法》等一系列办法，国务院新闻办公室首次发表《中国互联网状况白皮书》，阐述“积极利用、科学发展、依法管理、确保安全”的基本政策。借此易班在上海进入分类别、分批次地全面推广阶段，到 2012 年 9 月易班已实现上海公办、民办高校全覆盖以及成都的西华大学的推广规模。

（三）省外再推广造血换新生（2012 年 9 月至 2015 年 1 月）

2013 年 12 月 4 日，工业和信息化部正式向中国移动、中国电信、中国联通颁发移动通信 4G 牌照，至此中国进入了高速无线上网时代。与此同时，伴随信息媒体技术的突飞猛进，一些不法分子游走于法律边界，肆意散播谣言，蓄意炒作网络事件，造成网络恐慌。为此易班以“清朗网络空间，倡导网络文明行为”为旗帜，继续在全国部署推广，2012 年 12 月在厦门大学开始试点建设易班网络互动社区，2015 年 1 月易班网结合用户意见反馈，对界面和栏目设计全新升级改版，实现大换血，用户体验和好感度有所提高。

（四）易路前行实现全国格局（2015 年 1 月至 2018 年 8 月）

2015～2018 年，互联网信息技术在国家大力支持下有着飞速长足的发展。2016 年 12 月，习近平总书记在全国高校思想政治工作会议上指出，要运用新媒体新技术使高校思想政治教育工作活起来，推动思想政治工作传统优势同信息技术高度融合，增强时代感和吸引力。教育部思政司 2018 年工作要点明确指出，要着力推动高校思想政治工作网、易班网和中国大学生在线全国共建，构建以高校思想政治工作网、易班网和中国大学生在线“三驾马车”为引领的校园网络新媒体传播矩阵。借此机遇，易班于 2018 年实现了全国共建格局，实现了全国 903 所高校 932 万大学生用户注册的优秀成果；界面和操作方式有了进一步提升，基本实现了 7 个核心栏目、9 个核心组块；服务涵盖教学、考勤、考试、报名、投票、问卷等多种功能。

自党的十九大胜利召开以来，习近平总书记多次强调“网络强国”的战略部署。近十年来，教育部、网信办、团中央等有关部门紧随网络时代发展方向，引领网络时代健康发展风尚，部署教育系统网络思想教育平台建设。先后下发《关于进一步加强高等学校网络建设和管理工作的意见》《"易班"推广行动计划和中国大学生在线引领工程实施方案》等重要文件，让易班在推广和革新层面上有了长足的进步和发展。但由于全国各高校的做法不一，在实践过程中存在学生主体意识淡薄、网络思想政治工作阵地建设失位、创新思维缺乏等弊病，造成学生对待易班教育教学功能存在"不会用、不想用、不能用"的困境。

第二节 易班优课教育教学功能的困境与对策

互联网的迅猛发展深刻影响和改变着大学生的学习、生活和认知。当下，网络已经成为大学生获取信息、表达诉求、人际交往、学习生活的重要平台和工具。与此同时，网络也给大学生的学习生活和交流带来了各种问题，诸如过度沉溺于网络、逃避现实、信息真假难辨的现象。2013 年 8 月 2 日，教育部、国家互联网信息办公室颁布《关于进一步加强高等学校网络建设和管理工作的意见》，指出"构筑高校网络思想文化阵地"，实施易班推广行动计划，逐步把易班建设成集思想教育、教务教学、生活服务、文化娱乐为一体的大学生网络互动社区。随后上海、北京、四川、广西、福建等地高校先后加入易班的建设中。目前，该系统日均页面访问量 68 000 人次，最高时达 103 000 人次，月新增各类资源（含日志、帖子、照片等）超过 7 万条。为此，结合易班范围广、影响大、效果好、功能多、多互动、速度快、使用方便等特点，开展教育教学是充分发挥网络育人功能的最佳体现。高校要高度重视易班育人功能，充分借鉴和把握易班网络平台的特点和功能，开展理论研究，制定"易班教育教学"实施计划并应用，探索大学生思想政治教育在网络互动社区中的创新模式，形成网络育人机制，提升育人成效，致力建设功能性强、黏合度高、学生参与广、资源共享合理、师生沟通畅通的学习互动社区，落实"立德树人"目标。

一、易班教育教学存在的困境

（一）校内资源"共享"制度理念的缺乏

当前，高校管理者"部门界限"观念根深蒂固，"部门隔阂"的现象时有发生，部门合作中理应碰撞出的无限潜力和可能，消散于彼此的划界和推让中。以易班网络教育教学的课程开发和建设为例，多数高校以学生处牵头协调各学院教师开展课程开发工作，在开展过程中离不开宣传、信息中心、马克思主义学院等部门的协助与指导，但实践过程中，一些高校管理者会出现以“部门界限”为由简化繁、轻事变重、少事变多等现象。

（二）校内思想引领“共建”方式理念的缺乏

当前，高校管理者、教育者协同育人意识淡薄，以“课程专业”方式简化育人结构，缺少必要的学科交叉。以形势政策课和国防教育课程的协同为例，两者作为大学生思想政治教育的必修课程，对于学生世界观、人生观和价值观的构成具有关键的作用。很多高校在易班上开展了此类课程的视频教学，但两者之间的串联并不多，视频课程也趋近于课程教学的录像录音而非延伸，缺乏网络教育教学的实质性意义。

（三）校内众智育人“共治”创新意识的缺乏

高校网络教育教学课程开发队伍的创新意识较为缺乏，其平均实质性的课程竞争力较社会上个人和社会存在差距。以部分高校马克思主义学院开发的网络思想政治为例，教师虽然在专业领域上具有很高的造诣，但在网络思政课程所应具备的视频剪辑、动画设计、多媒体传播等方面缺乏条件和经验，导致易班教育教学课程建设工作“拿来”主义的奉行。与此同时，由于马克思主义学院教师日常需要承担一系列教学和科研任务，因此在网络视频课程开发过程中存在顾虑。

二、构建易班教育教学育人格局的理念

（一）构建“融合资源、共建引领、众智育人”三位一体的育人格局

(1) 坚持以党的领导为路线，发展互通共融的易班共享格局。易班教育教学的课程建设要遵循以党的领导为核心的中心原则，用党的思想指导易班课程建设，把易班课程建设提高到学校网络思想政治教育校本建设的高度，特别是在党的十九大胜利召开以来，以“党建＋易班＋课程”的方式提高政治地位，通过党委书记、党委副书记、学生处(各部门)、二级学院党委、基层党组织五级联动管理机制，确保政策部署的有效落地，进而加强社会主义核心价值观教育，传播习近平新时代中国特色社会主义思想，增强学生社会责任感、创新精神、实践能力。

(2) 坚持以三全育人为宗旨，形成多维培养的易班共建格局。建立以学生处带头，联合各相关职能部门，充分发挥辅导员、班主任、党政管理干部、“两课”专业教师、图书馆工作人员、后勤服务人员等教工的育人功能，统筹制定从“进校门到出校门”贯穿学生发展的培养方案，充分利用各种网络课程教育载体，将

思想政治教育寓于学生需求，最大限度地发挥易班的育人作用。

（3）坚持以专业技术为动力，推行政教同行的易班共治格局。推进易班课程建设上以构筑“榫卯型”体系为目标，聚集教育、心理、管理、哲学、互联网等与教育相关的专业人才，充分发挥学校行政人员和在校教学教师的专业特长、技能特长，实现专技专岗、各司其职、协同育人的良好格局。

（二）坚持发扬“彰显个性、锤炼品格、笃信好学、抱诚守真”四个全面的育人理念

（1）立足新时代特征彰显人才个性，因材施教。学校应以大学生网络原住民的身份特征入手，紧跟网络媒体时代发展步伐，力求彰显人才个性，因材施教，结合易班轻应用开发任务课程学习，创新学校网络课程教育的新范式。

（2）立足新时代要求锤炼人才品格，可持续发展。利用易班网络课程建设过程中的大数据手段和互联网思维，培养学生自我审视、自我革新的终身学习观，引导大学生深刻理解习近平新时代中国特色社会主义思想的时代内涵和核心要义，肩负实现中华民族繁荣复兴的中国梦砥砺奋进，勇做新时代有理想、有本领、有担当的新青年。

（3）立足新时代发展强调笃信好学，又红又专。基于易班资料共享、优课等功能，通过电脑端和手机端的两种方式，传授知识学习新热点、新方向，激发学生的学习热情，实现大学生教育学习常态化，培养笃信好学的优良品质。

（4）立足新时代和谐坚守抱诚守真，德才兼备。利用易班宣传功能的便捷性，传递社会正能量，传播发生在学生身边的好人好事，切实理想信念教育引向深入，将社会主义核心价值观教育全程融入，激发大学生爱国、爱党、爱校情怀，树立学生良好品格，励志刻苦学习，报效祖国。

三、易班教育教学课程的推广策略

（一）以依赖性代替强制性，增强易班课程功能附着

通过整理各类平台应用商店关于易班课程的评星评论可知，当前易班课程教学的推广驱力多源自高校行政的强制力，学生对高校这种做法存在困惑、误解和抵触。从可持续发展的角度上看，这种做法虽然能够在短期内获得较为可观的用户和数据，但是用户不能从应用上获得良好的体验感，进而产生抗拒心理，不利于易班网络课程的二次推广。因此，网络思想政治教育课程推广的首要因素在于让用户获得良好的体验感和认同感。

体验感和认同感源自易班的多功能附着，让学生在使用易班的过程中，感

受来自易班所带来的便利。高校可以充分利用行政资源,通过易班建立高校领导和教师与学生之间的联络渠道。其作用在于,首先一方面可以培养学校政工和教工人员的新媒体使用习惯,增强新时代思政队伍竞争力;另一方面统一校园APP,可以让思想教育服务更具针对性,汇聚网络思想政治教育合力,减少多平台带来的困扰。其次,高校可以以发布信息源的方式增强大学生自主使用的主动性,如校园内的通知、公告、公示、信息等第一时间在易班上发布。再次,高校可以鼓励任课教师在借助易班功能辅助教学,如网上签到、网上答题、网上收集作业等功能,为课堂教学带来实质性的便利,从而实现从"强制性"到"依赖性"的转变,实现易班融入校园生活的最终目标。

(二)以集约型代替粗犷型,提升易班课程教育实效

易班优课作为网络思想政治教育课程的形式之一,其发展遵循一定的网络传播规律。在现实中,多数高校易班课程开发偏向于以量取胜,千篇一律的课程教学很难让使用者对其价值产生认同。易班网络教育课程特色是课程传播的主体内容,是提高思想政治教育吸引力的关键因素,是获得受众认可的有力保障。高校在开展网络思想政治教育课程建设时,应着力打造特色精品项目,深度利用高校优质教师和平台资源,遵循传播规律,最大限度地提升课程的传播价值,真正把课程资源优势转化为思想政治教育发展优势,使思想政治教育更具感染力和亲和力,从而有步骤地实现从粗犷型向集约型转变。

首先,高校应出台和发布一系列支持课程培育、传播、实践的政策和活动,并给予一定的经费支持;积极引导广大思想政治教育工作者和学生投身到网络课程培育工作实践之中,为指导课程传播工作提供方向,也为课程传播提供精神支持和动力源泉。其次,深入实际,整合具有广泛性和时代性的特色精品,深入挖掘这些课程内部深层次的本质精神内涵,形成具有鲜明特色和个性的思想政治教育课程方向,为课程培育提供更好的内容支持。再次,对符合时代背景和具有现实教育意义的优质课程进行筛选和借鉴,不断更新教育理念,创新传播形式,把握新时代网络原住民的习惯和喜好,以更为优化的资源配置为课程培育工作提供支持。

(三)以贯穿式代替断点式,增强思想政治课程教育连续性

高校网络思想政治教育课程建设的初衷是为了服务于在校就读的大学生,帮助其满足知识上的需求,进而树立正确的世界观、人生观和价值观,但从易班课程建设的实践情况上看,网络思想政治教育课程存在严重的断点性特征,该课程毕业后很难对学生产生更为持久的影响。从互联网发展形势

看，网络应用的开发和推广的技术较为成熟，网络应用上架审核和运行监视较为宽松，网络用户的年龄边界越来越低，婴幼儿使用电子产品的情况比比皆是，这使得网络思想政治教育课程推广面临着机遇与危机并存的局面。为此，未来网络思想政治教育课程应着眼于扩大影响力、提升辐射力，将网络思想政治教育课程发展成为贯穿于学生终身的培养工作，引导激励其健康成才，建立终身培养体系。

（四）以服务观代替供给观，提升思想政治课程教育感染力

网络是大学生思想政治教育工作的有效途径和最佳阵地，网络为教育者与被教育者提供了平等的机会和交流舞台。开展网络思想政治教育工作，应充分利用网络互通互联优势，以学生为主体地位，让思想政治教育工作真正“活”起来，建立一个内容丰富、形式活泼、齐抓共管、软硬兼施、合作共赢的网络思想政治教育格局，网络信息是反映师生思想状况的“晴雨表”，它能让我们密切洞察学生问题的出现与事态的发展，学校要统一思想，提高认识，充分利用好网络这一新型教育手段，增强思想政治教育的影响力和覆盖面，抢占网络阵地的主动权，形成网上网下教育合力，构建齐抓共管的工作格局，牢牢把握网络思想政治教育主动权，使网络思想政治教育拥有无可比拟的亲和力和充分的说服力。

（五）以多渠道代替单渠道，丰富思想政治课程教育教学方法

学生使用优课学习通常以兴趣爱好为导向，面对形式较为枯燥、内容相对死板的思想政治教育类课程，学生很难有兴趣积极主动地参与。高校易班优课开发团队应紧跟网络媒体时代发展步伐，立足新时代要求锤炼人才品格，注重可持续，深入了解学生的内在需求，积极引入时下网络热门“慕课”的呈现形式，丰富易班优课呈现体系；利用大数据手段和互联网思维，采用任务学习法、网薪奖励法等方式方法，收集学生课程喜好，后台构筑学生个人课程学习模型结构，刺激大学生主动结合易班网开展学习活动的主动性，促进学生自主学习，进而做到因材施教、潜移默化地培养学生自我造血、自我审视、自我革新的终身学习观，引导大学生深刻理解习近平新时代中国特色社会主义思想的时代内涵和核心要义，主动肩负实现中华民族繁荣复兴的艰巨使命，勇做新时代有理想、有本领、有担当的新青年。

（六）以共享融合代替割裂围蔽，校本化思想政治课程教育优质资源

现阶段在校本课程开发的过程中，高校、中学、小学处于一种相对自闭且独立的开发格局，彼此之间的教育资源很难共享，教育关系很难有效衔接。为了使教育资源可以最大限度地发挥功效，就需要突破传统观念学段学制的束缚，

创新人才培养机制以及整个教育资源的优化配置,特别是加强高等教育与基础教育的协调发展和衔接。与此同时,当前的网络校本课程的开发和设计主张注重知识的传递,其对学生精神世界和主体地位的关怀有所欠缺,学生的网络教学效果难以得到保障。校本课程的开发和设计过程中要积极贯彻落实“以学生为本”的教育理念,从学生的需求和视角出发,开发和设计能够与课程相协调并符合学生喜好的网络校本课程。

第四章　文化育人：易班与文化娱乐的理论与实践

校园文化具有重要的育人功能，加强校园文化建设是高校履行文化传承创新职责的具体体现。校园文化是大学建设发展的历史沉淀，对学习、生活在大学校园里的大学生产生着潜移默化的影响。易班校园文化娱乐活动是网络文化的重要形式，是校园文化建设的重要载体，是日常思想政治教育的重要阵地，在提升大学生文化涵养、塑造大学生人格、规范大学生言行举止等方面发挥着重要作用。对易班校园文化娱乐活动进行深入的调查分析，有利于加强校园文化建设，为发挥高校文化育人作用提供决策参考。

第一节　易班与校园文化

一、文化、网络文化的含义与特征

（一）文化、网络文化的含义

“文化”作为人类社会的现实存在，具有与人类本身同样古老的历史。随着时代的变迁，“文化”也随着人类史的发展具有了实质性的含义，即“人化”或“人类化”，具体指“人类主体通过社会实践活动，适应、利用、改造自然界客体而逐步实现自身价值观念的过程”①。

现今学术界对“文化”的理解主要从广义和狭义两个方面来进行。广义的文化主要指人类社会历史实践过程中所创造的物质财富和精神财富的总和，包括物质文化、制度文化、精神文化；狭义的文化包括宗教、哲学、教育、艺术、科学语言乃至生活方式等领域，特指精神文化。“网络文化”一般认为是从英语的“cyber-culture”翻译而来。作为“文化”的一个分支，“网络文化”同样是一个范围比较广、内容比较宽、影响相对深远的一个词，从不同的角度和层面去定义和

---

① 张岱年，方克力．中国文化概论[M]．北京：北京师范大学出版社，2014：3.

理解均会给出不同的定义。在国外的研究中，多是从技术的角度来分析理解网络文化。比如英国学者斯诺提出了著名的“两种文化”斯诺命题，他坚信“科学”与“人文”之外的第三种文化正在悄然产生，并乐观地预测“第三种文化将开启人文知识分子与自然科学家之间的沟通，两种文化的关系将变得融洽、和谐”。① 网络文化作为技术和文化相融合的产物，是除科学和人文之外的“第三文化”。也有学者更偏向于把网络文化称之为 cyberculture 即“赛博文化”。其中，cyber 的这个词的词根为计算机，所以准确来说 cyberculture 应该称之为计算机文化，而我们现在已经习惯称之为网络文化。

国内学界对于“网络文化”的界定有共性也有各自的特点。匡文波作为我国研究网络文化较早的学者，曾指出“网络文化是以计算机和通信技术的相互融合作为物质基础，以发送和接收信息作为核心的一种新的文化”②。他侧重从技术的层面对其进行了界定。杨谷则从思想层面、行为层面进行了较为细致的定义，指出“网络文化是人们和网络有关的生活、工作、学习、娱乐的方式及其相关产物，网络文化建设与管理的对象，主要指的是与网络活动相关的伦理道德、行为方式、语言、艺术等精神活动和其有关的产品及服务”③。而鲍宗豪站在宏观的角度对网络文化的定义是“包括借助计算机所从事的经济、政治和军事活动在内的各种社会文化现象”④。网络文化作为随着互联网发展而产生的一种新的亚文化，不应简单地理解为“网络时代的人类文化”或是“通过网络创造的通信文化”。在梳理研究网络文化的各种定义中，笔者认为从广义和狭义两个方面对网络文化进行定义较为全面和准确：“广义来说，网络文化是指人们在社会活动中依赖于以信息、网络技术及网络资源为支点的网络而创造的物质财富和精神财富的总和；狭义而言，网络文化是以网络信息技术为支撑，基于接收和发送信息所产生的各种文化产品和文化活动形式的综合体，主要是指网络中以文字、声音、图像、视频等形态表现出来的文化成果。”⑤

教育学视域下的网络文化是以教师和学生为执行主体，利用网络结构、硬件和软件等网络客体来创造、获取、传播信息的包含主体价值意愿的主客体及中介三方的关系谱系，它是校园文化的重要组成部分。⑥

---

① 刘将，葛鲁嘉．第三种文化与当代心理学的变革[J]．西北师大学报(社会科学版)，2011(5)．

② 匡文波．论网络文化[J]．图书馆，1999(2)．

③ 杨谷．网络文化概念辨析[N]．光明日报，2007-11-26．

④ 鲍宗豪．网络与当代社会文化[M]．上海：上海三联书店，2001：295-302．

⑤ 李成恩，张远航，赫铭，等．论高校网络文化的内容结构与价值导向[J]．大连理工大学学报(社会科学版)，2016(3)．

⑥ 赵继颖，孙立军，许静波．高校校园网络文化建设对策研究[J]．思想政治教育研究，2014(10)．

（二）网络文化的特征

网络文化作为一种全新的文化形态，兼具传统文化的特征和自身独特性。网络文化自身的独特性使其能够较快地进行传播并渗透到各个领域中去。网络文化的特征具体表现在虚拟性、共享性、开放性和多元性方面。

1. 虚拟性

互联网技术以数字化及多媒体技术对真实世界克隆、仿拟，乃至于按照人在现实生活中的需求另造一个虚假的世界。所以，在网络上，大家往往利用虚拟的网名和身份进行交流，按照自己的喜好来设计形象和组织语言。同时，人们可以在网上购物、交友和旅行，进行很多真实的生活情境，还可以通过网络寻求更多的挑战。也正是由于网络文化的这种特性，才使更多人被吸引，从而加入网络这个虚拟世界中来。在网络文化中的每一个主体既是真实的，又是匿名的，人与人之间互不相识，主体之间虚拟特征明显。

2. 共享性

互联网是一个共享性的系统，一切的信息在网上可以自由传播，没有时间和地域的限制，没有文化差异的隔阂，网络文化真正做到了完全的开放和透明。网络平台作为一个开放的互通交流平台，把不同国家、民族和地区的人们联系在一起，每一个用户都可以在其中各抒己见，每一个人可以在网上接收和分享各方面具有不同特色的信息和知识，让多元的文化在这里碰撞出更多丰富多彩的内容。网络让人们的互动交流真正达到了零障碍、零距离。信息资源的共享性这一本质特性，使得网络文化资源的利用不受外界环境和人为的干扰，所有的文化资源都能被分享到网络中来被需要的人利用，文化资源的价值因共享被扩大。

3. 开放性

网络作为一个自由、平等和开放的媒介，它可以容纳多种多样的文化形式和内容。在网络上，每一个人都可以自由发表言论，畅所欲言，可以随时上传和下载数据信息，信息的传播基本上不会受到约束，但也因此缺少必要的信息真实性的审核。由于其中信息的发布具有很强的随意性，这使得信息的质量良莠不齐。我们既可以感受到各种正能量的、先进积极的思想，也可以看到虚假、暴力、色情等不健康的信息。网络一方面提供给网民一个展示个性和发挥创新精神的平台，另一方面也因其隐匿性、网民个体素质的差异性带来一些负面的问题。因此，网络空间具有开放性，它只负责呈现信息内容，而不对其进行过滤和控制，无论是人们的文化生活还是信息的传播都呈现出一种开放的特点。

4. 多元性

网络的出现，使得不同地区、不同地域、不同民族的网民都可以进行跨时空的沟通和交流，传播和表达他们特有的文化和观点。所以，网络文化的多元性是其共享性和开放性的延伸，也体现着一种包容的精神，世界上纷繁复杂的文化透过网络这个媒介，相互交流更加频繁，加速了多民族、多种族的融合和互通。网络文化的多元性又具体表现在其主体的类型、呈现的内容和表达的形式多元丰富。而主体的多元化、形式的多元化以及内容的多元化一方面满足着不同层次、不同群体的交流、学习和娱乐的需求，也让人们的价值观念也朝着多元化发展。价值的多元性让文化间的竞争和碰撞越来越激烈，使文化的发展有更多的方向和选择。

二、校园网络文化的含义及其作用

大学是社会文化的中心，是社会理性文化与感性文化的策源地，具有人才培养、科学研究、服务社会、文化传承与创新的四大职能。① 从传统校园文化的语境来看，校园文化是一种以师生为主体，以校园为活动空间，通过不同的活动、载体和方式，体现学校成员共同价值观念和行为模式的群体文化。在当前互联网高度繁荣的时代背景下，网络早已不仅仅是校园文化的重要载体，而是传统校园文化的拓展和延伸，进而发展成一套独特的、与现实文化相比颇具特点的文化。网络文化经过与传统校园文化碰撞和交融后，形成了高校校园网络文化。在笔者看来，校园网络文化是以高校师生为主体，通过对网络的使用来获取信息、传播知识，实现对高校校园事务管理和对学生生活管理的一种高水平的文化传播形式。

骆郁廷认为校园网络文化是校园文化的新形态，是文化交流的新载体，是大学德育的新渠道，是学生发展的新平台，是学校文化软实力的新拓展。② 校园网络文化为校园文化提供新技术、新资源、新内容，为学生提供了拓展文化视野的新平台、释放学业和生活压力的新渠道，对校园文化建设有着积极的影响。

（一）网络文化为校园文化提供了新的技术环境

网络文化在带给校园文化主体思维方式、价值观念、生活方式全面变化的同时，也带来了技术手段的更新。网络为校园文化提供了一种全新的物质技术环境，扩大了校园文化的活动空间和覆盖面，提高了其科技含量，促进了传统校园文化的“网络化”“科技化”。同时，网络的虚拟性、共享性、开放性等特点，极大地拓展了校园文化主体的想象与创造空间，给予了文化个体充分的自由和创造力，从而有利于提升校园文化建设的层次和水平。在科学技术日新月异的今

---

① 陆岩.高校依托四大职能践行社会主义核心价值体系的研究[J].思想政治教育研究，2014(1).

② 骆郁廷.校园网络文化的发展与创新[J].思想政治教育研究，2011(1).

天，我们必须保持校园文化建设在高科技条件下的强大生命力。

（二）网络文化为校园文化提供了丰富的资源储备

互联网是一个全球信息资源库，在网上可以找到有关政治、经济、法律、哲学、宗教、历史、语言、艺术、军事等所有方面的资料。网络为全球不同形态、模式的文化提供了更广阔的发展和呈现空间。如此超容量的信息超市，成为当今人们认知世界的重要平台，成为构建新文化的重要知识来源。网络文化以极大的包容性实现多元文化交流和并存，在丰富人们的精神文化生活同时，提供了无与伦比的文化信息资源，为扩大和丰富校园文化的内涵奠定了良好的基础。

（三）网络文化为校园文化提供了新的文化形态

互联网丰富的本质特性催生了新的文化形态，比如网络游戏、网络影视、网络动漫、网络文学等日益受到广大年轻人欢迎和追捧。尤其是网络游戏、网络影视已经成为大众上网最主要的娱乐方式。网络文学的兴起给文学创作以最大的发挥空间，创作者可挥洒自由灵性的思想，倾诉心灵深处的情感，无拘无束，任意驰骋。网络文学将文学的大众性、自由性直截了当地还给了大众，体现了文化传播的公正与平等。这些新的文化形态，丰富了传统的文化内容和传播方式，也为校园文化建设拓展了新的发展空间。

（四）网络文化为大学生提供了新的解压渠道

网络提供了各种各样的资源，其中包括新闻、电影、音乐、游戏等。大学生可以借助网络选择自己喜欢看、喜欢听的内容，使身心得到放松，缓解了上课、科研的压力，上网对其自身起到了积极的作用。通过网络来舒缓身心，不受地域和时间的限制，只要有网络就可以。同时，大学生应该合理、有度地利用其娱乐功能，安排好时间，正确地发挥它的功能，不能沉迷于网络游戏、沉溺于电影电视剧中。

三、易班与校园网络文化

易班是一个大学生网络互动社区，其活动主体是高校师生。易班文化就是借助于易班网络平台，并在高校校园这一特定环境中的特定群体中产生的文化现象。它存在的基本条件是网络，校园使它同时具有网络文化和校园文化的性质和特点，成为网络文化和校园文化相结合的产物，在推动高校校园网络文化发展中起重要作用。

（一）打破了校园文化活动的时空限制

传统的校园文化活动由于时间、场地、多校区等各种不定因素的制约，一定程度上会出现活动知晓率及参与度较低等现象，如在观看画展、演出等线下文化活动时，因活动开展的时间和场地有限，学生在活动期间内没有合适的时间或只有较少时间参加活动时，将会降低参与者的满意度。依托易班网络平台开展校园文化活动，能充分发挥网络的优势，打破了时间和空间的局限，提升了校园文化活动的吸引力，有助于提升校园文化活动的影响力。

（二）拓展了校园文化活动的新阵地

传统的校园文化活动形式较为单一，互动性不强，随着网络的飞跃发展，已经无法满足学生在体验活动时所获得的需求。在互联网时代的今天，师生可以通过网络的便捷性随时随地获取信息、分享心得和表达观点，因此，利用网络开展校园文化活动也更加符合网络时代的要求。在依托易班网络平台开展校园文化活动时，师生们不仅可以在易班网上交流活动心得，还可以通过易班点评活动、投票、观看视频直播等，还可以将网上互动与线下活动相结合，把活动开展深入到广大同学们的生活中，大力提升了易班网络文化活动的影响力，提高了易班校园媒体的知名度，有利于构建网络文化活动主阵地建设，增强校园网络文化育人的实效性，进一步拓展校园文化活动新阵地。

（三）实现了校园文化资源的开放共享

易班是一个需要实名认证的互动社区，同时也是一个开放性的公共网络平台，不仅能实现多个校区的师生在同一个网络互动社区内，还能够实现资源共享开放。因此，通过易班网络平台可以让多校区的师生间增进交流，促进学习，同时也拓宽了高校与高校之间的交流渠道，不同地区的学校或学生组织可以通过易班进行资源共享，可以借鉴学习，相互交流，使得高校的线下活动空间变成开放性的网络活动空间，有利于丰富学校校园网络文化活动内容，提升文化活动的内涵，进一步提高学校的影响力。

（四）促进了校园网络文化的健康发展

校园网络文化的健康发展离不开积极健康的校园网络文化环境，积极引导和加强网络监控是净化校园网络文化环境的重要措施和手段。易班正好同时具有这两方面的功能：一方面，通过易班平台，大力宣传健康向上的文化，积极引导学生绿色上网；另一方面，可以实现对易班网络平台的有效监控和管理。易班是针对高校师生建立并实行实名注册认证的，参与人员范围及其详细信息可以后台掌握，因此，对易班平台上传播的信息及其文化动态可以进行有效的监控和管理。易班网络平台的这种可控性特点，有利于高校对网络的监控和舆情管理，从而保证了易班文化传播环境的纯洁性，使易班文化能够朝着健康、积极的方向发展，使校园网络文化能与时俱进而又不偏离发展的轨道。因此，易班文化的发展对高校校园网络文化发展的影响是积极的和正面的，有利于高校校园网络文化的健康发展。

第二节　易班文化娱乐活动的成效及难点

一、易班文化娱乐活动的成效

（一）易班文化娱乐活动便捷性强

易班平台自带的轻应用快搭功能操作简便，对用户技术要求低，能为开展校园文化娱乐活动提供网上报名、抢票、评选等便捷服务。调查结果显示，大学生对“易班平台的轻应用快搭为开展校园文化活动提供了很大便利”的认同度较高，80.26％的大学生对易班平台的轻应用快搭功能给予了肯定的评价，认同易班平台的轻应用快搭为开展校园文化娱乐活动的开展提供了很大便利。依托易班轻应用快搭开展校园文化娱乐活动的便捷性强，受到广大学生的喜爱，今后应深入推广应用于大学生人才培养的全方位。

（二）易班网络文化认同度高

随着互联网的飞速发展，校园网络文化逐渐发展为传播校园主流文化的重要阵地。主流的校园文化就是先进思想文化的体现。易班要进入主流，就要积极抢占网络阵地，不断拓展作为校园主流文化传播的空间，形成健康向上的高校网络文化氛围。实践证明，易班已经成为受大学生欢迎的新型网络阵地，易班文化也逐渐发展成为校园网络文化的重要内容。调查结果显示，78.23％的大学生认为易班文化是学校网络文化的重要内容，说明易班文化已经逐渐被接受、被认同，并在高校文化育人中发挥着积极的作用。

（三）易班文化育人效果好

校园文化是高校生存和发展的重要根基，相对于课堂教授的显性教育方式，校园文化这种耳濡目染、潜移默化的熏陶具有重要的隐形教育功能，是课堂教育教学的重要补充、延伸和深化，具有重要的育人功效。易班校园文化娱乐活动依托易班网线上线下相结合，同时，积极塑造易班熊在线下活动中活跃的行为文化，易班文化活动已经成为兼具传统物质形态和现代媒介形态于一体的校园文化育人载体，成为陶冶学生情操的重要载体。学生参加易班主题活动，能在学生中形成良好的人际关系和成长氛围，增强学生的凝聚力，使广大学生实现自我教育、自我管理、自我约束，发挥育人的功效。调查结果显示，80.25％的大学生认为易班的文化育人效果显著。由此可见，对于易班平台的文化娱乐活动研究对加强大学生思想政治教育，提升校园文化品位，发挥高校文化育人功效具有重要的意义。

二、易班文化娱乐活动存在的难点

（一）宣传推广不足，关注度不够

易班作为高校网络思想政治教育的主阵地，为学生提供量身定做的教育教学、生活服务和文化娱乐等全方位的校园服务，实现潜移默化的思想引领。因此，易班的工作重点是为对大学生进行正确的思想引领，传播校园资讯，弘扬正能量。目前，各高校易班的推广进度参差不齐，导致学生对易班文化活动的评价存在显著差异。如对易班文化活动的总体评价上，不同类型的学校评价差异性大，高职（高专）院校的评价最好，“985”“211”高校次之；不同的学生评价也存在差异，校级学生干部的评分最高。究其原因，大部分高校易班建设上缺乏有效的多层次、多样式、全方位的线上线下宣传，在宣传推广的层面上体现不出易班平台的优势。调查结果显示，仅有43.25％的大学生关注易班平台上各高校发布的文化娱乐信息，通过易班平台关注其他高校的校园文化活动的比例更低，只有42.46％，关注度不够。目前，高校更多的是辅导员老师要求学生使用易班平台，让学生在易班上进行投票、做问卷，通过易班提交作业、考试，这导致学生片面地认为易班只是学校管理学生的一个网络辅助工具，对易班平台功能缺乏全面的了解与认识，影响大学生关注易班平台上文化娱乐活动的主动性与积极性。

（二）网络文化产品开发不足，品牌共建积极性不高

网络极大地丰富了高校文化产品的生产供给，促进了高校网络文化的繁荣发展，但与当前流行的新媒体平台功能比较，易班网络文化活动产品开发不足，在满足大学生成长成才需求、促进文化内涵式发展等方面还有较大的提升空间；具有高校特色和地方特色的网络文化品牌开发也不够，广大师生主动参与网络文化活动、品牌建设的共建意识和积极性不高。当前，基于新媒体平台的网络文化产品开发形式多种多样，如基于微信公众平台的软文、一图读懂、漫画等形式；基于微博的九图等形式；基于各类软件平台的H5、动画、动图、微电影、微视频等形式；基于计算机平台的歌曲、主题APP等形式。易班平台服务于网络文化产品开发的功能相对较弱，而且平台兼容性低，不利于在其他新媒体平台上制作的网络文化产品分享到易班平台，造成易班上网络文化产品开发不足。易班平台直接服务于校园文化娱乐活动的“易班票务”功能仅在上海、福州、厦门三个地区开放，而调查结果显示，82.41％的大学生都希望易班票务能

够提供更多文化娱乐优惠活动。调查还显示，31.07％的大学生没有参加过易班平台上的网络中国节活动，只有44.84％的大学生喜爱“校园好声音”这项全国性的比赛活动。易班网重点打造的“校园好声音”“网络中国节”等品牌活动参与度和品牌活动共建积极性有待提高。

（三）网络强势文化渗透，文化传承功能弱化

优秀传统文化是我们中华民族的宝贵财富。习近平总书记提出的“四个自信”：道路自信、理论自信、制度自信和文化自信，其中最根本的就是文化自信，而文化自信的底气和依据，就是中华民族深厚的优秀传统文化。把中华优秀传统文化与学校文化有机结合，是贯彻落实“立德树人”的根本任务，是培育青年学生的社会主义核心价值观，是培养未来社会主义建设合格接班人的战略任务。网络时代，西方国家以“信息霸权”推进强势文化渗透，他们利用网络技术、信息量以及语言上的绝对优势，在网络文化传播上占据了主导地位，加紧对大学生进行思想文化渗透，对当代大学生的生活方式、价值观念、传统文化认同等产生了极大的影响。面对西方国家“信息霸权”的冲击和网络强势文化的渗透，高校在中华优秀传统文化传承功能的发挥上却不尽如人意，有弱化的趋势。高校尚未能很好地发挥网络在保存、传播、创新中华优秀传统文化方面的应有价值。

易班平台是引领校园网络新媒体传播矩阵的“三驾马车”之一，注重发挥平台文化传承与创新的功能，围绕“网络中国节”主题活动，易班以传统节日为主线，打造一系列具有亲和力的网络文化产品，引导大学生网民文明上网、理性表达，如“2016最炫中国节”，以春节为主题的“领红包抽大奖，易班陪你‘易’起过年”，以清明为主题的“清明祭先烈，吾辈当自强”“‘易’起品味传统的味道”，以中秋为主题的“情满中秋，礼赞国庆”，以纪念英烈为主题的“纪念逝去英烈 铭记历史印记”等。调查结果显示，大学生对易班平台上的网络中国节活动参与度一般，31.07％的受访大学生没有参加过易班平台上的网络中国节活动。易班作为国内最大的大学生网络互动社区，在文化传承与创新上也面临着被弱化的挑战。

（四）精神内涵不足，呈现时尚化趋势

校园网络文化是传播校园主流文化的重要阵地。主流的校园文化是先进思想文化的体现。当前，移动互联网时代盛行浅表化阅读和碎片化阅读，校园网络文化中也出现泛娱乐化的表现方式。从大学文化的意义而言，无论是从现实世界的维度还是从虚拟世界的维度，大学作为象牙塔的围墙正被逐步拆除，但人们依然希望大学能够成为社会文化的先驱。尤其是在科技发展空前迅速、

社会生活急剧变化的今天，大学的精神引领功能比以往任何时候都显得更加重要。因而，高校校园网络文化理应具有较为深刻的思想内涵。但在这个注重“用户至上、体验为王”的互联网时代，校园网络文化的意义和符号关系在某种程度上被倒置，体现视觉符号霸权的时尚，则无孔不入地渗入校园网络文化的各个角落，造成校园文化形式与内容、符号与意义的割裂、疏离甚至扭曲。这种表现形式的时尚化，恰恰会导致校园文化内涵的消解。校园网络文化在浮华、炫目的表面下往往潜藏着思想内容的贫乏或精神的缺失。所以，要十分重视校园网络文化中主流文化的传播，要积极抢占网络阵地，不断拓展校园主流文化传播的空间，形成健康向上的网络文化氛围。

第三节　解决易班文化娱乐活动难点的对策

一、以社会主义核心价值观为引领，提升高校网络文化的认同度

党的十九大报告指出，要以培养担当民族复兴大任的时代新人为着眼点，强化教育引导、实践养成、制度保障，发挥社会主义核心价值观对国民教育、精神文明创建、精神文化产品创作生产传播的引领作用，把社会主义核心价值观融入社会发展各方面，转化为人们的情感认同和行为习惯。高校要通过社会主义核心价值观引领网络文化思潮，引导大学生树立正确的价值取向，不断增强文化认同；要坚持立德树人的根本导向，积极利用网络平台，运用大学生喜爱的网络表达方式，开展思想引导、学习辅导、行为督导、就业指导等，在网络上大力弘扬主旋律、传播正能量；要始终立足思想引领，遵循“内容为王”的建设规律，让学生在网上通过参与、建设以及自我教育成为中国特色社会主义建设者和接班人；要围绕社会主义核心价值观、爱国主义教育等设置议题，有效发声；要开展典型宣传、形势宣传，凝聚实现中国梦的强大精神力量；要坚持以服务切入，以网上网下深度协调来“黏”住学生，在服务中融入更佳的管理教育和世界观、人生观培育。易班文化，作为高校校园网络文化重要的组成部分，必须以时代精神为导向，不断创新文化内涵，才能让更多的人热爱易班、乐上易班和宣传易班，成为与时俱进的易班文化人。

二、拓宽推广渠道，提高关注力度

易班既是一个师生互动社区，也是一个网络育人平台。利用易班开展校园文化活动主要是从大学生的需求出发，希望通过易班有效促进网络环境下校园文化的健康发展，达到文化育人的效果。然而，学生是否主动参与易班活动，一

定程度上也取决于宣传推广是否到位。由于辅导员对易班的认知差异性，有的辅导员没有详细向学生介绍易班，在宣传中没有突出易班的特色优势，更多的只是把活动通知发给学生，没有进一步跟进活动的参与情况，以至于宣传推广力度不够，学生关注度和参与度不高。因此，学校要加强辅导员对易班知识的培训，提高辅导员易班技能，有效对学生进行易班宣传。通过多层次、多形式、多渠道加大易班宣传推广力度，并组织线上线下相结合的特色主题活动，依托各种新媒体传播渠道进行广泛宣传，并以各级学生组织丰富易班社区的活动，突出特色优势，强化品牌效应，进一步提高易班文化活动的关注度。

三、融合校本建设，提升易班文化品牌

要善于利用高校的优势深入推进文化育人，着力打造学生校园文化活动品牌，推进校园文化活动的改革创新，丰富文化育人载体。将校园本土文化内容建设与大学生思想教育引领工作培植到易班平台上，形成具有校本特色、网络形态、教育内涵的网络文化产品，在潜移默化中教育引导学生。通过将易班建设与学校校园文化建设中的品牌活动相结合，将易班元素融入已有的校园文化品牌活动，如“线上线下迎新活动”“校园好声音”“易班嘉年华”“网络文化节”等，丰富易班校园文化活动内容，打造网络易班品牌，提升形象，扩大影响。一是以易班网络社区为平台，利用传统节日、社会热点、教育重要节点等，在易班上开展富有内涵和有针对性的主题活动；二是充分发挥易班网络的优势作用，举办内容健康、形式活泼、互动有序的系列网络文化活动，鼓励引导青年大学生积极参与网络文化作品创作生产，实现“易班＋校园文化品牌活动”的有效融合，推进易班建设工作常态化、个性化、校本化、品牌化，唱响网上好声音，传播网络正能量，营造健康和谐向上的校园网络文化氛围，增强易班的教育引领实效，促进学生成长成才。

四、充分整合资源，发挥学生组织的积极作用

在学校教育资源日益紧张且活动场所有限的情况下，如何更好地开展好校园文化活动，促进校园文化的建设，这需要我们进一步研究和解决。学生会、学生社团等学生组织是开展校园文化活动的主力军，在广大学生中具有一定的权威性。学生会在团委指导下开展各项学生活动，深受广大师生的喜爱；学生社团是有着相同兴趣爱好的学生自发成立的组织，因加入社团的学生有着共同的兴趣爱好，在开展活动时，可以充分展示学生的才华，发挥学生的特长，也因社团的开放性、自愿性、灵活性和广泛参与性等特点，使得开展的社团文化活动更具有自主性，更贴近当前大学生学习和生活的需要，社团文化活动也越来越受

到了广大学生的欢迎。因此,依托易班开展校园文化活动时,要充分发挥学生组织的引领作用,引导学生组织积极建设自己的易班线上平台,并将校园文化节、社团风采展示等同步到易班平台,形成多方位、多主体建设易班校园文化活动的格局。同时,发挥院系学生骨干、班级团支部、班委的积极性和主动性,吸引班级学生自觉参与到易班上,通过易班开展丰富的党日和团日活动,发挥易班网络育人作用。

第五章　服务育人：易班与生活服务的理论与实践

第一节　易班与生活服务

为提升在校师生对易班网的黏度与使用频率，全国共建高校多数以生活服务功能为推广使用切入点，研发或对接校本信息化应用。本章基于当前高校大学生使用易班的生活服务功能的基本情况、使用效果、生活服务功能对易班网整体的影响以及对易班的生活服务功能的期待状况四个维度进行分析研究，客观呈现易班的生活服务功能的整体现状，并根据现状发现问题与提出解决对策。

一、我国高校校园生活服务信息化的发展现状

易班的生活服务功能是随着易班网的发展而出现的，但我国高校校园生活服务的信息化是伴随着国家推行教育信息化、数字化校园以及智慧校园的历程中产生的。在中国知网，对近十年来以上述三个概念为关键词的文献进行分析发现，教育信息化（文献总数达到 10 524 篇）从 2008 年开始热度一直处于上升趋势，至今未减；数字化校园（文献总数为 3 240 篇）在 2014 年达到热度的峰值后开始回落；而智慧校园（文献总数为 2 693 篇）则是从 2011 年才开始进入研究热度的增长期，2015 年呈现陡增的趋势。这也印证了近几年多数学者认同的智慧校园是数字化校园的高级形态的观点。在这些研究当中，主要是从以下几个方面开展论述：① 探讨第一课堂教学的教育信息化建设（何克抗，2015；钟绍春等，2018），这类研究主题的数量占据绝大部分。② 构建数字化校园或智慧校园的路径与方法（王晶春，2015；翟霞等，2018）。③ 基于某种技术或模型实现数字化校园或智慧校园的框架搭建（范江波，2016；王进华等，2018）。然而，单独研究校园生活服务或服务体系信息化的研究数量不多，有的学者是基于“校园一卡通”的使用，研究校园生活服务的信息化、智能化的效果（黄承宁等，2016；熊健辉等，2018）；有的学者则是将研究视角放在智慧后勤的建设上

(王海峰等,2018)。而基于易班平台探讨数字化校园建设的,主要是基于易班平台,探讨学生事务管理信息化、党建信息化、资助工作信息化等与学生工作相关的研究。刘阳提出,数字化校园的建设可以基于易班的统一身份认证平台、数据交换平台以及电子学籍系统进行构建(刘阳,2018)。谭璐等认为,要扩充易班平台的服务性内容,才能提高学生对易班平台的忠诚度(谭璐,2016)。周涛峰等认为,高校党建信息化的易班实践主要利用易班平台提供的各种功能,将现实中的各项党建工作搬到网上,开展信息化党建。包括党员发展、支部生活、党员档案三个方面的信息化(周涛峰,2013)。

根据以上研究,我国高校校园生活服务信息化主要呈现几个特点:① 其效用的发挥要依托校园整体的信息化建设;② 当前高校的生活服务信息化发展较为落后,对生活服务信息化真正重视并投入的高校数量较少;③ 部分高校的生活服务信息化没有达到互通共融,形成“信息孤岛”。

二、易班平台与生活服务功能的关系

生活服务功能是易班平台的四大功能定位之一,各高校能基于易班平台接入或开发各类校园生活服务应用。如查询类(如成绩查询、水电查询等)、申报类(如讲座报名、奖学金申报等)、业务办理类(如交费充值、证件办理等)、校园系统应用集成类(如将学工系统、教务系统接入实现一键登录)等服务应用。

生活服务功能对易班平台能起到促进生活服务信息一体化、增强安全性以及增加用户黏性的作用。但生活服务功能并非易班平台的唯一功能,也并非易班建设与推广的终极目标。易班平台的定位是网络思想政治教育平台,其为校园生活服务所提供的开放便捷的平台,主要目的在于通过信息化服务的接入,以吸引学生关注易班、使用易班、认同易班,从而帮助高校实现服务育人,最终达到思想政治教育内容的有效传播。

因此,我们不能将易班平台等同于一般的数字化校园或智慧校园的系统或平台,也不能简单地等同于校园网或官方媒体平台。易班的生活服务功能是兼具思想政治教育推广传播的工具性功能的,它既可以系统性地融合全校的信息化资源,也能灵活地根据不同需求而接入或开发方便师生学习生活的小应用。

三、基于易班平台建设生活服务功能的必要性与可行性

(一) 基于易班平台建设生活服务功能的必要性

1. 教育信息化发展的要求

教育部办公厅《2017 年教育信息化工作要点》提出发挥全国高校校园网站

联盟功能和作用，深入实施“易班”推广行动计划，实现各省（区、市）全覆盖。易班的建设与推广是教育部明确要求纳入教育信息化发展计划中的。所以，建设和丰富易班是教育信息发展的要求。

2. 校园信息化建设一体化的诉求

当前，许多高校在发展的历程中，先后购买多个系统、平台、应用等，支撑学校的教学、行政、后勤等的日常管理。但由于购置的时间、第三方服务公司或研发设计等多方面存在差异性的问题，高校本身使用的系统或平台之间不能实现兼容，数据不能共享，出现“信息孤岛”等问题。在校师生常常需要记忆多个网站网址、账号、密码，或下载多个应用，重复多次输入相同信息等，因此希望校园信息化建设一体化的诉求日渐强烈，而易班能够回应和解决这个诉求。

3. 增加易班用户黏度的需求

易班的生活服务功能是增加易班使用黏度的重要手段。当前，“95后”大学生呈现出更为务实、追求效率的特点。传统的思想政治教育的教育方式或单纯的思想政治教育宣传平台并不能完全吸引大学生频繁的关注和喜爱。但如果平台设置了其需求度高的校园生活应用，就能保持平台的活跃度与关注度，以服务需求抓住用户使用惯性，再完成思想教育内容的有效传输。所以，易班平台的生活服务功能是吸引学生进入平台，接受教育的重要功能。

（二）基于易班平台建设生活服务功能的可行性

1. 易班平台的开放性

易班的一大优势是其开放平台。易班的开放平台能提供在线校园一站式解决方案，与学校的各类生活服务应用整合，实现数据集成，学生可以通过易班平台一键登录多个与易班实现对接的生活服务应用，增强体验。各高校也能通过易班平台聚合校内各种生活服务应用，方便管理，提高效率。

2. 易班平台的融合性

易班是集即时通信、网络教育、应用集成等为一体的多元融合平台，呈现丰富的功能性。易班的多功能融合性，很好地解决了单一传播无法有效聚集内容关注度的问题，从管理、服务、教学的全过程渗透式地开展思想政治教育，能帮助校园的生活服务信息化更突显服务育人的性质。

3. 易班平台的安全性

易班平台是实名认证的大学生网络互动社区。从主管部门来看，由教育部思政司到各省区市的教育厅、区域中心主管或统筹。从运营主体来看，由教育部指导下的易班发展中心进行运营，数据存储与运行的服务器设在国内。从平台用户组成来看，用户皆为高校师生，管理者主要是学校的学工、宣传、信息中心的教师、二级学院的辅导员。因此，易班平台的安全性可以得到多方面、多层次的保障。所以，在易班平台建设生活服务功能是安全、可信赖的。

第二节 基于易班平台建设生活服务功能面临的困境及对策

一、高校依托易班开展生活服务面临的困境

（一）校内资源整合的复杂性

纵观全国易班共建高校，校内易班平台的主管和运营部门主要是学工部。但校园生活服务可能涉及教务、财务、后勤、信息中心、图书馆、就业中心、团委等多部门，每个部门都有本身的系统或平台，有固定的管理维护人员和规范的管理机制。易班平台的整合首先需要全校各部门的行政支持，但因为各种体制与关系的复杂性，往往很难快速实现。其次，易班的开放平台欢迎所有系统应用的接入，新建的系统应用一般可以要求实现与易班的接合，但一些老旧的系统与平台，本身不具备数据开放的接口，就难以接入。行政体制与数据技术两方面的复杂性都直接影响着易班的生活服务功能的建设与推广。

（二）高校技术开发的被动性

目前，各高校的系统、应用主要通过两个方式建设。一是购买第三方技术研发公司的产品，二是依靠校内师生的自主研发。前者需要资金，后者需要人才。一般普通高校、地方院校、高职高专学校在信息化推进上相对吃力。一方面是经费投入不足，部分高校经费较为紧张，如地方高校和民办高校，受地方财政或企业利润的影响较大；而部分高校是对利用易班平台整合校园生活服信息一体化的意识还没到位，经费的划拨比重偏少；另一方面，高水平的综合性大学或理工类高校，有利用本校师生自主研发的优势，但对于医科、艺术、体育等专业性比较强的高校来说，信息技术学科专业人才欠缺，不具备自主研发的人才条件。

（三）已有服务平台的同质性

随着国家对教育信息化的日益重视，多数高校陆续购入一些服务系统与应用。部分高校的信息化进程较快，已覆盖校园的方方面面，并且校内师生已经形成了用户惯性，此时再与易班融合，就可能出现同一套系统平台两个入口，显得重复累赘，而且可能需要花费大量的资金与精力才能完成融合。易班平台目前的体验感与社会上通用的其他社交平台相比，还是有一定的差距。当代大学

生追求短平快的极致体验感，如果平台使用不够顺畅，学生就会失去耐心和兴趣，这也在一定程度上影响了对易班平台各种应用的认同感与满意度。

二、高校开展易班生活服务的对策与建议

（一）更新高校生活服务信息化的理念与意识

随着大学校园规模的扩大，师生对教育信息化、行政管理与服务要求的提升，增强校园生活服务信息化的需求日益凸显。因此，各高校的行政主管部门应当顺应时代发展潮流，转变管理观念，推进高校生活服务信息化的创新与发展。

这主要体现在两个理念的更新。① 树立生活服务信息一体化的理念，避免信息孤岛的出现。首先，学校办公室应做好统筹协调，各行政部门基于本身的业务需要开发或购买信息系统、应用等实现校内数据共享与内容共建。其次，各行政部门也要从整体的角度，推进本部门的信息化服务，摒弃只顾部门效益，闭门造车的观念，主动加入到校园生活服务信息一体化的建设中。② 树立单一门户聚合多类服务应用的理念，增强用户便捷性与体验感。从方便行政后勤部门管理的角度，容易形成多平台多入口的情况；但从用户体验的角度，只保留一个单一的入口、单一的门户，就能实现各类校园事务性工作的办理或查询，才是最为理想的状态。因此，要尊重用户的主体性地位，从以部门为中心管理模式转变为以用户为中心的模式。

（二）构建基于易班的校园生活服务一体化平台

基于易班的校园生活服务一体化平台，一方面是国家教育部门教育信息化的具体要求，另一方面也是提升易班用户黏性的重要手段。因此，各高校可以针对本校的实际情况，思考如何基于易班打造校园生活服务的一体化平台。信息化进程走得较快但易班建设刚开始的高校，尽可能以多种方式融合到易班平台。例如，能实现数据集成的，委托原开发公司与易班开放平台实现对接，对于确实无法实现数据集成的应用，在易班平台上提供外部链接，同样可以起到方便师生查找的作用；信息化进程与易班建设同步发展的高校，可以从开始就做好系统平台的顶层设置，实现与易班平台的数据接合，让易班建设与信息化建设同步进行；信息化较落后的高校，可以借助易班建设的契机，借鉴其他典范高校的经验，加快推进学校的信息化生活服务进程。

（三）构建基于易班的校园生活服务保障体系

基于易班的校园生活服务的顺利推行，需要建立一个可持续发展的保障体系。① 机制体制保障。构建学校易班建设五级管理架构，校领导为总负责人

的领导小组，发挥方向指导、行政命令的作用，制定各行政部门的具体职责；下设学校易班发展中心，发挥协调落实的功能，统筹发展；学校易班发展中再依托校级易班学生工作站、二级学院易班工作站、基层班级三个层级，发挥师生技术力量及推广宣传功能，将生活服务应用真正落地，推广使用。② 经费保障。一方面给予易班建设的专项经费用于开发、接入生活服务系统、应用；另一方面，将易班的生活服务功能建设纳入到学校教育信息化建设的框架中，用信息化建设的投入共同支撑易班的生活服务一体化的建设。③ 技术保障。会同信息中心、第三方开发企业等，提供畅通的校园网络环境、足够的网络空间和稳定的日常技术维护的支持，保障项目的顺畅进行。④ 团队保障。除了技术上的团队保障以外，还需要内容传输、回应、监督、反馈的团队保障，避免系统应用的摆设化。

第三节　基于易班平台建设生活服务功能的案例

一、以“i 厦大”为代表的校园应用开发

厦门大学于 2012 年启动易班建设，是第一所加入易班共建的“985”高校，也是基于易班平台建设校园生活服务功能最为成功的高校之一。厦门大学易班建设以网络文化工作室为依托，充分发挥学生主体作用，积极开展网络主体活动、网络产品研发和网络技术服务，探索形成了具有厦门大学特色的易班推广建设模式。

厦门大学依托在校学生技术研发团队“贝壳工作室”，研发了“i 厦大”APP，并接入易班，依托“i 厦大·易班”发展中心、“i 厦大·易班”学生工作站运营。“i 厦大”有十分强大的校园在线生活服务功能。主页包括校园最新的通知、话题、各部门或机构社团举办的活动预告和报名；工具页包含校园卡(含查询、充值)、GPA 查询、成绩查询、迎新系统、辅导员事务、图书馆、离校系统、入学退学申请等涉及校园生活的全方位的服务应用工具(图 2-5-1)。这些应用实用、集中，能实现一键登录，大大方便了师生的学习生活，受到同学们的追捧。

厦门大学以“i 厦大”为基础，依托其人才优势，通过创业创新类经费等的支持，发挥“E 维网络工作室”“小夏工作室”“贝壳工作室”等全校 200 多个技术研发工作室的力量，不断地创新、增加校园生活服务的各类系统、应用，走出了“以网络文化工作室为依托，深化校本化融合”的可持续发展的创新模式。

图 2-5-1 厦门大学“i 厦门”APP 界面

二、整合全校信息资源,提供校园学习生活服务

西华大学是整合全校资源,完全融通学校各职能部门,推进易班建设的典范高校。西华大学成立了易班建设领导小组,下设易班发展中心,统筹学校的网络技术保障与应用研发,协调教务、图书、就业、后勤等信息资源。易班发展中心下设易班学生工作站,对接二级学院的易班工作站以及学工、团委、社团等的虚拟班级。其提出“思政平台”“网络文化”“信息化建设”三位一体的建设思路,从经费保障、人员保障、设备保障全方位整合全校资源,打造校园服务综合体。

西华大学先后将学工系统、就业系统、教务系统、迎新系统接入易班,实现数据集成、数据共享;将学工通知、一卡通消费、成绩课表、空闲课室、图书借阅、学术报告、学校活动、校历、校车时间、就业信息等与学生学习生活息息相关的功能应用接入易班平台,有效聚合分散的校园学习生活信息(图 2-5-2)。

图 2-5-2 西华大学易班平台

三、易班迎新系统创新新生入学管理工作

华南农业大学是广东省第一批建设易班的高校，在首次易班推广工作中，华南农业大学就以迎新为切入点，基于易班平台开发并接入“迎新系统”，创新新生入学的管理工作。

该校 2018 级全体新生未入校前就可以登录易班查询自己的专业、班级、学号、同学、宿舍信息、缴费信息等，可以自动加入基于易班平台的虚拟班级，提前与班级同学、助班、辅导员进行沟通交流，实现“未入校、先入班”（图 2-5-3）。自主研发了注册报到系统，用于新老生的报到注册工作，学生只用“嘀”一下身份证就能一步完成报到注册手续，不仅能有效加强新生入学资格审核，还提升了学生日常管理的效率。

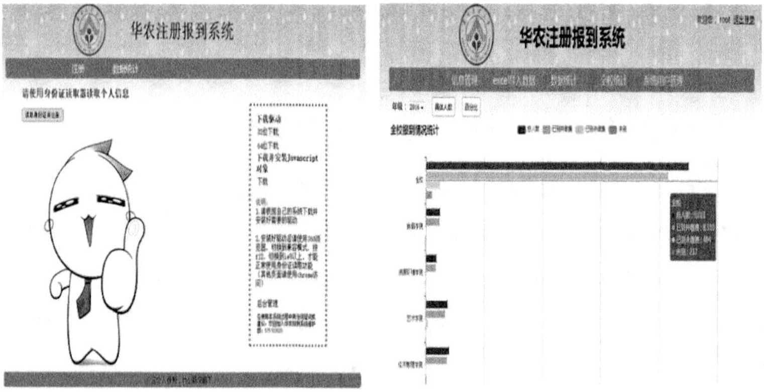

图 2-5-3　华南农业大学迎新系统

四、“佛大易＋”小应用集群开发实例

佛山科学技术学院是广东省的易班发展中心，其依托易班学生工作站的师生，开发了“佛大易＋”应用集群，整合各类贴合学生需求的小应用，接入易班平台。开发“佛大易＋”的初衷是打造面向老师和同学们的“一站式”应用服务站点，为师生们的校园生活带来便利，同时增加同学们对易班 APP 的使用量，增加易班活跃度。“佛大易＋”是一个可持续开发的校园服务应用程序（图 2-5-4）。

“佛大易＋”应用分为 2 个大模块：服务应用和飞熊易系列。服务应用是为方便佛山科学技术学院师生而开发的应用集群模块，包含水电查询、宿舍报修、易找回、“哈·佛大”查成绩、数学大本营、佛大通讯录和面向新生的“新生易

图 2-5-4　佛山科学技术学院“佛大易＋”APP 界面

知”。其中，“新生易知”是帮助新生了解学校、完成入校前新生教育的重要应用。通过此应用，新生可以在暑期期间对自己即将进入的学校进行详细的了解。应用包括“佛大殿堂”“乐活佛大”“入学必备”“缤纷易班”“宿舍查询”“VR校园”“军服报码”“新生教育”“新生活动”共九大板块，内容涵盖学校的校史、资助政策、入住宿舍指南、军训指南、出行方式介绍等资讯以及查询申报类服务应用等内容。

黄飞熊系列是依托学校易班吉祥物“黄飞熊”开设的特色栏目，为在校师生量身打造的校园新闻资讯平台，其中包含“飞熊易宝典”——易班每月动态、“飞熊易现场”——校园新闻资讯、“飞熊英才榜”——优秀学子风采和“飞熊易茶座”——时事热点讨论。

“佛大易＋”自 2017 年 8 月 1 日上线推广以来，一直受到在校师生特别是新生的关注和喜爱。据不完全统计，“佛大易＋”累计访问量高达超过 10 万人次，单个应用的访问量甚至达到 4 万人次。该应用在 2017 年度全国易班优秀评选中，获得了“全国十佳特色应用”的荣誉。

第六章　团学育人：易班与团学工作的理论与实践

高校团学工作是高校育人过程中重要的环节，其主要作用体现于第二课堂，其核心工作是做好青年大学生的思想引领工作。中共中央、国务院印发的《关于加强和改进新形势下高校思想政治工作的意见》强调，要利用好互联网渠道，发挥网络育人的作用，用大学生喜闻乐见的方式实现思想引领。易班是高校思想政治教育工作重要的网络阵地，推动团学工作易班化，对于建设高校思想政治教育网络媒体矩阵、整合资源形成育人合力有重大现实意义。

第一节　易班与高校团学工作

一、高校团学工作的含义与特点

高校团学一般是指高校共青团和学生联合会，这两个学生组织是“中国共产党领导的先进青年和学生的群众组织，是党的助手、党和政府联系青年学生的桥梁和纽带，肩负着团结教育和引导青年一代的使命”①。其中，共青团在中国共产党的领导下，指导学生联合会开展工作。而高校团学工作，则是指“在高等学校内，在党组织的领导下，开展共青团与学生组织的工作”②。在 2018 年 6 月 29 日修改通过的《中国共产主义青年团章程》中，明确了“中国共产主义青年团在新时代的基本任务是高举中国特色社会主义伟大旗帜，以习近平新时代中国特色社会主义思想为指导……切实保持和增强政治性、先进性、群众性，把培养社会主义建设者和接班人作为根本任务，把巩固和扩大党执政的青年群众基础作为政治责任……造就有理想、有道德、有文化、有纪律的青年……”这为高校开展团学工作指明了方向，明确了责任，制定了目标。

---

① 杜娟.高校团学工作要抓住育人这个根本[J].郑州牧业工程高等专科学校学报，2000，20(1)：66.

② 任文艳，李超峰.浅谈新媒体环境下的高校团学工作[J].西部皮革，2017(10)：205.

共青团的定位和基本任务，决定了高校团学工作具有鲜明的特点。首先，高校团学工作具有政治性。高校团学组织是“党建立在高校中的重要思想政治教育和后备力量选拔平台……不论内外部环境与时代如何发展变迁，‘服从于党、服务于党，为党输送新鲜血液’的政治定位都应是高校共青团工作贯彻始终、坚定不移、最基本、核心的工作定位，也是‘政治性’这一核心属性的直接体现”①。其次，高校团学工作具有引领性，这是由其政治性所决定的。2016 年共青团中央、教育部联合印发《高校共青团改革实施方案》，提出要始终把握思想政治引领这一核心任务。《中国共产主义青年团章程》也明确规定：“中国共产主义青年团加强思想政治工作，把思想政治工作贯穿所开展的全部工作……坚持把帮助青年确立正确的理想、坚定的信念作为首要任务”，这说明高校团学工作要“加强对青年大学生的思想引领，将大学生紧紧团结在党的周围，巩固和扩大党执政的青年群众基础。”②最后，高校团学工作具有服务性。《中国共产主义青年团章程》规定，“要坚持服务青年的工作生命线”，高校团学工作应切实地提升自身服务水平和服务质量，为促进青年大学生的成长以及解决困难问题提供指导和帮助，才能得到其拥护和支持。

二、高校团学工作的育人功能

高校团学工作的育人功能主要体现在三个方面：

(1) 文化育人。“校园文化是高校共青团开展思想引领工作的重要载体，具有‘价值引导、行为规范、人格塑造、审美陶冶’的功能。”③高校团学工作通过举办青马工程培训班、树立先进典型榜样、开展青年志愿者服务活动、组织优秀主题团日竞赛活动、举办高雅艺术晚会、打造网络清朗空间等活动，使思想引领有项目可依托、有活动可参与、有人物可示范，“标杆”“旗帜”实实在在就在青年身边，传递青春正能量。

(2) 管理育人。“管理育人指管理者在执行规章制度，开展管理活动的过程中，对人们进行思想政治教育，培养人们良好的思想作风和道德行为的方法。管理育人就是把管理同育人结合起来，在教育中有管理，在管理中有教育。”④高校团学工作主要在“第二课堂”中开展，团学工作指导老师的教育管理理念、

---

① 高星. 论新时代高校共青团工作的定位及创新[J]. 学校党建与思想教育，2018，(17)：88.

② 王振国. 高校共青团加强大学生思想引领的切入点、结合点和着力点[J]. 高校辅导员学刊，2018，10(4)：80.

③ 杜媛. 立德树人视角下深化高校共青团文化育人功能的策略研究[J]. 传播力研究，2018(23)：230.

④ 杨利梅. 试论高校团学工作中的管理育人理念[J]. 科教文汇(下旬刊)，2015(11)：115.

要求品味、性格偏好、言行举止等对团学干部具有一定的影响力。

(3) 实践育人。高校团学工作中涉及大量的社会实践活动，如三下乡社会实践、志愿服务、实习兼职等；也会举办各种专业类实践竞赛或学术活动，如挑战杯科技竞赛、创青春创业大赛、互联网＋大学生创新创业大赛、申报攀登计划、学术基金项目、实验室基金项目等。通过举办这些社会实践类活动或专业综合实践类的科技学术竞赛，加强科技创新引领带动学生成长成才，让广大青年大学生积极融入全面建设社会主义现代化强国的伟大进程中，努力成长为担当民族复兴大任的时代新人。

三、易班与高校团学工作

在 2016 年 12 月 7 日至 8 日召开的全国高校思想政治工作会议上，习近平总书记强调："要坚持把立德树人作为中心环节，把思想政治工作贯穿教育教学全过程，实现全程育人、全方位育人，努力开创我国高等教育事业发展新局面。"全方位育人，意味着"高校思想政治育人工作在空间维度上的延展性。……全方位育人提倡大胆创新育人方式，把课内课外、线下线上、校内校外、知识教育与信仰教育、显性教育与隐性教育等结合起来……"①

新时代，青少年是最主要的网络群体。第 42 次《中国互联网络发展状况统计报告》显示，截至 2018 年 6 月，我国网民规模达 8.02 亿，其中手机网民数高达 7.88 亿，手机上网使用率达 98.3%；从网民的年龄结构来看，20～29 岁年龄段的网民占比达 27.9%；从网民的职业结构来看，学生群体比例占比为 24.8%。此外，微信、微博、QQ 空间、知乎、贴吧、抖音等社交平台已成为大学生获取信息的主要渠道，使用网络目的呈多样化，是学习、娱乐、生活等多种目的的混合，但总体呈现上网目的娱乐化倾向。② 种种数据表明，在日益壮大的网民规模中，学生尤其是青年大学生，已逐渐成为重要的网络群体。

依前所述，高校团学工作有显著的政治性、引领性和服务性特点，新时代网络新媒体各类平台层出不穷，易班是高校教育教学、生活服务、文化娱乐的综合性互动社区，对于高校团学工作建立新媒体矩阵，集中宣传资源和平台，形成团学传播合力，提升团学组织的影响力、凝聚力和号召力，有重要的补充和推动作用。而高校团学工作的加入，也能为易班这个新生网络平台提供更多的发展机会以及更多的关注，有利于易班迅速融入高校，融入学生群体。

① 连洁.建构高校思想政治工作全程全方位育人模式[J].中国高等教育，2017(8)：19-21.

② 李壹凡.新时代高校共青团新媒体思想引领工作思考[J].才智，2018(22)：170.

第二节　易班平台开展高校团学工作存在的困境及对策

一、易班平台开展高校团学工作存在的困境

（一）长效机制较为缺乏，宣传不够

高校的易班发展走过了艰辛漫长的探寻之路，其关键在于高校是否能建立起合理、有效的机制来保障易班工作的开展。校级领导在思想上对易班平台开展高校团学工作相当重视，然而鉴于各校的实际情况，能否整合相关部门如宣传部、教务处、学生处、团委、就业指导中心、图书馆、后勤处等资源，建立长效机制形成合力推动易班的发展，成为易班在高校发展的关键。目前，许多高校尚未做到能集“大思政”之力，促易班之发展，究其原因，一方面由于师生对易班的认知有所偏差，实施有所不力，也缺乏较为专业的师资队伍对易班进行有效指导；另一方面与易班自身的宣传力度有关系，以“易班平台作为团学活动宣传的平台效果令人满意”为例，认为“不符合”和“最不符合”的比例达 18.95％，近1/5参与调研对象对于团学宣传的满意度低，说明了易班的团学宣传工作有待加强。

（二）思想引领作用不强，效果一般

纵观调研反馈数据，易班平台开展高校团学工作的应用现状、宣传效果、思想引领、班团管理、常规应用期望的满意度集中体现在“一般”，其中，34.99％的参与调研对象认为“使用易班平台开展思想引领工作更有效”。可见，易班平台开展高校团学工作的总体效果一般。究其原因，一是基于高校团学工作融入易班的时间较短，切入点尚不明确或不够清晰，导致效果较为一般；二是高校团学工作在易班上体现的内容、形式较之传统媒体、流行媒体等并无明显优势或突破，其效果不具有差异性；三是高校团学工作在易班的覆盖面较为有限，集中于行政令式的工作较多，与学生的黏合度不够，难以得到学生的高度认可；四是学生的使用习惯和关注点需一个转换的过程过渡，需要耐心培养。

（三）信息单向传递明显，互动不足

易班平台较之于微信、微博等新媒体平台有其优势，如定位明确思想性强、大学生应用功能相对较全等，然其劣势也较为明显，其主要体现于信息单向传递明显，互动不足。具体来说，在易班上的功能，大部分都是信息单向传递，能形成互动的主要以“评论”形式为主，或者是开发的轻应用模式，或者是

参与调查问卷的结果反馈。以“你是否认为使用易班平台开展共青团答疑工作更便捷”此题为例，34.31%的参与调研对象认为“一般”。对于学生而言，在易班平台上因为技术和呈现形式的约束，信息的流动性以“单向”传输为主，使用者（学生）和后台管辖者（教师、学生干部）之间的交流缺乏渠道，互动缺乏即时性、便捷性。因此，具有相当数量的学生认为易班的使用体验不如其他新媒体平台。

（四）团学工作期望一般，缺乏亮点

在有关团学工作期望方面，从调研反馈数据中发现，参与调研对象持有较为保守的占比比较大，1/3 的受访者在易班上开展团学常规工作方面的第二课堂学分登记、团组织关系转接、团学网络阵地覆盖、志愿服务管理等工作表示“一般”期望，这说明相当规模的学生认为在易班上开展好团学相关工作的作用不大，效果期待不高。究其原因，一方面是上述大部分工作在团学系统有相对应的平台与之对接，以广东省为例，如志愿服务工作与 i 志愿平台对接，团组织关系转接分别与青年之声、智慧团建平台对接，第二课堂学分逐步与“到梦空间”平台对接等；另一方面，由于团学工作在易班上的开展，主要以通讯报道、活动报名及投票为主，缺乏工作亮点，也难以吸引学生驻足参与。

二、解决易班平台开展高校团学工作有效性的对策

（一）构筑科学合理机制，打造网络媒体矩阵

针对长效机制缺乏的情况，设计易班发展机制时要充分考虑其科学性、合理性，充分调动人、财、物，结合学校实际情况，在具体操作上要有明确目标和落实责任，配套相应的场地和师资力量，加强易班指导队伍的培训和专业性建设。此外，结合班团一体化的要求，建立“五级一体”的网格化媒体矩阵，具体来说，就是建立“学校—二级学院—学系—班级—社团”五级单位，充分发挥团学的核心统领作用，力争实现易班的团学工作覆盖所有学生各类行政单位。此外，打造网络媒体矩阵，结合学生的使用习惯和频率，以易班为核心单位，建立以“微信—微博—易班—QQ—论坛/贴吧”的环形结构，实现易班网络媒体矩阵中心化的战略目标，进而提升易班在团学工作中的参与度和结合度。

（二）打造团学品牌形象，开拓思想引领阵地

作为目前应用最为广泛的大学生虚拟社区，易班的形象表征物如 LOGO、吉祥物等已经深入人心，各个进驻易班的高校都相应推出本校特色的吉祥物。笔者认为，易班吉祥物应考虑打造团学品牌形象，通过具体的表征体现出来，并通过各类党团培训、文体活动、科技学术竞赛、社会实践等加以强化和巩固，如

福建师范大学的“小葵”形象，“就是以‘福师大小葵’为主角，集思想性、教育性、传播性为一体的微电影、漫画、沙画、古风绘本、Flash、H5 等网络思想育人产品，不断产出，使新媒体工作变得更加有趣多元、生动活泼、更加贴近青年”①。其次，在易班团学工作平台上，要保持政治性与群众性的有机结合，要高举“习近平新时代中国特色社会主义思想”这面旗帜，通过树立学生身边的榜样来开拓思想引领阵地，“榜样引领的关键是要高低结合、远近兼顾，各具特色，因人而异”②，注重对学生身边的榜样、典型人物挖掘和宣传，通过先进事迹感化青年大学生。

(三) 探索联动工作范式，提升学生使用体验

“网络新媒体工作转型的根本是将传统的工作在网上进行延伸，借助网络新媒体的技术去创新，并在此基础上探索出新的工作范式。”③探索联动工作范式，主要是探索网上和线下的两线联动范式，以广东佛山科学技术学院校团委为例，2017 年结合“到梦空间”平台的“第二课堂成绩单”，提出了“思想成长、志愿服务、社会实践、社会工作、文体活动、荣誉表彰、创新创业”七大板块，推动学生网上和线下齐头并进的工作格局，不仅实现了第一课堂和第二课堂工作的有效衔接，也实现了网络新媒体工作贴近学生的目标，这对于团学工作在易班平台上的开展具有重要的借鉴意义。此外，围绕学生在团学工作方面的各项需求，易班平台还应注意不断进行技术改良和创新，提升易班应用的便捷性、时效性和规范性，以提升学生尤其是团学干部在易班应用过程中的用户体验。

(四) 有效整合各种资源，推动团学工作易班化

随着社会发展和科技进步，网络新媒体的工作手段和方式日新月异，在高校中，各种媒体平台应用广泛，学校各行政部门如学工、教务、保卫、后勤和二级学院也纷纷依托各种新媒体开拓网络创新工作的新区域，其优势在于各类平台百花齐放争相呼应，其弊病则在于各有各的资源、信息和平台，资源难以统一整合，难以实现育人合力，因此，融媒体理念是发展趋势。根据百度百科词条，“融媒体”是充分利用媒介载体，把广播、电视、报纸等既有共同点，又存在互补性的

---

① 刘晓晖.新时代高校共青团网络思想育人与青年工作的升级再议[C]//新时代 新思想 新学术——全国学校共青团 2018 年学术年会论文集.北京[出版者不详]，2018：156.

② 邓舒婕，孙光荣.新时代高校共青团网络思想引领工作的路径探究——以广东省某高校为例[J].科教文汇(下旬刊)，2018(7)：11.

③ 刘晓晖.新时代高校共青团网络思想育人与青年工作的升级再议[C]//新时代 新思想 新学术——全国学校共青团 2018 年学术年会论文集.北京[出版者不详]，2018：155.

不同媒体，在人力、内容、宣传等方面进行全面整合，实现“资源通融、内容兼容、宣传互融、利益共融”的新型媒体。相较于微信、微博、QQ、论坛贴吧、青年之声、智慧团建等平台，易班的最大优势在于其有较强的包容性和融合性，各种平台可以直接衔接到易班平台，通过技术衔接，基本上可以实现一号登录的期望目标，减轻学生的使用负担，推动团学易班化的进程。

第七章　心理育人：易班与心理教育的理论与实践

习近平总书记在全国高校思想政治工作会议上强调："要坚持不懈促进高校和谐稳定，培育理性平和的健康心态，加强人文关怀和心理疏导"。《关于加强心理健康服务的指导意见》提出，高校要"重视提升大学生的心理调适能力，保持良好的适应能力，重视自杀预防，开展心理危机干预"。可见国家对大学生心理健康教育工作的高度重视。

第一节　网络心理健康教育现状

一、心理健康教育与网络心理健康教育

教育部在印发的《高等学校学生心理健康教育指导纲要》(以下简称《纲要》)中指出，心理健康教育是提高大学生心理素质、促进其身心健康和谐发展的教育，是高校人才培养体系的重要组成部分，也是高校思想政治工作的重要内容。《纲要》指出，大学生心理健康教育主要包括四个主要任务：① 推进知识教育；② 开展宣传活动；③ 强化咨询服务；④ 加强预防干预。

我国的大学生心理健康教育起步较晚，经历一个由认识到重视、再到加强的过程。姚本先等(2007)总结了我国大学生心理健康教育开展的途径：① 开设心理学课程和心理讲座，普及心理健康知识；② 建立咨询机构；③ 组织学生参加社会实践活动，更好地适应社会的发展；④ 营造良好的校园气氛；⑤ 将心理健康教育渗透到课堂中甚至是各科的课程中；⑥ 建立大学生心理档案；⑦ 培养大学生自我教育的能力。

"心理健康教育"涵盖了课程教学、课后辅导与个体咨询、心理危机干预系统、朋辈辅导、校园心理文化建设等。就其性质而言，心理健康教育包含了心理知识的传授、心理活动的体验、心理调适技能的训练于一体，同时也注重培养学生实际应用能力，尊重学生的主体性，强调学生自主性和创造性，调动学生的积极性与参与性。因此，我们所提倡心理健康教育的创新模式是师生基于平等尊

重、积极参与、双向互动的形式下，以学生的自我探索为主、教师的教学传授为辅，提倡学生体验式的自主学习。

对于网络心理健康教育的定义，学者们是从工具的视角出发。将互联网作为媒介进行信息的沟通和交流，实现心理健康教育。魏荣等指出，网络心理健康教育是指“心理健康教育工作者运用网络技术及相关功能，以多种方式帮助来访者解决心理问题，提高其心理素质水平的过程”①。

我国最早关注网络心理健康教育出现在 2001 年，当时学者提出网络心理健康教育包含网上心理培养、网上心理训练、网上心理辅导、网上心理咨询、网上心理诊断和网上心理治疗等。

谢亚军(2016)认为“互联网＋”对大学生网络心理健康教育带来了契机：提供新思路，注入新内容，增强新效果。同时，“互联网＋”对大学生网络心理健康教育带来新挑战。刘玉春等(2016)网络心理健康教育突破了传统教育的垂直传播限制，实现了教育与被教育者之间的多维交流，使双方的等量沟通成为现实。

“易班心理健康教育”是指以易班为信息的载体和媒介，师生交流和信息传递，实现心理健康教育功能，以达到优人发展的目标。其中，以易班为平台的心理健康教育体系应具备预防系统、预警系统和干预系统三大模块(图 2-7-1)。通过甄别、筛选、排查三个系统联动操作，依托易班应用的优势优化评估识别，以实现心理危机解除、干预治疗。预防系统主要对应的是易班心理健康教育网络教学平台与易班校园心理健康文化；预警系统主要对应的是易班心理健康测评系统；干预系统主要对应的是易班心理危机网络监控体系构建。

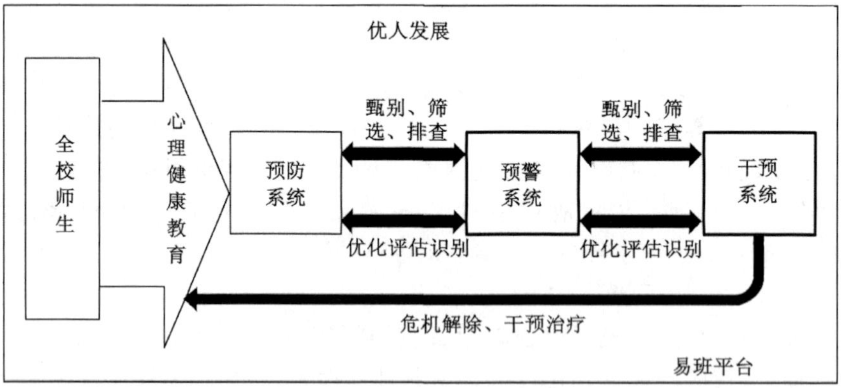

图 2-7-1 易班心理健康教育体系构建

① 魏荣，魏婧. 高校网络化心理健康教育探析[J]. 琼州大学学报，2004(4)：25-26.

二、我国(网络)心理健康教育的现状与局限

首先,心理健康教育现时统筹于大学生思想政治教育工作的主题下,由于工作观念偏颇,意识上难成合力,因此心理健康教育工作远达不到其应有的重视,每当校园出现心理危机时,便临时扮演思想政治教育工作的救火员。其次,资金投入比较微薄,心理健康教育的专项建设投资相对不足。多数学校经费不单列,投入随意性大。再者,当前心理健康教育内容、方法、途径有限:教育途径窄化、教学内容模糊、教学方法单一。

心理健康教育实施过程中,师资力量不足。① 人员流动大,师资架构不稳定:由于心理健康教育专职教师人员配备不足,在教学实施中常于校内招募兼职教师,这使得教学人员流动大。兼职教师有其自身专业背景,有的甚至学科跨度较大,从而影响师资队伍架构的稳定性;② 行政归属复杂,管理难:由于校内兼职教师其自身有所属的行政管理部门,且占人数比例较大,使得教学管理工作难于进行,无法对教师的教学质量进行控制,同时激励制度不健全,无法调动教师的教学积极性;③ 专业水平良莠不齐,缺乏培训:兼职师资队伍中有部分教师原有专业背景与心理学跨度较大,在教学过程中常感力不从心,教师对于业务培训的需求较高,无奈由于缺乏经费,使得教师培训机会较少;④ 教师工作量大,疲于应付:在任教的辅导员队伍中相当一部分肩负多项工作,分身乏术,使其无法兼顾心理健康教育的课程。

田益民认为,网络导致受教育者产生复杂的心理问题:认知失衡、交往障碍、畸形性心理、自我角色混淆、网络综合征。同时网络增加了教育者开展心理健康教育的难度。在大学生网络心理健康教育中,教育主体出现了"非主体化"趋势。教育主体不再是灌输思想的权威,而是制造、传播、监控网络心理信息的主体,兼有信息传播者和思想引导者的双重身份,教育者和教育对象是平等的,传统的"教"与"被教"关系已不再明显。

针对上述情况,易班平台提出了构建心理健康教育体系,实现心理健康教育自主化的转型,充分发挥教学中学生的主动性和创造性,理论与体验相结合,讲授与训练相结合,充分利用调动学校、家庭、社会资源,完善心理健康教育。

三、易班应用可行性分析

易班是集思想政治教育、学生事务管理与校园学生文化建设三大功能于一体的校园网络虚拟平台,并在高等教育与管理当中得到良好的应用与推广。易班符合师生的实际使用需要,整合了社会教育资源,调动了学生群体的参与积极性,为师生互动提供了平台。

网络教学已成为高等教育发展的一个趋势，作为校园信息交互平台，易班目前较多关注学生思想政治教育，辅之以日常事务管理与校园文化活动等，直接涉及教学活动的内容偏少。易班的开发结合了学习组件与教学管理组件，其组织模式与结构功能决定了易班应用于教学开展具有以下优势：多元网络资源扩充教学内容；集中优质师资共享教学资源；先进教学媒介扩充教学空间；优化交互平台延伸交流时空；便捷网络系统促进考评机制。目前，不少学者就易班的教学功能开发做出了尝试并初见成效。如董来玉等(2012)以易班为依托，就高校思想政治理论课教学方法的创新性做出探析；孙丽娜等(2016)基于易班平台对形势与政策网络课程教学系统进行了设计研究。

易班打破传统网络教育的局限，以行政班为基础有严格的身份审核机制和实名制，对教学有良好的持续性和延伸性，突破传统课堂的界限，使教学更具层次性与普及性，扩展学生学习内容和个别辅导交流模式，保证师生互动的稳定性与联系性，注重教育者与被教育者的双主体关系，并对学生主流意识具有引导作用。基于心理健康教育的现状、内涵性质，教育理念与易班的功能与属性有机整合，促使易班能成为提升学生心理品质的有效途径与实用平台。

四、易班心理健康教育工作研究情况

查阅相关文献发现，在易班心理健康教育应用方面前人也做了不少的努力尝试。如俞晖(2015)认为易班应用于高职院校的心理健康教育中能创新人际互动模式，保护隐私，有利于减少心理防御机制，有效补充传统方式的局限。高晓霞(2015)介绍了易班的模块使用与心理健康教育应用。刘浏(2013)阐释了搭建易班心理健康教育平台可行性、构想和注意问题。就现阶段的研究现状来看，存在以下问题：① 研究尚处于起步阶段，成果并不丰硕；② 多为理论构想与实践探索，无实证支持；③ 研究立足点为狭义的心理健康教育，忽略了大学心理危机干预工作的易班应用；④ 研究静态的视点，忽视心理健康教育的阶段性、跟踪性和发展性。

第二节　易班心理健康教育网络教学平台构建

一、易班心理健康教育网络教学平台构建方法

易班心理健康教育网络教学平台是集合课内与课外、教育与指导、普及与提高、咨询与服务、自助与互助的六位一体教学模式。其目标是优化学生心理素质，提高应对危机能力，实现全人目标。其中包括课程教学、活动训练(线下

实践组块)、心理咨询、朋辈心理辅导、科研调查和校园环境建设(图 2-7-2)。

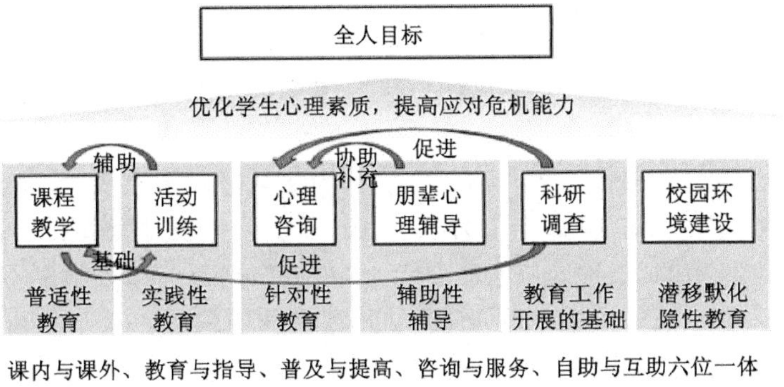

图 2-7-2　易班心理健康教育网络教学平台模型

(一) 课程教学组块

利用易班教学功能开展线上心理健康教育课程,借助网络平台整合教学资源,集中名师力量,共享课程成果,实现教学互动,促进学生自主化学习。由于易班的组织形式以行政班为基础,能保证教学对象的同质性,为教学管理提供实施的可能性。课程教学组块应包括电子教材库、优秀教学案例视频库、作业系统、心理案例库、文献资源库、心理电影库、心理放松音乐库、专家专题讲座库、教学测评库等。易班主要模块在心理健康教育中的应用见表 2-7-1。

表 2-7-1　易班主要模块在心理健康教育中的应用

主要模块	心理健康教育应用
话题(帖子)	分享心理学知识、发布活动通知、活动感悟分享交流等
话题(投票)	心理健康教育活动主题调研、活动结果反馈调研、心理测验等
相册	心理健康教育活动照片分享、电子海报宣传、心理图片展等
网盘	分享心理健康推荐书目、分享心理健康教育优秀电影等
日程表	心理健康教育活动的日程安排
成员	点击班级成员、访问个人主页博客等,了解学生动态
消息	私下自由交流、提供网络咨询服务等
视频	上传心理健康教育活动视频、分享优秀视频等
博客	分享心理健康教育活动内容、记录学习体会等
好友	建立特殊群体的群组,开展团体辅导等

一个良性的学习评价机制是高效学习的保障，教学测评库应"以评督学，以评促教"实现教师与学生双向评价体系。易班平台中的课程教学组块强调易班的师生互动性，因此，基于平等尊重、积极参与、双向互动的模式，教师应参与易班讨论，共享教学资料，线上答疑解惑，在易班中撰写专栏、个人博客，建设名师工作室等。

目前，心理健康教育课程在高校开展多为在某时段集中授课。然而心理健康教育在实际应用中应贯穿整个大学过程。易班能打破时间节点上的局限，使教育更有延续性和延展性。在易班平台上，可以根据不同年级学生不同的心理发展需要，提供相关的教学专题，不受时间和空间的局限。基于易班分阶段开展心理健康教育模式见表 2-7-2。

表 2-7-2　　基于易班分阶段开展心理健康教育模式

阶段特点	特色项目
学生适应期	新生指南、学业导航、自我管理等
学生全面发展期	规划人生、时间管理、情绪管理等
学生实习就业升学期	就业指导、经验交流、职场风云等

（二）咨询辅导组块

易班实名制注册为该组块的实现提供了保障。在易班平台上可以实现网上心理咨询、心理答疑，建立网络心理咨询预约平台，畅通心理求助渠道，实现高效沟通模式。

在易班平台中，咨询辅导组块有别于传统的心理咨询模式，其应有有利有弊。首先，易班中建立心理咨询辅导的平台是拓宽求助者获取帮助的渠道和便捷咨询师与求助者沟通的方式，可以利用易班作为一个宣传的平台，发布相关咨询师的信息，如资质、值班时间、在线联系方式等，以达到宣传和信息传递的效果。其次，制作轻应用，实现心理咨询预约功能，便捷咨询流程和预约程序。最后，咨询师与求助者达成心理契约，在约定的时间利用易班平台实现心理咨询。易班有别于普通的网络心理咨询在于其实名制注册，能规避一些咨询中的伦理问题。

在对易班平台中的咨询个案进行分析，发现两性问题、恋爱交往（24%）、人际问题（19%）、学业问题（16%）和家庭问题（11%）等为主要问题。易班心理咨询辅导组块多适用于一般心理问题，以"心理辅导"为主，应用时应根据心理问题和障碍的程度来谨慎选择，当发现个案超出范围，且对当事人有一定程度的损害时，应做好危机干预和个案转介。易班个人用户信息实名制为此也提供了便利。同时,易班心理咨询虽然有别于传统的面询,但咨询的职业操守、伦理道德、情感表达、咨询关系等咨询要素,应该与传统咨询相应对。如咨询中的平等尊重原则,当咨询预约确定时,在对应的时间咨询师必须按时在易班平台中上线。如保密性问题,易班的网络安全性的确为此提供保障,但咨询师也要注意账号安全,以防咨询过程中因隐私保护不当对当事人造成伤害。

（三）朋辈互助组块

朋辈互助是指受训和督导过的年龄相当者对周围需要心理帮助的同学和朋友给予心理开导、安慰和支持,提供一种具有心理咨询功能的帮助,它可以理解为非专业心理工作者作为帮助者在从事一种类似于心理咨询的帮助活动。由于高校中专业的心理咨询资源有限,朋辈互助便成了重要的补充。而传统的朋辈互助是在线下实施,对于活动场和时间所有一定的要求。易班平台突破此界限,整合高校心理教育资源,调动朋辈学生的作用,实现助人自助。在易班平台上建立心理聊天室、BBS 讨论区、心理成长互助小组,给学生朋辈互助提供平台与空间。

易班中开展朋辈互助的形式是多样化的,例如建立朋辈咨询员队伍,实行易班平台夜间网络值班制度,校内开放给有需要的学生通过易班平台求助。随着网络在校园中的普及,学生心理服务的诉求也日益多样化。传统的电话咨询、面询等方式越发满足不了学生的需求。朋辈互助应与时俱进,开拓创新,将心理服务的阵地转移到网络平台,利用易班应用的优势,实现线上线下共同互动的模式,在易班平台搭建轻应用等建构心理答疑、心灵聊天室(BBS),为有需要咨询的同学提供多渠道的约谈方式,提高了心理咨询的便利性和隐私性。如搭建易班轻应用"心理树洞""心理留言墙"等为学生提供发泄负面情绪分担厌烦、沮丧、惆怅或孤独,引导其摆脱不良情绪的平台。

（四）线下实践组块

心理健康教育课程是一门集知识传授、心理体验与行为训练于一体的课程。在教学中强调学生的自主性和创造性,教师应尊重学生的主体性。充分调动学生的积极性和参与性,师生关系的平等、互动,避免单向的理论灌输和知识传授。因此,该门课程十分重视实践。结合易班的优势,建立课程线下实践组块,以易班平台作为实践开展的基地,师生互动的桥梁,提倡学生体验式学习,丰富教学形式,结合心理技能训练,着重学生的体验和分享,易班刚好具备此功能,实现教学实践的线上线下互动,促使学生将课堂中习得的心理机能迁移到日常生活情境应用中(表 2-7-3)。

易班作为教育的载体,其虚拟班级的建设并无弱化。在固定的班级形态下,由易班作为实践的"组织者"能有序、规范地开展教学工作。制定实践教学大纲,按教学进度在易班中展开,做好线上线下的结合。

表 2-7-3 易班线下实践组块举例

实践模式	实践活动	易班功能
以语言传递信息为主的方法	讲授法、讨论法、双人教学法、头脑风暴	易课、检索信息功能、讨论组
以直接感知为主的方法	动力体验、人际交往法、参观心理中心、记忆比赛、音乐方式、冥想	信息发布、宣传,制作事务性通知窗口
以实际训练为主的方法	倾听技巧练习法、市场考察作业法、模拟招聘、自信心训练营	问卷调查、投票
以欣赏活动为主的教学方法	电影赏析、美文鉴赏、学术讲座、心理微电影制作	易班相册、网盘
以引导探究为主的方法	生涯拍卖、心理剧表演、校园街头访问、心理漫画、心理调查	问卷调查、投票、微视频制作

（五）校园心理健康环境建设组块

重视心理健康的隐性教育,强化校园心理健康环境建设。在易班平台上定时发布心理宣传活动,如心理素质拓展服务、心理电影沙龙、趣味心理知识竞赛等,以活动促宣传,以教育促成长,共同营造和谐的校园心理文化氛围。

易班平台是高效传播的新渠道,心理健康校园环境建设应创新宣传手段,将心理健康的知识用同学们喜闻乐见、贴近生活的方式展现,如原创心理漫画/手绘、心理征文、校园摄影、三行情诗等。通过易班等平台传播,传播网络"活百科",受到校园学子的喜爱。活动多彩,方式多元,通过易班平台将线上线下有机结合,相互辉映,相互呼应。强化校园心理健康知识的宣传,以易班为媒介,通过活动带领信息传播,重视隐性教育的效果,做到润物细无声,起到潜移默化的作用。例如,通过易班平台定期举办"心理电影沙龙",组织同学们通过观看教学电影印证所学知识;对心理健康形成初步的感性认识,尝试对剧情和剧中人物进行心理分析;培养运用理论分析问题、解决问题的能力。

二、易班平台心理健康教育的特点

（一）注重亲历参与行为

以易班为平台的心理健康教育自主化由原来的学生接受式学习的模式转变为学生发现式学习的模式,将学习的主导权回归到学生手中,让学生成为学习的主体,重视学生自主性、独特性和创造性的培养,全面提高学生的整体素质和能力。教师鼓励学生走出传统课堂的板书教学模式，将课堂延伸到网络平台当中。教师在完成了理论部分的教学内容后，将组织和带领学生在易班平台上进行心理健康实践训练活动。以学生为主导，教师协助，根据学生的自身情况、专业特色、实际需要而制定实践的内容和题材，可谓是"量体裁衣"式的主动学习，使同学们有一个愉悦、实用、合乎自身情况的自主实践的空间。同学们在实践中自主发现一些心理学的理论知识，通过实践强化巩固这些知识并将其迁移应用到自己的实际学习生活中去，从而调动学生学习的自主性，力求使其自知、自信、自律，具有较高的创新精神和承受挫折、适应环境的能力。

（二）注重激发感受情感

美国著名教育家詹姆斯认为，教师要在情感体验的这一过程中把握学生的情感流向，使他们的情感提到一个恰当的高度，这样就牢固地掌握了教学的主动权。在易班平台在进行心理健康教育时，教师应在网络虚拟平台中按相应的教学内容创设相应的情感环境和教学情境，以唤醒学生情感与经验的积累，能使学生感受情感的潜移默化的熏陶作用，参与角色转化，产生情感体验。同时，心理健康教育模块的内容设计不单要符合学生心理发展的规律，而且要遵循学生的情感发展规律，依据学生的情感发展特点而设置。

（三）注重团体合作分享

以易班为平台的心理健康教育自主化特别强调学生在学习中自主、合作与探究的学习方式，改变传统的以教师为中心、课堂为中心和书本为中心的局面。在易班平台上心理健康教育中的团体合作是指学生在网络空间环境中就特定的心理知识和技能组成若干成长性的小组或团队，共同地完成成长目标和学习任务。在成长性的团队中有明确的责任分工和互助性的学习，组员间平等地在网络空间中进行情感交流与沟通，促使学生认知和情感的变化，达到共同成长的目标。在网络教学中，应树立团体成员人人平等的意识，把每个学生都看作是具有无限潜能的生命体，并把合作学习中的决策权归还学生，树立学生自主学习主人翁的意识。激发学生的成就动机和内在动机，促使学生产生更大的成就感和更多的有效行为，保持更好的心理健康、心理调节和心理状况，获得更高的自尊和自信，与组内成员间建立起积极的，支持性的同伴关系，增强其社交能力。

（四）注重师生共同成长

使用易班平台实施心理健康教育自主化应尊重学生的主体性，强调教学双向互动，避免单向的理论灌输和知识传授，注重师生共同成长。主要从两个方面体现：① 在易班平台上设计的心理训练实践是师生共同创造的。自主化强调学生的实践体验，学生有自主决定权选择适合自我身心训练的学习内容，但不意味着脱离教师的指导。教师围绕学生实际需要而设定学习内容，结合自身教学经验，与学生一起共同创造实践，积累经验，共同成长。② 师生心灵上的触碰，精神敞开，彼此接纳。易班平台上有良好的独立空间让师生相互倾听，对话交流，真实地敞开心扉和自由表达。在此师生可以进行精神的相遇、理性的碰撞、情感的交流。教师在与学生交流中发现其认知上不合理的地方，认识并接纳学生的个体差异，助其成长。

第三节 易班心理健康测评系统构建

大学生心理健康教育是一项长期而系统的工程，心理测试是该项工程的开端。只有做好心理测试，对心理危机干预检测系统进行优化，才能使心理教育工作更加顺畅有效。高校心理健康教育中心每年组织入学新生网络心理测试，以便了解新生心理健康状况，对可能存在的问题早干预，有效预防心理危机事件的发生，进一步提升学校心理健康教育水平。

一、易班心理健康测评系统构建

易班是一个强大的网络数据库，具有高容量的储存功能。学生注册实名制是每个学生在易班中储存个人信息，包括心理健康档案、心理测试结果、心理咨询记录等。由于易班暂无心理测验功能的开发，这里采用测评软件对接易班，采用一站式登录的功能，供学生完成心理测试。

（一）题库组块

易班心理健康测评系统中有相应的题库组块，以备实际需要使用。题库组块中可以按模块划分为以下类别：自我认识、职业测评、心理健康、人际关系、家庭功能、抑郁与焦虑和自定义量表。每一个类别中应包含大学生群体能应用的相关量表，以帮助学生实现全面的自我认识。每一个量表中应包括基本介绍、题目、作答模块、计分方式、测试常模、解释模板等。比较常用的适合高校学生的心理测试量表包括大学生人格问卷（UPI）、艾森克成人个性问卷（EPQ）、卡特尔 16 项人格测试（16PF）、精神症状自评量表（SCL-90）等。应用者还可以根据实际的工作需要不断增加新的测试量表以扩充测试的适用范围。

（二）测评组块

测评组块包括测试组合与分发、施测前人员培训、测试场所环境搭建、测试实施现场指导、施测问题反馈与处理等环节。在测试实施前期,测试组织者根据学生实际需要和危机识别的需求在易班测评系统中组合测试试题。一般建议使用问卷组合,以便受测者更好地自我了解、自我认识和自我探索,也符合心理危机发现的需求,使用有关联信度效度的量表对学生进行施测,提高心理危机的检出率。在易班平台进行心理测试虽然有突破时间空间的优势,但由于心理测试的特殊性,仍建议使用集中测试的方式进行,因此在测试前需要对现场指导的工作人员(学生干部)进行培训,使其熟悉易班测试平台使用的常见问题以及登录过程中的障碍处理。为了更全面获取受测者的人口社会学信息,在易班登录的过程中要求学生完善个人资料。由于采用集中测试的方式,测试前场所环境的搭建非常重要。测试环境是否标注化会对测试结果造成影响,带来误差,影响信度效度,如测试电脑的配置、网络速度、灯管强度和环境温度等。测试实施现场组织工作人员(学生干部)进行协助,发挥在易班系统使用过程中的指导作用,同时对易班心理健康教育功能起到一定程度的宣传作用。

(三)反馈组块

易班心理测评系统可实现即时的数据处理与反馈功能。当学生登录易班平台,完成线上答题测试操作,学生的作答键将记录在测评系统中。题库设置时已将相应的评分标准、常模参照体系、分数解释模板编程在测评系统当中。系统即时根据学生作答生成测试结果并给出个人测试报告。由于心理测试的解释是一项非常专业的工作,解释不当容易带来测试中的伦理问题给当事人造成不良影响。因此,当测试者测试结果出现异常时,建议反馈组块提示"数据处理中,请与工作人员联系"。由心理教育中心的专业老师对该测试者进行分数解释、筛查访谈和危机识别。而测试数据正常者,可当即在系统中查阅自己的测试报告,学生阅读报告也是一个自我认知、自我了解的过程。

同时,系统中保存的数据可以作为学生心理调研的结果。在数据上对学生的心理素质进行分析,在数据的基础上了解学生的不同心理层次,以便制定相应的教育教学方针和措施。

(四)档案组块

在传统的心理测试中,学生的测试档案建档、保存、查阅是一项艰难而烦琐的工作,需要花费大量的时间、金钱、人力和空间。易班其强大的服务器,大容量的保存功能刚好满足了该项需求。入学时学生按照学籍资料在易班平台上进行建档,为日后的危机干预提高参考。当学生完成心理测试时,其测试的结果将保存在易班服务器上,跟踪四年,直到其完成整个高等教育学习过程。在此过程中，学生可以不断地进行心理测试，完善其心理档案，达到动态跟踪的效果。同时，学生的学号是档案唯一的ID，根据学生学号，能迅速在易班系统中查找到相应学生的心理档案信息，达到高效办公。而且在计算机上保存测试结果、学生档案，其隐私安全，保密级别也相应比传统方式的高。学生在易班平台上留言、预约咨询、心理提问、测试等在系统中均有痕迹可寻，成为档案。

二、易班心理健康测评系统的特点

（一）建档保存，隐私安全

有别于传统的纸笔化测试，利用易班平台进行心理测验能节约测试成本，如人力、财力、物力、时间。传统的纸笔化测试还需要占用大量的空间储存测试档案，且查找翻阅困难，测试结果的保密性难以确保，易造成涉密的危险。以易班为平台的网络心理测试能弥补此不足。学生用户在易班上登录是实名制，一人一户，密码自行设定保管，由新生入学时开始建档，档案保留至学生毕业。个人资料可长久保存，进行纵向的发展性分析，同时省去资料保管，查找翻阅困难的烦琐工作，账户保密性好，安全性能高，优势明显。

（二）动态分析，个性反馈

心理测试的评估并非一蹴而就，而是一项长时间的工程，它关系到学生个人在校期间的发展和心理变化。学生入学时的心理测试只能说明当时的心理状态，而不能“概括性”推论学生整个大学期间的心理状态，因此心理测试需要动态分析，易班平台能满足该项要求。学生个人账户登录易班平台，通过平台使用心理测试的程序。当学生有需要时可以随时登录随时使用，不受场地时间空间限制。传统的测试后期工作十分庞大，需要大量的人力去分析测试结果。易班具有数据分析的功能，能实时对测试数据进行处理，现场将测试结果反馈给个人，做到专人专项，独立分析，个性反馈。

（三）危机预警，跟踪处理

易班上学生是实名登记且有学院班级的行政管理划分。当学生测试结果显示“异常”时，学生的心理测验包括可直接反馈到所管辖的心理辅导员处，提示危机预警。辅导员可根据学生测试的结果进行干预识别，落实测试的作用，解除心理危机，避免心理测试流于形式。每当受测学生在易班平台中进行测试，易班服务器中会保存其测试记录，形成测验档案。根据学生不同时期心理情况的变化，可以实现长期的关注和跟踪处理。

第四节　易班心理危机网络监控体系构建

以易班为媒介建立心理危机网络监控系统，其功能发挥将有利于加强全校学生心理健康的危机防控，及时发现和预防学生的心理问题，减少心理疾病和校园危机事件的发生，做到提前预防，实时监控，及时发现，及时疏导。

一、易班心理危机网络监控体系构建

易班的实时通信功能和实名制登录功能为心理危机网络监控的实现提供了保障。在心理危机网络监控体系中，有两个群体的人员发挥巨大作用：班级心理信息员和宿舍长。在易班平台中建立通信录，对这支工作队伍进行管理，如定期开展心理危机识别的业务技能培训，加强队伍的专业化水平管理。在易班中，班级心理信息员和宿舍长应有组织、有管理、有纪律、有责任。心理健康中心工作人员将易班平台的沟通架构完善后，易班心理危机网络监控体系即可运行(图 2-7-3)。

(一) 心理信息员

1. 每周周报制度

心理信息员应及时掌握学生的心理健康状况，负责收集本班同学的心理健康信息。每周周五前(节假日除外)在学校的易班系统上提交《案例情况汇报表》，分别从学业问题、恋爱关系、人际交往、职业发展、情绪问题、躯体疾病等多个维度对本班学生的一周心理状态进行报告。学生处心理咨询中心和学院心理辅导老师负责查看心理信息员提交的信息，并及时进行处理。报告汇总之后要及时上报学生处主管领导和学校主管领导。若本周班级中无特殊情况，表中内容填“无”；若本周班中有情况，在表中须填具体信息。信息会到达院系辅导员的账号，由辅导员做进一步把关处理。若已超出处理能力范围，再由辅导员上报到校级心理健康教育与咨询中心做进一步跟进，形成自下而上、自上而下的双向多层次干预机制。易班的信息互动传播功能提供了实现该项技术的可能，但在功能开发时要注意空间独立性和保密性。

2. 及时汇报制度

心理信息员若发现某学生有心理问题或心理问题恶化，应将该生的情况迅速以电话形式或易班及时通信对话框上报所在院系辅导员，并在 24 小时内以书面形式向学校心理咨询中心报告。咨询中心要及时上报学生处主管领导和学校主管领导。

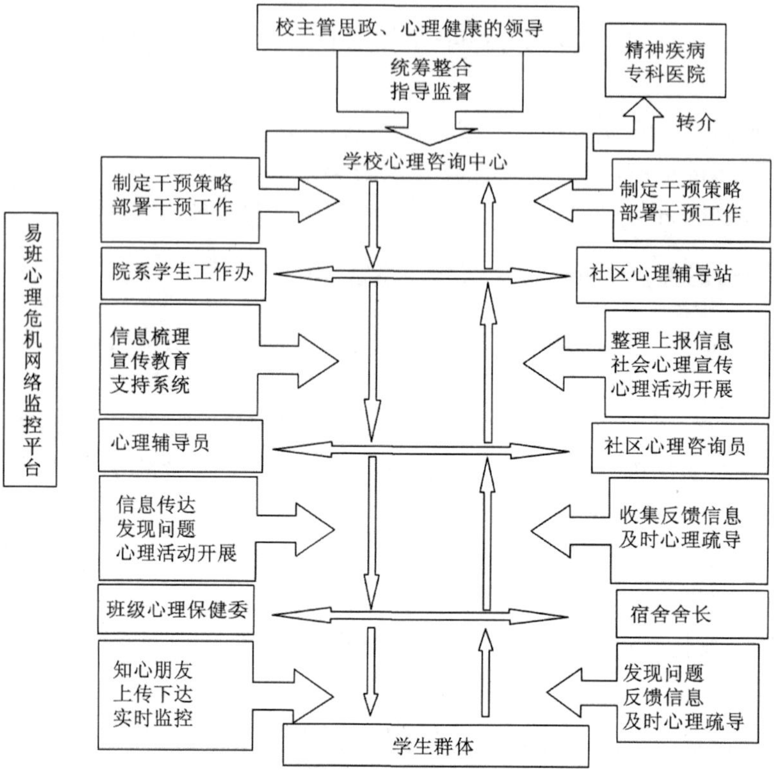

图 2-7-3　易班心理危机网络监控体系构建流程图

3. 参加业务培训

心理信息员应通过培训掌握心理健康方面的基础知识和基本技能，并充分发挥心理信息员贴近学生实际生活且相处时间较长的优势，及时发现班级中遭遇心理困扰的同学并予以支持。

（二）社区宿舍长

宿舍是学生第二个家，在长时间的集体生活和学习中，宿舍长可作为心理信息收集员，发挥危机监控的功能。其工作要求和流程与心理信息员是一致，此处不再累赘论述。值得指出的是，社区心理危机监控所对应的是社区心理辅导站、心理教育中心，同时也可以双向汇报给所在学院辅导员。

二、易班心理危机网络监控体系的特点

（一）自下而上，自上而下

立足社区，面向班级，面向学生，能最快、最直接、最真实地获取学生心理状况信息。形成自下而上、自上而下的双向多层次干预机制和医院学校结合的学生心理疾病诊疗快速绿色通道。其运行的模式如下：

（1）心理信息员（班级）—专职心理辅导员（年级）—二级学院学生工作办公室（院系）—校心理健康教育与咨询中心—校主管思政、心理健康的领导—心理危机干预中心（精神疾病专科医院）

（2）宿舍舍长（宿舍）—社区楼栋心理咨询员（楼栋）—社区心理辅导站（社区）—校心理健康教育与咨询中心—校主管思政、心理健康的领导—心理危机干预中心（精神疾病专科医院）

（3）心理危机干预网络报警系统：心理信息员（班级）每周一报制度，校心理健康教育与咨询中心领导在网络监控、危机发生时能直接得到信号，及时到达现场处理。

（二）心理危机快速反应机制

① 发现快。建立以“心理信息员”为基础的危机干预快速反应体系，依托易班网络平台的信息实时传播，点对点传输，校心理健康教育与咨询中心、院系相关负责人在网络监控、危机发生时能直接得到信号，及时到达现场处理。② 行动快。心理危机应急处理中的快速支援制度。

（三）学校、家庭和社会联动机制

易班的优势为网络资源的在线整合和资源优化的再分配。在心理危机处理中单靠学校一己之力不足以高效解决问题，可以尝试依托易班建立一个学校、家庭和社会合力的支持系统，实现信息联动的机制。

第八章　实践育人：易班扩展功能的理论与实践

学生资助是重要的民生工程、暖心工程，是践行教育公平的重要举措，事关社会发展稳定和实现全面建成小康社会的总体目标。党的十八大以来，以习近平同志为核心的党中央，坚持以人民发展为中心，高度重视教育公平，重视家庭经济困难学生的上学问题，运用教育公平理论，大力推进教育精准脱贫，把着眼点聚焦于困家庭子女享有公平教育机会和资源，阻断贫困代际传递，让每一个孩子都对自己有信心，对未来有希望。中央经济工作会议曾指出要让贫困家庭的孩子都能接受公平且有质量的教育，不让孩子输在起跑线上。

第一节　易班与高校学生资助

一、运用精准扶贫理论，瞄准易班精准资助宣传

（一）精准资助的内涵

精准扶贫是习近平新时代中国特色社会主义理论的重要组成部分，也是马克思主义反贫困理论中国化的最新成果之一。精准资助是通过一定的技术方法瞄准和识别资助对象，掌握资助对象的详细家庭贫困信息和个性化需求，实现差异化资助内容和方式的特定资助，力求实现经济资助和资助育人的双目标资助方式。

（二）高校精准资助的方式与价值维度

为摸清全国贫困地区贫困人口和家庭实际情况，国务院扶贫办首次提出在全国范围内实施“建档立卡”登记帮扶制度，全面掌握全国贫困人口分布、组成、致贫原因并制定精准帮扶方式。“建档立卡”精准帮扶方式对高校生资助方式具有重要借鉴意义，高校精准资助要坚持以生为本的资助理念，着力围绕资助目标精准、资助对象精准、资助项目设计精准、资助资金使用精准、资助内容精准和资助方式精准，站在人的全面发展和全面建成小康社会的政治高度，利用

易班平台实现与贫困学生精准关联、将资助项目精准宣传、提供精准资助服务，实现新时代背景下高校学生资助独特的政治价值、扶贫价值和育人价值。

（三）易班与高校精准资助宣传

易班拥有博客、相册、网盘、微社区、论坛、优课、轻应用、校友录、群组等贴近学生学习和生活的多种应用功能模块，在资助政策宣传和资助业务资讯两大业务宣传中具有独特的优势。

1. 利用易班轻应用全方位宣传资助政策

易班平台为方便师生应用，发挥学生思考能力和实践能力，创建了百搭的轻应用框架，提供了包括报名系统、抢票系统、评选系统等多种可自由编辑的组装元素拼装库，师生可在完全没有编程能力的情况下，轻松根据预定目标，从元素库中自由挑选出不同元素拼装成无须下载的可在线使用轻应用。

国家资助政策涵盖十多种不同政策类型，各类政策申请对象、办理程序、申请时间、注意事项等内容，完全可通过搭建资助轻应用，分门别类将不同的资助政策信息放在轻应用不同模块，并将编辑好已发布的轻应用放在学校主页轻应用专栏供师生查阅、咨询、评论等。学生只需在手机端或电脑端登录学校易班首页即可查看轻应用内容，也可直接复制轻应用网址并粘贴到手机浏览器或电脑浏览器中打开即可实现无认证用户无障碍阅读和咨询等全部功能。

2. 利用易班微社区实时发布资助业务资讯

传统的资助工作实施主要采用“学校发布活动通知—二级学院助学辅导员传达落实基层班级—基层助学委员转达到班级同学”三级传达形式，辅导员和助学委员的责任心和积极性将影响资助信息的传达效率和业务的办理速度与质量。易班微社区作为开放的交流平台，学校的资助资讯可实时通过微社区平台发布，全校师生和外网人员可以第一时间即时阅读。大学生是网络的原住民，每天活跃在各大新媒体平台，无论助学辅导员或助学委员是否将资助业务及时转达落实到班级同学，学生仍可第一时间通过微社区获得重要资助资讯，对于资助宣传而言，易班微社区是非常有效的宣传路径之一。

3. 利用易班题库开展知识竞赛等主题活动助力资助宣传

易班题库是开放的考试平台，高校教师均可使用题库发布客观性考试题目，组织学生参加题库考试。资助政策或资助业务办理作为客观性的内容，完全可以通过设置试题的形式，让家庭经济困难学生通过考试或竞赛作答的形式，熟识政策。以笔者所在高校为例，学生助学科将各类资助政策业务的资助对象、资助标准、办理时间、办理程序、资助发放与后续管理等内容编辑成考题，每年以“国家助学贷款等金融知识考试”和“诚信考试”等主题活动形式，组织全校家庭困难学生参加，以多次答题的形式，让学生精准熟识政策便于业务申请与办理。

4. 利用易班优课系统进行资助政策解读与传播

易班提供了优课系统框架，供教师自主创建课群，教师可根据课群实际情况创建课群话题、课群学习视频、共享课程学习资料、组织在线考试、在线作业、课群投票、在线测评和优求职等多模块课程管理功能，也可将参加课群学习的学生进行分群管理，在线批改作业和考试评分并进行成绩管理，基于易班优课可视化课程学习方式并开展翻转课堂教学与互动。

资助管理部门教师可利用易班优课系统提前录制好政策解读视频、准备好政策宣传材料，创建资助政策解读与业务办理优课课程，让全校家庭经济困难学生通过添加课程邀请码加入课群，以课程的方式实时全方位了解政策，辅助资助业务办理，简化办理流程，加强贫困学生办理，实现网络化资助服务。

5. 利用易班行政班级和院系群精准推送助学业务

易班平台提供创建行政班级群、学院群和社团群等学生班级群体，易班班级群体平台具有资料盘、相册、互动交流、轻投票、轻问卷等班级功能模块，学校资助业务通知和资讯可直接推送发布到院系或班级群，让全校学生第一时间获取精准资助资讯。易班院系群和班级群实施实名认证管理，信息安全管理度高，班级管理者也可通过班群发布通知、共享材料、交流等形式在线完成日常管理功能。

二、运用学生发展理论，聚焦易班资助育人平台建设

为真正实现教育脱贫，让家庭经济贫困学生享有优质教育资源，实现个人发展和家庭发展齐头并进，加快脱离贫困线，高校学生资助工作者应基于“人的全面发展”理论，参照《中国学生发展核心素养》，基于文化基础、自主发展和社会参与三大方面，以人文底蕴、科学精神、学会学习、健康生活、责任担当和实践创新六大核心素养为培养目标，围绕核心素养聚焦易班平台资助育人建设，瞄准贫困学生困难、问题，制定帮助贫困学生提升综合素养的方法。

（一）以立德、诚信、自强为核心，培养学生责任担当意识

当前相对健全的学生资助政策体系，是以国家奖助学金和国家助学贷款为主要资助手段实现的。国家助学贷款的良性循环是基于学生诚信还款为基础，在学生资助过程中贯穿诚信教育、励志自强教育则显得尤为重要。易班作为线上教育平台之一，结合易班开展“助学·筑梦·铸人”主题宣传教育、易班“诚信考试”、“诚信留声留言”活动、“自强之星”寻访、励志自强优秀学子宣传专栏等

主题教育活动，结合建立诚信个人档案和诚信黑名单制度等途径，培养和加强学生责任担当意识，实现资助良性循环和资助育人的科学路径。

（二）以职业素养与能力为基础，培养学生自主学习和实践创新

家庭经济困难大学生从小受到经济条件、家庭教育资源、学习生活环境与思想文化观念的制约，综合素质和职业发展素养总体情况偏低。为解决贫困学生职业素养与能力真正短板，基于当前网络教育和易班平台建立“多层次、个性化、立体化”的易班大学生综合素质提升训练营，深度拓展资助育人功能，培养学生自主学习能力、自我约束能力和实践创新能力，精准提升贫困学生的综合素养和职业发展能力。

笔者所在高校结合网易云课堂付费课程工作型 PPT、AI 超级合辑等工作技能和平面设计等优质课程，通过精选优质职业素养提升课程供学生自主选择、学校全额资助贫困学生购买，同时建立易班素质提升管理课群，利用易班在线交流与实时作业考试管理功能，实现分时间段组织学习并布置课程在线作业的方式，配合组织设计创作竞赛活动，培养学生学会利用网络教育资源为己所用，合理管理时间和自我激励，提升贫困学生职场综合素养，培养学生自主学习能力和实践创新能力。

三、站在新时代视角，提出学生资助工作新期望

党的十九大报告指出要“健全学生资助制度”，教育部部长陈宝生强调要把学生资助工作摆在更加重要的位置，它是建设人力资源强国的迫切需要，是全面建成小康社会的必然要求，是加强教育现代化的重要基础。学生资助工作既要全面推进精准化，做到资助对象精准、资助标准精准、资金发放精准，又要切实发挥学生资助育人成效。各地各高校要在育人各个环节和各个方面给予家庭经济困难学生更多的关心和倾斜，为他们兴趣培养、能力提升、视野开阔提供更多的条件和机会，并将社会主义核心价值观融入资助育人全过程。努力提升学生资助科学化水平，提高资助队伍执行力，不断创新资助方式方法，进一步加大资助监管力度。

在国家新资助政策 10 年实践的历史方位，站在新的起点，当前高校学生资助工作的思路要牢牢坚持以习近平新时代中国特色社会主义思想为指导，认真学习宣传贯彻党的十九大精神，大力推进精准资助，全面推进资助育人，进一步加大资助宣传力度，提高学生资助工作规范化水平，加强资助工作队伍建设和积极稳妥推进资助信息系统的应用，推动学生资助工作迈上新台阶。

易班作为教育部主导建立的集大学生教育教学、生活服务、文化娱乐为一

体的大型互动社区，全国已有超过800所高校加入易班，是当前大学生学习、生活与娱乐的主要平台。高校学生资助工作是服务家庭经济困难大学生的重要业务，应适时、应势结合易班平台宣传与传播的独特优势，开展资助政策宣传、资助服务、资助资讯发布、资助服务监督、资助育人活动等多维度项目，有效发挥易班在高校学生资助中的服务应用。

第二节　易班与高校学生班级管理

学生班级是当前国内高校进行教学和管理的基础单元，也是大学生进行学习和生活的基本组织形式。随着学分制和弹性学制在高校中逐步推行，班级的概念和功能有弱化的趋势，如何在信息化和大数据迅速发展的形势下加强高校班级管理，是当前高校学生管理工作者应重点思考和解决的重要课题。易班作为当前全国最大的大学生网络互动社区，在班级管理中突现其独有的优势，也在逐渐成为学生管理工作者辅助班级管理的重要平台。

一、基于易班的大学生班级管理优势理论

（一）易班平台利于加强班级管理"供给侧改革"

为提升班级管理效率，现行高校主要根据学科专业的不同细分院系和专业，再根据各专业人数的多少和专业相同的原则划分基层学生班级。易班是自上而下推行的网络交流互动社区，是学校和学院管理班级的有效抓手，学校的工作通知、生活服务、文化交流、新闻资讯等信息，校级管理者或学院管理者均可便捷地在管理平台发布，从源头上实现全体学生院系和行政班级的"供给侧改革"管理，解决了以往只能通过班级学生干部传达和落实的瓶颈，增加了班级管理的多种可选性功能，有利于从管理方源头加强班级教育与管理。

（二）易班平台利于共享学习资源和建立学习型班级

基层班级是学生协作学习和文化交流的基层单位。易班为班级师生协作学习和交流提供了便利条件和硬件，易班班级具有网盘、相册、班级论坛、博客、班级动态、班级投票、问卷调查、报名系统等多种功能模块。学生的课程学习材料可在网盘中共享，课程作业可在班级中研讨交流，还可邀请教师进行作业点评和习题辅导等，可以创建班级兴趣学习小组，开展协作学习，营造良好班风学风。

（三）易班平台便于提升班级日常管理效能

传统班级管理存在信息传达沟通不畅通，很难精准落实到位，且无法判断

班级信息来源的渠道和可靠程度,班级管理效能较低。易班作为学校官方推行的管理与服务平台,不但有实名认证管理还有完整信息身份显示,信息来源可靠,学生可以从信息来源途径形成直接有效判断,实现班级管理网络信息化。例如,可以通过设置班级公告栏将重要的通知信息或日程在公告栏指定显示,也可以通过站内私信的形式将重要通知群发给每一个相关成员,杜绝有些学生无法查收到重要信息的被动局面。班级重要管理事务,比如班级推优投票或奖助学金评审,可以通过投票和班级话题的形式,实现一人一票的实名投票或是推荐的公平公开,时间安排灵活,特别适合数量较少的班级重要事务的高效管理,较好地规避了组织线下班级会议的时间和空间限制。

(四) 易班利于提升班级文化建设和凝聚力建设

班级文化是班级精神面貌和学生思想状态的综合表现,是班级的精神灵魂,潜移默化地影响着班级的每一名学生。易班是一种新的网络文化产品,班级积极组织成员参加学校的各类竞赛活动、易班文化产品设计活动、主题教育活动、学习研讨交流活动等,营造一种积极向上、充满正能量的班级文化。组织班级团队优秀作品展示、优秀事迹展播,在班级相册、网盘、话题等板块集中宣传展示,通过精神激励和优秀引领的形式激发班级创造力和凝聚力,营造良好班级学习和文化氛围。

(五) 易班利于提高班级民主化管理和监督

易班是相对较安全的信息平台,高校学生班级日常事务繁多,很多事务涉及班级同学的切身利益,例如奖助学金评审、民主推优、推荐免试研究生、推荐免费海外研学项目、班级活动经费管理等项目,事关班级每一位同学的个人利益,利用易班平台资料盘、话题、公告或论坛评论等模块实现班级事务民主化管理和信息公开,接受班级全体成员的阳光监督,是保证班级公开公正和正常化发展的良好基础。

二、基于易班辅助班级管理的现状调研

(一) 易班辅助班级管理的使用情况

班级是学校学生管理的基础单元,易班即网络班级,是学生班级网络的存在形式。基于易班可开展班级文化建设、学习交流、日常管理、生活服务等,易班是辅助线下班级管理的重要途径和媒介。当前高校由于易班建设推广情况不同,学生对易班辅导员线下班级管理和凝聚力建设的认同度也不尽相同。研究组针对学生所在学校是否使用易班辅助班级管理、学生是否认同易班有助于提升班级民主管理效能、学生遇到困难时是否愿意通过易班寻求同学与辅导员

的帮助、是否认同易班有助于提升班级凝聚力建设四个维度进行调研，参与调研的师生总体评价中等偏好。

（二）不同类别高校学生对易班辅助班级管理综合评价的差异分析

为了解不同类别高校师生对易班辅助班级管理综合评价的差异情况，整理数据发现，当问及“你所在学校有采用易班平台辅助班级管理”时，学生综合评价得分呈现出“985”“211”高校(3.57)＞高职(高专)院校(3.49)＝省属本科院校(3.49)＞地方本科院校(3.45)的趋势；针对问题“你认同易班平台可加强班级民主管理效能”，学生综合评价也呈现类似的评价趋势，“985”“211”高校(3.53)＞高职(高专)院校(3.50)＞省属本科院校(3.47)＞地方本科院校(3.44)。而针对问题“遇到困难时你愿意在易班平台上寻求同学或辅导员帮助”和“你认同易班平台线上活动有助于提升班级凝聚力”，评价则呈现出高职(高专)院校＞“985”“211”高校＞省属本科院校＞地方本科院校的趋势。总体而言，高职(高专)院校和“985”“211”高校综合评价较高，地方本科院校综合评价最低。综合分析，“985”“211”高校学生整体素质较高，高职(高专)院校比较重视推广易班，易班推广应用效果总体较好，因此学生群体综合评价相对较高。

（三）不同身份对象对易班辅助班级管理综合评价的差异分析

为了解不同身份对象对易班辅助班级管理评价的差异情况，调查组分类整理数据发现，不同身份学生针对易班辅助班级管理的综合评价呈现类似的规律，从图 2-8-1 可见，整体全部呈现出校级学生干部综合评分最高，院系学生干部次之，一般学生综合评分最低，且不同身份对象的评分方差 F 检验差异极显著。这与之前其他类似调研问题呈现相似的趋势。

学生综合素质和思想觉悟是影响综合评分的重要因素，也与工作动力驱动有关。对于学生干部而言，出于对方便工作的考虑或支持学校管理的考虑，易班是学生干部开展工作的辅助平台，因此干部身份的学生群体总体综合评价较高。针对不同学生干部身份的综合评价呈现的规律，校级学生干部样本较少，可能与整体干部人数有关，也可能是易班平台的院系管理群功能确实对校级学生干部开展院系管理和校级管理有重要帮助或带来真实便利，因此总体评价较高。

（四）不同年级学生对易班辅助班级管理综合评价差异分析

为了解不同年级学生对易班辅助班级管理综合评价的差异情况，经分类整理数据发现，大一学生群体总体评价得分最高，大二学生群体综合评价得分次之，大三和大四的学生群体综合评价分相对最低，详见图 2-8-2。这与易班资助宣传与育人模块的综合评价呈现类似的趋势。

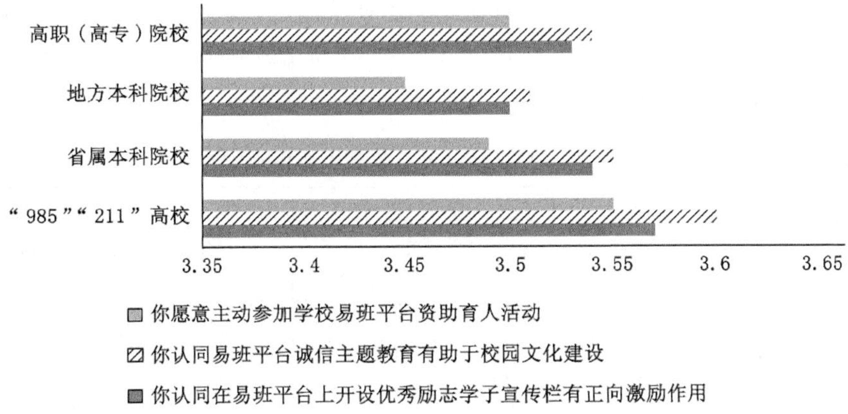

图 2-8-1　不同身份对象对易班辅助班级管理综合评价差异

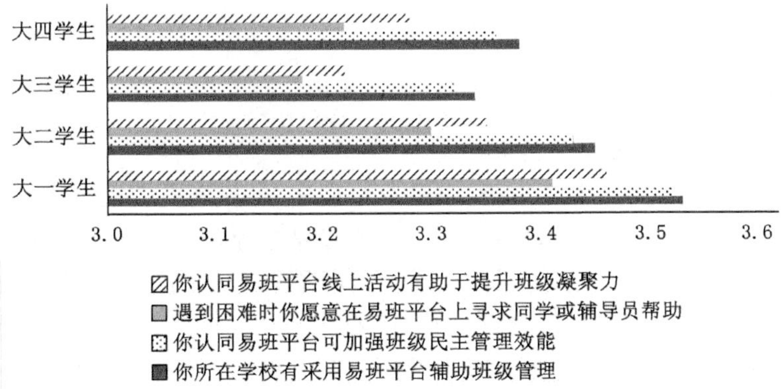

图 2-8-2　不同年级学生对易班辅助班级管理综合评价情况

学生群体综合评价受易班推广时间和服务体验影响，新生和大二学生基本从入学时即接触易班，从先入为主的心里角度考虑，更易于从心理接受并认同，且在新生入学前后受益于易班的学校文化宣传和入学便捷服务，更易于在心理上接受并认同易班。而对于大三和大四学生而言，易班是在他们大学期间开始运用，基于习惯定势的影响导致综合评价得分相对偏低，需要时间逐步提升认同感。

（五）政治身份和性别等不同学生对易班辅助班级管理综合评价的差异分析

为了解不同政治身份学生对易班辅助班级管理综合评价的差异情况，针对易班辅助班级管理的四个不同问题，对高校学生进行调查，从表 2-8-1 可见，党员身份的学生综合评价比普通群团身份学生评价高，且前两个问题综合评价的方差检验差异极显著，但后两个问题综合评价的方差检验不显著。这主要与党员的政治、觉悟和整体素质有关。

表 2-8-1　不同政治身份对象对易班辅助班级管理综合评价的差异分析

题目	党员（包含预备党员）(n=1 380)		群团（包含群众、共青团员）(n=46 525)		t 检验
	平均分	标准差	平均分	标准差	
你所在学校有采用易班平台辅助班级管理	3.59	1.210	3.48	1.200	3.334**
你认同易班平台可加强班级民主管理效能	3.57	1.207	3.47	1.202	2.963**
遇到困难时你愿意在易班平台上寻求同学或辅导员帮助	3.38	1.297	3.35	1.248	0.854
你认同易班平台线上活动有助于提升班级凝聚力	3.46	1.263	3.40	1.227	1.682

基于易班辅助班级管理四个问题，男生对易班辅助班级管理的综合评价相对较高，女生的综合评价相对较低，且前两个问题“学生所在学校有采用易班辅助班级管理”和“学生认同易班有助于提升班级民主管理效能”的综合评价方差 t 检验差异显著；对于后两个问题“遇到困难时愿意通过易班寻求辅导员或同学帮助”和“易班有助于提升班级凝聚力建设”，男生总体评价平均分极显著高于女生，详见表 2-8-2。这可能与男生性格较包容和胆大易接受新事物有关，女生性格总体而言比较腼腆内敛，对新事物的接受需要更长的时间过程。

调研组还从自然科学类和社会科学类不同专业学科的角度考察学生对易班辅助班级管理的评价情况，发现不同专业学科学生对易班辅助班级管理的综合评价差异不显著。

表 2-8-2　不同性别学生对易班辅助班级管理综合评价的差异分析

题目	男(n=17 409)		女(n=30 496)		t 检验
	平均分	标准差	平均分	标准差	
你所在学校有采用易班平台辅助班级管理	3.50	1.246	3.48	1.174	2.115*
你认同易班平台可加强班级民主管理效能	3.49	1.247	3.46	1.175	2.400*

续表 2-8-2

题目	男(n=17 409)		女(n=30 496)		t检验
	平均分	标准差	平均分	标准差	
遇到困难时你愿意在易班平台上寻求同学或辅导员帮助	3.43	1.278	3.31	1.230	9.683**
你认同易班平台线上活动有助于提升班级凝聚力	3.44	1.270	3.38	1.203	4.981**

三、提升易班辅助高校班级管理效能的对策

(一) 利用首因效应在准入学新生中开展强势宣传

人们在日常生活中对于新事物的接受度受首因效应的影响,高校在开展易班班级管理推广时可利用首因效应形成强势宣传提升易班班级管理认可度。每一学年在新生入学前,将易班使用手册随录取通知书一并寄给学生,将新生入学前对校园文化的了解和注册报到等事务与易班使用结合起来,同时建立新生院系群和班级群,使新生未入学即先建班级群,增加新生归属感,使易班的服务功能最大化,这将为后续易班在辅助班级管理和文化建设以及其他功能模块的应用方面奠定良好的心理基础和感情基础。

(二) 不断强化利用易班开展班级日常事务管理,形成路径依赖

高校学生工作者(辅导员或班主任)要养成将易班作为唯一官方发布班级重要通知、活动预告、评奖推优等与学生自身密切相关的重要事项的平台,并在日常管理工作中不断强化,形成路径依赖和习惯定势,让学生养成黏附易班的习惯,实现潜移默化的行政驱动和利益驱动管理的模式,加强班级日常管理与班风建设。

(三) 基于学生实际需求不断升级易班硬件建设和软件服务

网络技术发展日新月异,易班作为大学生的网络互动社区,需要不断根据服务对象群体特点、形势变化和实际需求,不断提升自身硬件建设和软件服务。当前“00 后”大学生性格相对张扬,有个性,对生活质量和审美都有较高要求,易班应从学生的个性特点和个性化需求出发,不断完善服务功能和美化界面,以更好的硬件、更优的服务、更美的设计吸引学生,让学生真正从心里爱上易班,让易班真正成为班级管理和建设服务的助手。

在大学学习与管理不断改革与优化的背景下,高校逐步推行弹性学制,行政班级越来越淡化,现行的班级管理受到越来越大的挑战。易班将是学生班级

交流、学习、管理和监督的重要平台。调查发现，学生对易班有利于提升班级民主管理效能、促进班级凝聚力建设、建立班级同学与辅导员帮扶机制认可度相对较高，四个维度问题的综合评价平均分为3.428，呈现中等向好的评价趋势。为更好实现易班辅助班级管理，易班应从班群功能拓展、优化服务体验、提升软件运行环境等方面升级优化，让学生有更好的易班使用体验，提高学生易班黏度。

第三节 易班与高校就业创业服务

就业问题是关系民生和社会稳定的重要问题，高校毕业生的就业问题更是国家关心和关注的重要问题。自1999年起，我国高等教育从精英化教育向大众化教育转变，近年来，高校毕业生人数逐年增加，据中国产业信息网数据显示，我国高校毕业生从2011年的660万增加到2018年的820万，毕业学生人数逐年增加，就业压力不断增大。在国家“大众创业 万众创新”的号召下，教育相关部门鼓励大学生以创业带动就业，并将不断提升毕业生就业质量和创业数量质量作为高等教育重要的考核指标。

一、基于易班开展高校就业创业服务的现状调研

（一）当前高校基于易班开展就业创业服务总体概况

在网络信息化迅猛发展的今天，就业创业服务是影响大学生就业创业质量的重要因素，易班作为大学生网络互动社区，结合易班的特点开展精准的就业创业服务成为当前高校学生就业创业研究的重要领域。为了解当前高校师生对利用易班开展就业创业服务现状，研究组从“所在学校是否有开展易班就业创业建设与服务”、“学生是否期待在易班平台掌握更多就业创业政策”、“学生是否期待从易班平台掌握权威招聘单位信息”和“学生对本校就业创业服务与咨询的满意度”四个维度设问调研。针对上述四个维度的相应问题，参与调研的师生的综合评价平均得分处于3.45～3.55，属于中高评价。

总体而言，当前高校学生对易班就业创业服务有更高的期待和期望，期待能从就业创业政策、权威招聘信息等方面获得有价值的服务内容。易班就业创业可以为辅导员开展就业创业工作提供价值尺度参考，如何利用贴近学生的方法为学生提升高质量的就业创业服务显得尤为重要。

（二）不同类别高校学生对易班就业创业服务综合评价的差异分析

为了解不同类别高校学生对易班就业创业服务综合评价的差异情况，针对

“你所在学校有开展易班就业创业建设与服务”和“你对本校易班平台就业创业服务与咨询的满意度高”两个问题进行调查，结果显示，“985”“211”高校和高职(高专)院校的综合评价最高且平均分相同，紧接着是省属本科院校，综合评价最低的是地方本科院校(图 2-8-3)。学生综合评价与学生主观因素有关，也与学校客观实际相关，地方本科院校应加大易班推广力度，努力提高推广效度，让学生习惯于应用易班，其他主题教育与服务的效果才会提高。

针对“你期待在易班平台上掌握更多的就业创业相关政策”和问题“你期待从易班平台上掌握有价值的招聘单位权威信息”两个问题的综合评价，“985”“211”高校平均得分最高，高职(高专)院校综合评价平均得分第二，省属本科院校位列第三，地方本科院校综合评分相对最低。这可能与学生思想觉悟与综合素质有关，也与高校推广易班的深度和效度密切相关。

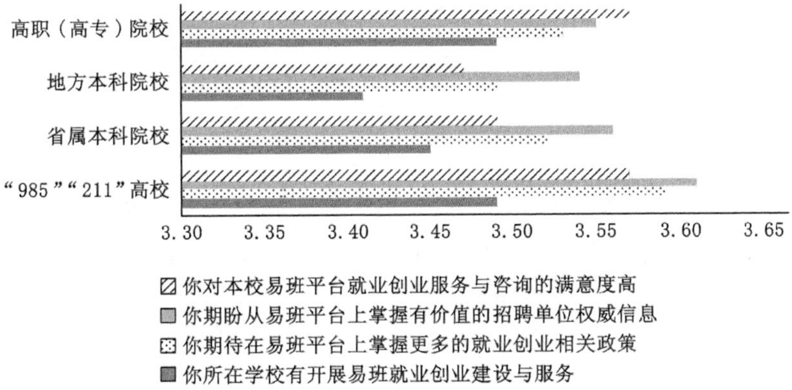

图 2-8-3　不同类别高校学生对易班就业创业服务综合评价情况

(三) 不同年级类别学生对易班就业创业服务综合评价的差异分析

为了解不同年级学生对易班就业创业服务综合评价的差异情况，经分类整理数据发现，大一学生群体综合评价分数最高，大三和大四的学生群体综合评价相对最低(表 2-8-3)。

不同年级学生对易班就业创业服务总体评价呈现与之前资助宣传和资助育人中评价趋势相似，大一学生群体是参与度和认可度最高的群体，大二学生紧随其后，大四学生综合评价排行第三，大三学生综合评价分相对最低。大四学生本应是对就业创业最为关心的群体，在易班就业创业服务综合评价中未能获得最高分，说明当前易班就业创业服务还未真正从学生心理占绝对优势，或是大四学生基本已落实就业或创业初成，对于易班是否提供就业创业政策支持、就业服务已不是学生最为关心和关注的问题。这也是易班就业创业服务应反思和改进的关键点。

表 2-8-3　不同年级学生对易班就业创业服务综合评价的差异分析

题目	大一		大二		大三		大四	
	平均分	标准差	平均分	标准差	平均分	标准差	平均分	标准差
你所在学校有开展易班就业创业建设与服务	3.50	1.173	3.41	1.206	3.29	1.275	3.32	1.279
你期待在易班平台上掌握更多的就业创业相关政策	3.57	1.176	3.48	1.213	3.36	1.291	3.40	1.324
你期待从易班平台上掌握有价值的招聘单位权威信息	3.60	1.176	3.52	1.215	3.41	1.292	3.42	1.317
你对本校易班平台就业创业服务与咨询的满意度高	3.57	1.164	3.47	1.206	3.32	1.266	3.38	1.276

（四）不同身份学生对易班就业创业服务综合评价的差异分析

为了解不同身份类型学生对易班就业创业服务综合评价的差异情况，整理数据发现，四个不同问题的综合评价均呈现出相对一致的规律（图 2-8-4）。

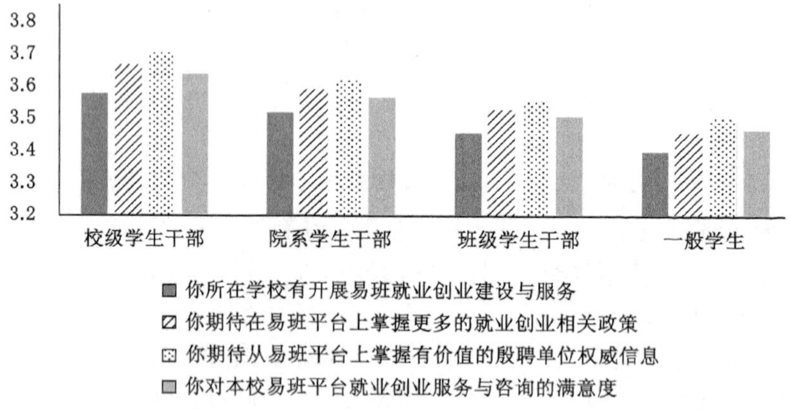

图 2-8-4　不同身份学生对易班就业创业服务综合评价情况

不同身份类型学生对易班就业创业服务的评价与其他资助宣传、资助育人类别调研结果呈现相似的趋势，主要与学生思想觉悟、综合素质有关。当前高校通过学生干部协助开展就业招聘信息发布和就业信息统计，学生干部是就业辅导员的优秀助手，学生干部站在学校管理的角度和服务老师的角度出发，给出的总体评价相对较高也属于情理之中。

从四个不同问题的综合评价看，“你期待从易班平台上掌握有价值的招聘单位权威信息”综合评价相对最高，“你期待在易班上掌握更多的就业创业相关政策”综合评价位列第二，可见学生非常渴望获得官方认证的权威有价值的招聘信息，也希望能获得官方可靠的就业创业相关政策，利于学生自身进行择业或创业选择，学校应不断优化这两方面的就业创业服务。

（五）不同政治面貌和性别学生对易班就业创业服务综合评价分析

为了解不同政治面貌学生对易班就业创业服务综合评价的差异情况，对高校学生进行调查，经分类整理数据可见，四个维度就业创业服务问题综合评价总体上看，党员综合评价高于普通群团群众（表 2-8-4）。

表 2-8-4　不同政治面貌学生对易班就业创业服务综合评价的差异分析

题目	党员（包含预备党员）(n=1 380)		群团（包含群众、共青团员）(n=46 525)		t 检验
	平均分	标准差	平均分	标准差	
你所在学校有开展易班就业创业建设与服务	3.51	1.218	3.45	1.197	1.714
你期待在易班平台上掌握更多的就业创业相关政策	3.61	1.209	3.52	1.203	2.882**
你期待从易班平台上掌握有价值的招聘单位权威信息	3.63	1.213	3.55	1.203	2.469*
你对本校易班平台就业创业服务与咨询的满意度高	3.55	1.217	3.51	1.192	1.113

对于问题“你期待在易班平台上掌握更多的就业创业相关政策”，党员和普通群团群众的综合评价 t 检验差异极显著；而对于问题“你期待从易班平台上掌握有价值的招聘单位权威信息”，党员和普通群团群众的综合评价 t 检验差异显著。

为了解不同性别学生对易班就业创业服务综合评价值的差异情况，对高校学生进行调查，通过整理调研数据发现，针对问题“你所在学校有开展易班就业创业建设与服务”和“你对本校易班平台就业创业服务与咨询的满意度高”，男生综合评价高于女生且方差检验差异极显著。而对于就业创业政策和权威招聘单位信息相关的两个问题，男生和女生的综合评价差异不显著，这可能与男女性格差异有关(表 2-8-5)。

表 2-8-5 不同性别学生对易班就业创业服务综合评价的差异分析

题目	男(n=17 409)		女(n=30 496)		t 检验
	平均分	标准差	平均分	标准差	
你所在学校有开展易班就业创业建设与服务	3.48	1.241	3.43	1.172	3.996**
你期待在易班平台上掌握更多的就业创业相关政策	3.53	1.242	3.51	1.181	1.193
你期待从易班平台上掌握有价值的招聘单位权威信息	3.55	1.243	3.56	1.181	−1.127
你对本校易班平台就业创业服务与咨询的满意度高	3.54	1.240	3.50	1.164	3.598**

二、基于易班开展高校就业创业服务的对策

(一)从精准服务入手,充分发挥易班就业创业服务优势

每个学生都是鲜活的个体,家庭背景、视野眼界、创新精神和专业能力等都存在较大差异,当前普适性的就业创业服务已不能满足学生个性化发展的需要。易班作为高校师生交互性网络社区,需将学校的优质师资和优质校友资源链接进入易班,采取"导师制"精准就业创业服务的模式,为每名学生配备具有实质作用的就业创业导师,建立线上线下的指导交流机制,实现职业生涯规划和就业指导的精准化服务。

为做好毕业生就业质量跟踪和精准推送招聘单位信息,辅导员可搭建就业单位登记管理系统,让已就业的毕业生在系统中登记录入就业单位信息和薪酬职位等质量数据,未就业或需更换就业单位的毕业生则在易班就业登记系统突出显示,并将求职意向和个人优势等信息在系统中完整显示,便于就业辅导员将用人单位的招聘信息精准推送给"符合要求"的待业学生,实现就业招聘信息的精准推送,让毕业生真正享受到易班优质的就业服务。

(二)从多样化服务健全服务体系,深挖易班大数据功能

当前高校基于易班开展就业创业指导服务存在服务内容相对单一、服务队伍不健全、服务联通性不强等问题。利用易班灵活的轻应用快搭、数据统计、信息发布等多类型应用功能,根据学生的就业创业实际需要,细分不同需要类型,建立不同需求类型毕业生群体库,开展多样化的就业创业服务体系。

为提升易班就业创业服务质量，用真服务粘住学生，可结合易班平台特点建立集就业创业信息整合平台、就业信息分析平台、就业数据统计平台、就业信息发布平台和就业咨询交流平台交融的五位一体的多样化服务体系。第一，建立就业创业信息整合平台，将不同来源的就业信息进行整合并分类，形成就业创业信息库，并将国家和省市当前的就业创业政策进行整合形成政策库，方便学生了解和获取应用。第二，建立就业信息分析平台，根据学生专业不同和求职需求意向，形成不同类别进行分类管理并匹配不同招聘单位信息，实现招聘求职信息精准化推送服务。第三，建立就业数据统计平台，将每一届应届毕业生的就业信息及时上传易班，协助做好就业率和就业质量数据统计，招聘单位数、招聘会、招聘宣讲会、就业培训讲座与服务次数的统计。第四，建立易班就业信息发布平台，把实时更新的就业信息在易班求职公告栏及时公告发布，让学校师生第一时间接收到权威的用人单位招聘信息。第五，建立易班就业创业服务咨询交流平台，将职业规划专家、创业服务指导师、创业优秀校友、就业服务工作人员和学生导入易班学校或院系就业指导群，加强就业创业指导顶层设计，实现高质量的就业创业即时咨询服务。

（三）从全程性服务角度出发，在易班实现全过程就业创业管理与服务

从全程化服务育人考虑，将基于易班开展就业创业教育和服务前置化，根据大一至大四不同年级学生特点，建立全程化的指导与服务。例如，大一阶段学生重点利用易班平台开展职业生涯规划教育；大二阶段学生则可开发易班优课素质教育课程开展职场综合素质提升教育；大三阶段学生则重点开展创业意识激发、创业就业政策解读、创业就业咨询和就业求职技能提升教育与服务；针对大四阶段学生群体，临近毕业就业阶段，则重点根据学生职业发展意向不同，利用易班开展个性化和精准化的指导与服务。

当前依托易班提供精准就业创业政策、提供并发布权威招聘企业信息、建立易班就业创业在线服务满意度方面，学生的综合评价中等向好。当前限制易班就业创业服务的核心因素在于就业指导中心与易班思想关联度不同，使易班推广就业创业服务有所限制，未来发展重点考虑打通不同部门之间的工作业务与易班关联，将会大大提升易班就业创业服务的建设进度和服务成效。高校学生工作者应站在学生需求和全局观的角度，从精准化服务、多样化服务和全程性服务三个层次推进高校易班就业创业服务建设，不断提升易班就业创业服务的实效性和满意度。

附录 易班平台使用情况调查问卷

亲爱的同学：

您好！为深入了解教育部易班平台在各省（直辖市、自治区）、各高校中的使用和建设情况，受教育部易班发展中心委托，我们课题组将在全国范围内开展本次调研活动。调研结果将提供给相关教育部门及高校作为易班建设参考。您的回答对我们非常重要，因此请您认真并如实填写。本调查问卷仅用于学术研究，采用不记名统计。我们对您的回答将严格保密，且选项没有正确、错误之分，您只需根据自己的实际情况选择合适选项。因此，请您消除顾虑，放心作答。题目中没有特别注明的均为单选题，感谢您的支持与合作！

基本信息

1. 你的性别（　　）

A. 男　B. 女

2. 你的政治面貌（　　）

A. 中共党员　B. 共青团员或群众

3. 你在学校主要担任何种级别学生干部（　　）

A. 校级学生干部　B. 院系学生干部　C. 班级学生干部　D. 一般学生

4. 你的身份是（　　）

A. 大一　B. 大二　C. 大三　D. 大四（大五）　E. 教师

5. 你所学的专业属于（　　）

A. 自然科学类　B. 社会科学类

6. 你所在高校类别是（　　）

A. "985""211"高校　B. 省属本科院校　C. 地方本科院校　D. 高职（高专）院校

7. 你所在学校省份（请填写）

____

一、思想教育模块(共15题)

1. 易班是大学生思想政治教育的重要平台(　　)

A. 最符合　B. 符合　C. 一般　D. 不符合　E. 最不符合

2. 你对当前易班平台关于大学生思想政治教育所开设的栏目及活动表示满意(　　)

A. 最符合　B. 符合　C. 一般　D. 不符合　E. 最不符合

3. 你信赖易班平台开展的思想政治教育活动(　　)

A. 最符合　B. 符合　C. 一般　D. 不符合　E. 最不符合

4. 你在易班平台上接触过违反国家安全及社会稳定的相关推文(　　)

A. 最符合　B. 符合　C. 一般　D. 不符合　E. 最不符合

5. 你在易班平台上发言或互动具有政治敏感性(　　)

A. 最符合　B. 符合　C. 一般　D. 不符合　E. 最不符合

6. 你所在学校、学院及班级经常利用易班平台开展思想政治教育活动(　　)

A. 最符合　B. 符合　C. 一般　D. 不符合　E. 最不符合

7. 你的同学群体间经常利用易班平台进行思想动态分享及价值讨论(　　)

A. 最符合　B. 符合　C. 一般　D. 不符合　E. 最不符合

8. 你积极利用易班平台进行思想动态分享、时政信息获取、时政热点讨论等活动(　　)

A. 最符合　B. 符合　C. 一般　D. 不符合　E. 最不符合

9. 自开始使用易班平台至今,你的思想状况发生了变化(　　)

A. 最符合　B. 符合　C. 一般　D. 不符合　E. 最不符合

10. 易班平台的思想教育引导对你个人的日常行为产生了影响(　　)

A. 最符合　B. 符合　C. 一般　D. 不符合　E. 最不符合

11. 易班平台关于大学生思想引导与教育方面的内容充实(　　)

A. 最符合　B. 符合　C. 一般　D. 不符合　E. 最不符合

12. 易班平台所开展的思想政治教育活动形式具有创新性(　　)

A. 最符合　B. 符合　C. 一般　D. 不符合　E. 最不符合

13. 较之传统的思想政治教育形式,易班平台开展的思想政治教育活动受人欢迎(　　)

A. 最符合　B. 符合　C. 一般　D. 不符合　E. 最不符合

14. 易班平台所开设的思想政治教育活动效果如何令人满意(　　)

A. 最符合　B. 符合　C. 一般　D. 不符合　E. 最不符合

15. 易班平台是提升自己思想政治素养的学习平台(　　)

A. 最符合　B. 符合　C. 一般　D. 不符合　E. 最不符合

二、学生党建模块(共13题)

16. 你所在学校已在易班平台上开展党建活动(　　)

A. 最符合　B. 符合　C. 一般　D. 不符合　E. 最不符合

17. 你赞同易班平台应用到党建工作的做法(　　)

A. 最符合　B. 符合　C. 一般　D. 不符合　E. 最不符合

18. 你经常在易班平台上接收到党建相关推文或活动信息(　　)

A. 最符合　B. 符合　C. 一般　D. 不符合　E. 最不符合

19. 你所在学校经常利用易班平台开展党建相关问卷调查(如使用轻问卷开展党员信息统计等)(　　)

A. 最符合　B. 符合　C. 一般　D. 不符合　E. 最不符合

20. 你身边的学生党员在易班平台上发布党建相关推文或学习体会(　　)

A. 最符合　B. 符合　C. 一般　D. 不符合　E. 最不符合

21. 你对学校党组织在易班平台上开展时政教育活动(如党的十九大精神等)表示关注(　　)

A. 最符合　B. 符合　C. 一般　D. 不符合　E. 最不符合

22. 你对学校党组织在易班平台上开展时政教育效果(如党的十九大精神等)感到满意(　　)

A. 最符合　B. 符合　C. 一般　D. 不符合　E. 最不符合

23. 你所在学校在易班平台上提供党建方面的学习资料(如优课上传党建课程、微社区发布学习推文等)(　　)

A. 最符合　B. 符合　C. 一般　D. 不符合　E. 最不符合

24. 你所在学校在易班平台上开展党员培训考核(　　)

A. 最符合　B. 符合　C. 一般　D. 不符合　E. 最不符合

25. 你所在学校在易班平台上开展党建特色活动(如新党章或党的知识竞赛)(　　)

A. 最符合　B. 符合　C. 一般　D. 不符合　E. 最不符合

26. 你对学校在易班平台上开展党建工作的成效感到满意(　　)

A. 最符合　B. 符合　C. 一般　D. 不符合　E. 最不符合

27. 你所在学校易班平台应用到党建的模式具有可推广性(　　)

A. 最符合　　B. 符合　　C. 一般　　D. 不符合　　E. 最不符合

28. 你认为易班平台可以打造成为集党员学习、教育、考察的综合平台(　　)

A. 最符合　　B. 符合　　C. 一般　　D. 不符合　　E. 最不符合

三、教育教学模块(共 13 题)

29. 你在易班平台上能查找到自己需要的课程(　　)

A. 最符合　　B. 符合　　C. 一般　　D. 不符合　　E. 最不符合

30. 你认为易班平台优课对你的学习有帮助(　　)

A. 最符合　　B. 符合　　C. 一般　　D. 不符合　　E. 最不符合

31. 你认为易班优课的教学效果比课堂教学效果好(　　)

A. 最符合　　B. 符合　　C. 一般　　D. 不符合　　E. 最不符合

32. 你经常观看易班平台优课提供的视频课程(　　)

A. 最符合　　B. 符合　　C. 一般　　D. 不符合　　E. 最不符合

33. 同类网络视频课程,你优先选择易班平台优课(　　)

A. 最符合　　B. 符合　　C. 一般　　D. 不符合　　E. 最不符合

34. 同类教学内容,你更喜欢观看本校在优课上发布的课程(　　)

A. 最符合　　B. 符合　　C. 一般　　D. 不符合　　E. 最不符合

35. 你所在学校会在易班平台上定期更新网络视频课程(　　)

A. 最符合　　B. 符合　　C. 一般　　D. 不符合　　E. 最不符合

36. 你每月至少使用一次易班平台资料库功能(　　)

A. 最符合　　B. 符合　　C. 一般　　D. 不符合　　E. 最不符合

37. 与电脑端相比,你更倾向于使用易班平台手机端进行学习活动(　　)

A. 最符合　　B. 符合　　C. 一般　　D. 不符合　　E. 最不符合

38. 你所在学校已在易班平台优课上开展思想政治教育课程(　　)

A. 最符合　　B. 符合　　C. 一般　　D. 不符合　　E. 最不符合

39. 你所在学校已有专业课程在易班平台上开展教学活动(　　)

A. 最符合　　B. 符合　　C. 一般　　D. 不符合　　E. 最不符合

40. 你经常会在社交软件上分享你喜爱的易班平台课程视频(　　)

A. 最符合　　B. 符合　　C. 一般　　D. 不符合　　E. 最不符合

41. 你对易班平台的教育教学功能表示满意(　　)

A. 最符合　　B. 符合　　C. 一般　　D. 不符合　　E. 最不符合

四、生活服务模块(共 13 题)

42. 你在易班平台上了解过生活服务功能(　　)

A. 最符合　B. 符合　C. 一般　D. 不符合　E. 最不符合

43. 你曾在易班平台上使用过相关的校园生活服务功能(　　)

A. 最符合　B. 符合　C. 一般　D. 不符合　E. 最不符合

44. 易班平台作为校园生活服务功能的集成平台效果令人满意(　　)

A. 最符合　B. 符合　C. 一般　D. 不符合　E. 最不符合

45. 易班平台的校园生活服务功能促进了学校信息化建设(　　)

A. 最符合　B. 符合　C. 一般　D. 不符合　E. 最不符合

46. 你认为通过易班平台使用校园生活服务功能更安全(　　)

A. 最符合　B. 符合　C. 一般　D. 不符合　E. 最不符合

47. 你认为通过易班平台使用校园生活服务功能更便捷(　　)

A. 最符合　B. 符合　C. 一般　D. 不符合　E. 最不符合

48. 你认为易班平台上的校园生活服务功能会增加你登录易班平台的频次(　　)

A. 最符合　B. 符合　C. 一般　D. 不符合　E. 最不符合

49. 你认为易班平台即使没有生活服务功能,你也会使用易班平台(　　)

A. 最符合　B. 符合　C. 一般　D. 不符合　E. 最不符合

50. 你期待易班平台能成为校园生活服务类系统的集成平台(　　)

A. 最符合　B. 符合　C. 一般　D. 不符合　E. 最不符合

51. 你期待学校在易班平台上开发/对接更多的查询类(如成绩查询、水电查询等)的服务功能(　　)

A. 最符合　B. 符合　C. 一般　D. 不符合　E. 最不符合

52. 你期待学校在易班平台上开发/对接更多的申报类(如讲座报名、奖学金申报等)的服务功能(　　)

A. 最符合　B. 符合　C. 一般　D. 不符合　E. 最不符合

53. 你期待学校在易班平台上开发/对接更多的业务办理类(如交费充值、证件办理等)的服务功能(　　)

A. 最符合　B. 符合　C. 一般　D. 不符合　E. 最不符合

54. 你期待学校在易班平台上开发/对接更多的校园系统应用集成类(如将学工系统、教务系统接入实现一键登录)服务功能(　　)

A. 最符合　B. 符合　C. 一般　D. 不符合　E. 最不符合

五、文化娱乐模块(共 13 题)

55. 你最关注易班平台上的文化娱乐类活动与资讯(　　)

A. 最符合　B. 符合　C. 一般　D. 不符合　E. 最不符合

56. 你经常通过易班平台关注其他高校的校园文化活动(　　)

A. 最符合　B. 符合　C. 一般　D. 不符合　E. 最不符合

57. 易班平台的轻应用快搭为你们开展校园文化活动提供了很大便利(　　)

A. 最符合　B. 符合　C. 一般　D. 不符合　E. 最不符合

58. 你觉得易班平台开展校园文化活动很有吸引力(　　)

A. 最符合　B. 符合　C. 一般　D. 不符合　E. 最不符合

59. 你认为易班平台应该增加流行时尚的文化元素(　　)

A. 最符合　B. 符合　C. 一般　D. 不符合　E. 最不符合

60. 你希望"易班票务"能提供更多文化娱乐的优惠活动(　　)

A. 最符合　B. 符合　C. 一般　D. 不符合　E. 最不符合

61. 你参加易班平台上发布的校园文化娱乐活动,更多是为了获取学分(　　)

A. 最符合　B. 符合　C. 一般　D. 不符合　E. 最不符合

62. 你经常在易班平台上写博文(　　)

A. 最符合　B. 符合　C. 一般　D. 不符合　E. 最不符合

63. 你认为易班平台的文化娱乐品牌特色鲜明(　　)

A. 最符合　B. 符合　C. 一般　D. 不符合　E. 最不符合

64. 你非常喜欢易班平台的"校园好声音大赛"(　　)

A. 最符合　B. 符合　C. 一般　D. 不符合　E. 最不符合

65. 你参加过易班平台上的网络中国节活动(　　)

A. 最符合　B. 符合　C. 一般　D. 不符合　E. 最不符合

66. 你认为易班文化是你校网络文化的重要内容(　　)

A. 最符合　B. 符合　C. 一般　D. 不符合　E. 最不符合

67. 你认为易班的文化育人效果显著(　　)

A. 最符合　B. 符合　C. 一般　D. 不符合　E. 最不符合

六、团学工作模块(共 14 题)

68. 你所在学校已在易班平台上开展过共青团工作(　　)

A. 最符合　B. 符合　C. 一般　D. 不符合　E. 最不符合

69. 你曾在易班平台上参与过共青团的相关活动(　　)

A. 最符合　B. 符合　C. 一般　D. 不符合　E. 最不符合

70. 易班平台作为团学活动宣传的平台效果令人满意(　　)

A. 最符合　B. 符合　C. 一般　D. 不符合　E. 最不符合

71. 易班平台令团学工作的内容和形式更丰满(　　)

A. 最符合　B. 符合　C. 一般　D. 不符合　E. 最不符合

72. 你认为使用易班平台开展思想引领工作更有效(　　)

A. 最符合　B. 符合　C. 一般　D. 不符合　E. 最不符合

73. 你认为使用易班平台开展班委换届工作更便捷(　　)

A. 最符合　B. 符合　C. 一般　D. 不符合　E. 最不符合

74. 你认为使用易班平台开展班级推优工作更客观、便捷(　　)

A. 最符合　B. 符合　C. 一般　D. 不符合　E. 最不符合

75. 你认为使用易班平台开展班级主题教育活动更便捷(　　)

A. 最符合　B. 符合　C. 一般　D. 不符合　E. 最不符合

76. 你认为使用易班平台开展共青团答疑工作更便捷(　　)

A. 最符合　B. 符合　C. 一般　D. 不符合　E. 最不符合

77. 你认为使用易班平台可以更好地辅助开展第二课堂学分登记工作(　　)

A. 最符合　B. 符合　C. 一般　D. 不符合　E. 最不符合

78. 你希望使用易班平台辅助解决团组织关系管理的问题(　　)

A. 最符合　B. 符合　C. 一般　D. 不符合　E. 最不符合

79. 你希望使用易班平台促进团学网络阵地的覆盖(　　)

A. 最符合　B. 符合　C. 一般　D. 不符合　E. 最不符合

80. 你希望使用易班平台加强自身团学知识面的拓展(　　)

A. 最符合　B. 符合　C. 一般　D. 不符合　E. 最不符合

81. 你希望使用易班平台有助于志愿服务的管理及服务(　　)

A. 最符合　B. 符合　C. 一般　D. 不符合　E. 最不符合

七、易班扩展功能(共18题)

82. 你的辅导员有参与易班平台建设活动(　　)

A. 最符合　B. 符合　C. 一般　D. 不符合　E. 最不符合

83. 你所在高校有在易班平台上开展资助宣传和资助育人活动(　　)

A. 最符合　B. 符合　C. 一般　D. 不符合　E. 最不符合

84. 你支持在易班平台开展的学生资助信息公开透明(　　)

A. 最符合　　B. 符合　　C. 一般　　D. 不符合　　E. 最不符合

85. 你愿意通过易班平台主题轻应用全面了解资助政策(　　)

A. 最符合　　B. 符合　　C. 一般　　D. 不符合　　E. 最不符合

86. 你愿意通过易班平台接收资助通知和资助资讯(　　)

A. 最符合　　B. 符合　　C. 一般　　D. 不符合　　E. 最不符合

87. 你认为在易班平台上开设优秀励志学子宣传栏有正向激励作用(　　)

A. 最符合　　B. 符合　　C. 一般　　D. 不符合　　E. 最不符合

88. 你认同易班平台诚信主题教育有助于校园文化建设(　　)

A. 最符合　　B. 符合　　C. 一般　　D. 不符合　　E. 最不符合

89. 你愿意主动参加学校易班平台资助育人活动(　　)

A. 最符合　　B. 符合　　C. 一般　　D. 不符合　　E. 最不符合

90. 你认为易班平台资助信息公开是有效监督方式(　　)

A. 最符合　　B. 符合　　C. 一般　　D. 不符合　　E. 最不符合

91. 你期待在易班平台延伸更多的资助服务内容(　　)

A. 最符合　　B. 符合　　C. 一般　　D. 不符合　　E. 最不符合

92. 你所在学校有采用易班平台辅助班级管理(　　)

A. 最符合　　B. 符合　　C. 一般　　D. 不符合　　E. 最不符合

93. 你认同易班平台可加强班级民主管理效能(　　)

A. 最符合　　B. 符合　　C. 一般　　D. 不符合　　E. 最不符合

94. 遇到困难时,你愿意在易班平台上寻求同学或辅导员帮助(　　)

A. 最符合　　B. 符合　　C. 一般　　D. 不符合　　E. 最不符合

95. 你认同易班平台线上活动有助于提升班级凝聚力(　　)

A. 最符合　　B. 符合　　C. 一般　　D. 不符合　　E. 最不符合

96. 你所在学校有开展易班就业创业建设与服务(　　)

A. 最符合　　B. 符合　　C. 一般　　D. 不符合　　E. 最不符合

97. 你期待在易班平台上掌握更多的就业创业相关政策(　　)

A. 最符合　　B. 符合　　C. 一般　　D. 不符合　　E. 最不符合

98. 你期待从易班平台上掌握有价值的招聘单位权威信息(　　)

A. 最符合　　B. 符合　　C. 一般　　D. 不符合　　E. 最不符合

99. 你对本校易班平台就业创业服务与咨询表示满意(　　)

A. 最符合　　B. 符合　　C. 一般　　D. 不符合　　E. 最不符合

八、心理健康咨询模块(共11题)

100. 你曾在易班平台上接受过心理健康教育的相关活动(　　)
A. 最符合　B. 符合　C. 一般　D. 不符合　E. 最不符合
101. 易班平台作为心理健康教育宣传的平台效果令人满意(　　)
A. 最符合　B. 符合　C. 一般　D. 不符合　E. 最不符合
102. 易班平台使心理健康教育内容和形式更丰满(　　)
A. 最符合　B. 符合　C. 一般　D. 不符合　E. 最不符合
103. 你认为使用易班平台进行心理测验会更隐私、便捷(　　)
A. 最符合　B. 符合　C. 一般　D. 不符合　E. 最不符合
104. 你认为使用易班平台进行心理咨询会更隐私、便捷(　　)
A. 最符合　B. 符合　C. 一般　D. 不符合　E. 最不符合
105. 你期待易班平台能成为你与心理老师/咨询师沟通的桥梁(　　)
A. 最符合　B. 符合　C. 一般　D. 不符合　E. 最不符合
106. 你所在学校已在易班平台上开展朋辈活动(　　)
A. 最符合　B. 符合　C. 一般　D. 不符合　E. 最不符合
107. 你愿意参加在易班平台上宣传的心理主题的线下活动(　　)
A. 最符合　B. 符合　C. 一般　D. 不符合　E. 最不符合
108. 你认为易班平台可以成为心理健康教育课堂以外的重要补充(　　)
A. 最符合　B. 符合　C. 一般　D. 不符合　E. 最不符合
109. 当你有心理困惑时,易班平台会成为一个值得信赖的工具(　　)
A. 最符合　B. 符合　C. 一般　D. 不符合　E. 最不符合
110. 易班平台能为你提供感兴趣的心理方面的知识和服务(　　)
A. 最符合　B. 符合　C. 一般　D. 不符合　E. 最不符合

参考文献

[1] 步凡.运用“易班”开展高校党建工作探析[J].扬州大学学报,2015(6).

[2] 蔡尚伟,温洪泉.文化产业导论[M].上海:复旦大学出版社,2006.

[3] 陈宝生.进一步加强学生资助工作[N].人民日报,2018-03-01(13).

[4] 陈宝生.五年来学生资助成效显著[N].人民日报,2017-07-29(17).

[5] 陈华栋.“易班”:Web 2.0 时代网络思想政治教育的新探索[J].思想政治教育,2011(13).

[6] 陈金龙.陈金龙自选集[M].广州:中山大学出版社,2015.

[7] 陈志勇.新媒体时代的大学生思想政治教育[M].北京:中国文史出版社,2014.

[8] 邓舒婕,孙光荣.新时代高校共青团网络思想引领工作的路径探究——以广东省某高校为例 [J].科教文汇(下旬刊),2018(7).

[9] 董耀棠.探究自主教育途径推进素质教育发展[J].上海教育科研,1997(12).

[10] 董玉来,陈艳红,孔维刚,等.基于“易班”的高校思想政治理论课教学方法创新探微[J].思想理论教育,2012(17).

[11] 杜娟.高校团学工作要抓住育人这个根本[J].郑州牧业工程高等专科学校学报,2000,20(1).

[12] 杜媛.立德树人视角下深化高校共青团文化育人功能的策略研究[J].传播力研究,2018(23).

[13] 范蔚,郭寿良.川渝云贵中小学校本课程开发现状的调查报告[J].西南大学学报(社会科学版),2008(1).

[14] 风笑天.社会研究方法[M].第 4 版.北京:中国人民大学出版社,2013.

[15] 冯刚.高校思想政治教育创新发展研究[M].北京:中国人民大学出版社,2009.

[16] 冯刚,柯文进.高校校园文化研究[M].北京:中国书籍出版社,2011.

[17] 冯刚,沈壮海.中国大学生思想政治教育发展报告 2013[M].北京:北京师范大学出版社,2013.

[18] 高星.论新时代高校共青团工作的定位及创新[J].学校党建与思想教育,

2018(17).
[19] 共青团中央农村青年工作部.全国基层团建创新典型100例[M].北京：中国青年出版社,2016.
[20] 共青团中央青运史档案馆.改革开放30年共青团工作回顾与研究文集[M].北京：中国青年出版社,2009.
[21] 共青团中央学校部.高校基层团支部活力宝典[M].北京：中国青年出版社,2011.
[22] 韩延明.大学文化育人之道[M].北京：高等教育出版社,2013.
[23] 何克抗.智慧教室+课堂教学结构变革——实现教育信息化宏伟目标的根本途径[J].教育研究,2015(11).
[24] 核心素养课题组.中国学生发展核心素养[J].中国教育学刊,2016(10).
[25] 胡平建.新媒体背景下大学生网络心理健康教育现状与对策[J].中国成人教育,2014(24).
[26] 胡书祥.网络思想政治教育研究[M].成都：电子科技大学出版社,2005.
[27] 黄秀林,朱文良,王瑞芳.易班学生党建网络工作发展的新模式[J].现代交际,2013(10).
[28] 黄燕.高校网络文化的育人功能及其实现路径探析[J].思想理论教育,2018(9).
[29] 黄永宜.网络思想政治教育理论研究[D].重庆：西南大学,2011.
[30] 姜巧玲,胡凯.我国网络心理健康教育研究概况及展望[J].学术探索,2011(6).
[31] 教育部高等学校社会科学发展研究中心.大学校园文化建设研究述评[M].北京：教育科学出版社,2011.
[32] 教育部思想政治工作司.大学生思想政治教育理论与实践[M].北京：高等教育出版社,2009.
[33] 教育部思想政治工作司.大学生思想政治教育与管理比较研究[M].北京：高等教育出版社,2010.
[34] 教育部思想政治工作司.高校校园文化建设理论与实践[M].北京：中国人民大学出版社,2011.
[35] 教育部思想政治工作司.大学生网络思想政治教育[M].北京：高等教育出版社,2011.
[36] 解德渤,王洪才."慕课"对我国高等教育的挑战[J].江苏高教,2015(3).
[37] 夸美纽斯.大教学论[M].北京：人民教育出版社,1984.
[38] 匡文波.网络媒体概论[M].北京：清华大学出版社,2001.

[39] 黎会友.论网络信息时代优秀传统文化与高校德育的融合发展[J].思想教育与学校党建,2018(5).
[40] 李辉.现代思想政治教育环境研究[M].广州:广东人民出版社,2005.
[41] 李静.共青团史话[M].北京:社会科学文献出版社,2015.
[42] 李文明,吕福玉.网络文化通论[M].北京:学习出版社,2012.
[43] 李小鲁.高校贫困生资助新视野[M].广州:广东高等教育出版社,2011.
[44] 李艳.高校学生慕课和翻转课堂体验实证研究——基于231条在线学习日志分析[J].现代远程教育研究,2015(5).
[45] 李壹凡.新时代高校共青团新媒体思想引领工作思考[J].才智,2018(22).
[46] 李忠军.高校辅导员工作案例研究方法与实证[M].北京:人民出版社,2010.
[47] 连洁.建构高校思想政治工作全程全方位育人模式[J].中国高等教育,2017(8).
[48] 梁胜敏.高校学生党员教育监督的现状及其不足分析[J].教育研究,2009(10).
[49] 刘刚.新媒体环境对大学生思想政治教育的影响及对策研究[D].天津:天津师范大学,2015.
[50] 刘俊彦.共青团工作基本问题研究[M].北京:现代出版社,2015.
[51] 刘卫锋.从"资助助人"向"资助育人"转变[J].中国高等教育,2016(8).
[52] 刘智斌.基于社交网络的高校就业服务优化研究与实践——以易班为例[J].思想理论教育,2015(6).
[53] 罗洪铁.思想政治教育专题研究[M].北京:中央文献出版社,2007.
[54] 马灿.社会工作方法与共青团工作[M].北京:中国青年出版社,2013.
[55] 彭兰.中国网络媒体的第一个十年[M].北京:清华大学出版社,2005.
[56] 钱容德.新媒体环境下高校党建困境及对策[J].人民论坛,2015(36).
[57] 任文艳,李超峰.浅谈新媒体环境下的高校团学工作[J].西部皮革,2017(10).
[58] 任友群."慕课"下的高校人才培养改革[J].中国高等教育,2014(7).
[59] 沈健平.中国共青团研究[M].北京:人民日报出版社,2017.
[60] 沈漫.提高易班用户粘性的工作策略研究[J].思想理论教育,2014(8).
[61] 石国兵.高校后勤管理信息化研究及实践[M].武汉:武汉大学出版社,2018.
[62] 斯诺.两种文化[M].陈克艰,秦小虎,译.上海:上海科学技术出版社,2003.
[63] 宋元林.网络文化与人的发展[M].北京:人民出版社,2009.

[64] 宋振超.信息化视阈下高校思想政治教育有效性研究[M].北京:中国书籍出版社,2015.
[65] 孙小秋.简论易班在大学生网络思想政治教育中的作用——以西华大学易班的建设和发展为例[J].高等教育研究,2013(3).
[66] 孙祯祥.学校信息化领导力研究:理论与实践[M].杭州:浙江大学出版社,2016.
[67] 谈毅,王琳媛.大学文化建设与价值认同[M].上海:上海交通大学出版社,2013.
[68] 童卫丰."微时代"大学生思想政治教育创新研究[J].浙江师范大学学报,2012(3).
[69] 王浦劬.政治学基础[M].北京:北京大学出版社,1995.
[70] 王新兵,朱惠斌.高校校园网络文化的特色构建——以易班文化建设为例[J].现代交际,2013(6).
[71] 王振国.高校共青团加强大学生思想引领的切入点、结合点和着力点[J].高校辅导员学刊,2018,10(4).
[72] 吴昊.基于易班构建高校网络思想政治教育平台的思考与实践——以重庆大学为例[J].思想教育研究,2016(1).
[73] 吴娜娜,严由伟.中国台湾高校网络心理健康教育的现状和启示[J].教育探索,2008(1).
[74] 吴庆,等.中国共青团发展报告(2015)[M].北京:中国青年出版社,2016.
[75] 吴庆.青年政治参与与共青团工作[M].北京:中国青年出版社,2015.
[76] 谢新洲.网络传播理论与实践[M].北京:北京大学出版社,2004.
[77] 熊澄宇.新媒介与创新思维[M].北京:清华大学出版社,2001.
[78] 熊澄宇.信息社会 4.0[M].长沙:湖南人民出版社,2002.
[79] 徐建军.大学生网络思想政治教育理论与方法[M].北京:人民出版社,2010.
[80] 许萍.新媒体在大学生思想政治教育中有效运用研究[D].武汉:华中师范大学,2015.
[81] 燕继荣.政治学十五讲[M].北京:北京大学出版社,2013.
[82] 杨利梅.试论高校团学工作中的管理育人理念[J].科教文汇(下旬刊),2015(11).
[83] 杨名.多学科视角与共青团工作[M].北京:中国青年出版社,2016.
[84] 杨潇.高校"易班"管理——以上海部分高校为例[D].上海:上海师范大学,2013.

[85] 杨振斌.做好新形势下高校资助育人工作的实践与思考[J].中国高等教育,2018(5).
[86] 姚本先,陆璐.我国大学生心理健康教育研究的现状与展望[J].心理科学,2007(2).
[87] 殷俊.新媒体产业导论——基于数字时代的媒体产业[M].成都:四川大学出版社,2009.
[88] 岳志强."互联网+"背景下高校学生教育管理"易"平台构建[J].思想教育研究,2016(8).
[89] 翟霞,冀翠萍."互联网+"时代校园信息化:从虚假繁荣到有效推进[J].中国教育学刊,2018(5).
[90] 张岱年,方克力.中国文化概论[M].北京:北京师范大学出版社,2014.
[91] 张德,吴剑平.文化管理对科学管理的超越[M].北京:清华大学出版社,2008.
[92] 张久珍.网络信息传播的自律机制研究[M].北京:北京图书馆出版社,2005.
[93] 张耀灿.高校思想政治理论课教育教学质量监测体系研究[M].北京:经济科学出版社,2014.
[94] 张迎娟.网络环境下大学生心理素质提升策略研究——评《大学生网络心理健康素质提升研究》[J].教育理论与实践,2017,37(15).
[95] 张永.脱贫攻坚中高校学生精准资助的育人体系建构[J].思想教育研究,2017(11).
[96] 张瑜.高校网络思想政治教育发展与创新研究[M].北京:人民出版社,2016.
[97] 张再兴.网络思想政治教育研究[M]北京:经济科学出版社,2009.
[98] 赵锦权.高校学生党建工作创新机制研究[J].扬州大学学报,2010(8).
[99] 郑永廷,胡树祥,骆郁廷.思想政治教育方法论(修订版)[M].北京:高等教育出版社,2018.
[100] 钟绍春.人工智能时代教育创新发展的方向与路径研究[J].电化教育研究,2018(10).
[101] 朱建征.网络社区时代易班建设面临的挑战和应对策略[J].思想理论教育,2015(9).
[102] 朱庆峰.我国高等教育"慕课"发展的困境及理路选择[J].教育发展研究,2014(23).
[103] 祝萱.2018,学生资助将这样发力[N].人民日报,2018-03-01(13).

[104] WANG Z. Challenges and countermeasures of China's information network security under the new situation[J]. Future and Development, 2016(40).

[106] CHEN Q. Analysis on the development of cybersecurity strategy in Europe[J]. America and Japan, Shanghai Informatization, 2015(1).

后　记

思想政治工作是党的一切工作的生命线。全面提升高校思想政治工作水平，更好推动高等教育事业改革发展，是新时代背景下赋予高校的历史使命。加强和改进高校网络思想政治教育工作，是一项重大的政治任务和战略工程，是扎根祖国大地办好人民满意教育的有效途径之一。

本书以全国易班建设现状为研究视角，于2018年1月开始，构思研究思路、制定研究框架、组建调研团队、撰写调研方案。6月份编制调查问卷，并几经修改、小范围测试，于7月份形成正式调查问卷。在教育部易班发展中心、广东省教育厅、各省易班发展中心的大力支持下，2018年7月至8月依托易班平台在全国高校中开展网络问卷调查，在对调查数据科学客观分析的基础上，团队成员经过若干次修改、调整、充实书稿，历时近一年的时间于2018年11月15日成稿。本书分总论、分论两个篇章，总论及调查问卷由余俊渠老师撰写。分论共八章，其中，第一章“思政育人：易班与思想政治教育理论与实践”由苏少丹老师撰写，第二章“组织育人：易班与学生党建的理论与实践”由李丽娟老师撰写，第三章“教学育人：易班与教育教学的理论与实践”由韩聃老师撰写，第四章“文化育人：易班与文化娱乐的理论与实践”由关秀明老师撰写，第五章“服务育人：易班与生活服务的理论与实践”由杨展怡老师撰写，第六章“团学育人：易班与团学工作的理论与实践”由廖涛韬老师撰写，第七章“心理育人：易班与心理教育的理论与实践”由邓彩霞老师撰写，第八章“实践育人：易班扩展功能的理论与实践”由刘洁珠老师撰写。本次调研原始数据整理及分析由邓彩霞老师完成。

付梓之际，向一直潜心研究的各位团队成员致以最诚挚的感谢！同时，本研究得到了佛山科学技术学院学术著作出版基金资助，也得到了教育部易班发展中心、广东高校网络思想政治工作中心、广东省教育厅思想政治工作与宣传处（学生处）的大力支持，让我们的研究得以顺利进行。中国矿业大学出版社对本书的出版给予了大力支持，在此一并致谢！